البيئة والمجتمع

البيئة والمجتمع

تأليف

الدكتور / أيمن سليمان مزاهرة   الدكتور/ علي فالح الشوابكة

جامعة البلقاء التطبيقية

2011

رقم الإيداع لدى دائرة المكتبة الوطنية

(2010/9/3283)

363.7

مزاهرة، أيمن سليمان

البيئة والمجتمع / أيمن سليمان مزاهرة. – عمان: دار الشروق

ـ عمان: دار الشروق، 2010

(280) ص

ر.إ.: 2010/9/3283

الواصفات: البيئة//حماية البيئة// المجتمعات

● تم إعداد بيانات الفهرسة الأولية من قبل دائرة المكتبة الوطنية

ISBN 978-9957-00-470-5 (ردمك)

- البيئة والمجتمع.
- تأليف : الدكتور أيمن سليمان مزاهرة ، الدكتور علي فالح الشوابكة.
- الطبعة العربية الثانية: الإصدار الأول 2010 .
- الإخراج الداخلي وتصميم الغلاف: دائرة الإنتاج/ دار الشروق للنشر والتوزيع

- جميع الحقوق محفوظة © .

دار الشروق للنشر والتوزيع

هاتف : 4618190 / 4618191 / 4624321 فاكس : 4610065

ص.ب : 926463 الرمز البريدي : 11118 عمان – الاردن

Email: shorokjo@nol.com.jo

دار الشروق للنشر والتوزيع

رام الـلـه – المصيون : نهاية شارع مستشفى رام الـلـه

هاتف 2975632-2991614-2975633 فاكس 02/2965319

Email: shorokpr@planet.com

إهداء

لمن ينتظر دوماً قدوم الربيع ليفتح النوافذ لنسمات الهواء النقي، لينظر بعيداً فسوف يرى الشمس وهي تلقي خيوطها الذهبية فوق أغصان الشجر، لتصنع لنا عمراً وحلماً وقلباً ومستقبلاً جديداً.

المؤلفان

الفصل الخامس
الأخطار البيئية وتقييم الآثار البيئية

الفصل السادس
السكان والتنمية والبيئة

المراجع

نظرة عامة Over View

نادراً ما كان لموضوع أكاديمي أن يصبح مسألة رئيسة في الشعور العام مثلما حدث لعلم البيئة في نهاية الستينات وبداية السبعينات. فخلال بضعة أعوام، ارتقى علم البيئة من فرع منعزل ومبهم لعلم الاحياء إلى موضوع ذي أهمية على المستوى الاقليمي والعالمي. فلقد تأثر التعليم والتجارة والسياسة والقانون والزراعة والهندسة والطب والصحة العامة وحتى المسائل الدولية جميعها بالتطور المفاجئ في الوعي البيئي والطبيعي.

لقد تمّ تأليف كتب ومقالات في علم البيئة وشؤون المجتمع والانسان بين عامي 1969 و 1974 أكثر من المائة سنة التي سبقتها من الوجود الرسمي لعلم البيئة. وبحلول بداية عام 1970 كانت كل مجلة وجريدة ذات طابع عام تحتوي فعلياً على إشارة ما لعلم البيئة، كما أن مجلات مشهورة مثل التايم Time ونيوزويك Newsweek ولايف Life وريدرز دايجست Reader's Digest وفوربس Forbes وفورجين Fortune وناشنال جيوكرافك National Geographic وبيزنس ويك Business week قد خصصت مقالات رئيسة أو إعداد خاصة لعلم البيئة، وبدأت محطات التلفاز والراديو أيضاً بتقديم تغطية شاملة للمسائل البيئية. كما انتشرت المنظمات البيئية في جميع أنحاء العالم، ولقد رفع الطلبة في المدارس الثانوية والكليات والجامعات شعار علم البيئة بنفس الحماس أو حتى أكثر من حماسهم لقضايا الحقوق المدنية والوطنية، وعقدت تجمعات وتظاهرات وأيام أرض حول المواضيع البيئية في شتى أنحاء الأرض.

ولقد نودي بعلم البيئة من قبل أكثر انصارة على أنه الأمل الوحيد لبقاء البشر. وشعر هؤلاء المؤيدون بأنه من الضرورة القصوى أن تضع الانسانية الاعتبارات البيئية في المقام الأول في إدارة الأعمال والصناعة والزراعة قبل أن يحيط التلوث بالأرض ويقضي على جميع أشكال الحياة. وشعروا بأنه من الإلزام على سكان الأرض أن يتحكموا بزيادة تعداد البشر بصورة أكثر فعالية قبل أن يتجاوز التزاحم البشري الحد المنطقي والمتزن، كما شعروا بأنه ليس هناك شيء أقل من اعادة تنظيم شامل لنمط المعيشة يكون كافياً لمنع دمار بيئي عام.

إلا أن هذا الانتشار المفاجئ في الاهتمام البيئي قد أوجد أيضاً رد فعل، فلقد سخر منه العديد من النقاد باعتباره استجابة غير ناضجة وعاطفية لمسائل إزلية، كما اتهموا أنصار وجهة النظر البيئة بتهويلهم الزائد لمشاكل التلوث والنمو السكاني. وشعروا بأن الحركة البيئية مجرد بدعة ليس فيها من الحقيقة سوى القليل وبأنها سوف تنتهي بسرعة مخلفة أثراً دائمياً ضئيلاً، كما شعر بعض المنتقصين بأن الحركة البيئية بعيدة عن الشعور الوطني وأنها محددة لحلم المشاريع التنموية ومحاولة خاطئة لاعاقة التقدم والتطور العالمي، كما انزلت أزمة الطاقة بالعالم ضربة ماحقة في عام 1973، وواجه علماء البيئة والبيئيين أكثر اللوم لتدخلهم في تأخير تنمية محطات القوة النووية وفي تأخير انشاء خط أنابيب نفط الاسكا. وكما هي الحال في العديد من المسائل الشعبية فلقد بزغت التناقضات المصحوبة بالتوتر والانفعال وأصبح من المتعذر الحصول على آراء منطقية حول هذه المسائل.

وقد صرح عالم البيئة الشهير فرانك فريزر دارلنك F.F.Darling في عام 1970 بأن مشكلة علم البيئة هي أن الجميع سوف يستاؤون ويتضجرون من الكلمة قبل أن يكتشفوا مغزاها. وهذه أصل الحقيقة. إن شهرة علم البيئة باعتباره مسألة عامة وموضوعاً يستحق العناء قد تم تكوينها على أساس تعليمي ضعيف بدرجة ملفتة للنظر، وعلى الرغم من أن علم البيئة يعنى بدراسة العلاقات المركزية للحياة، إلا أنه لم يتم تدريسه كموضوع اكاديمي في العديد من مدارسنا الثانوية وكلياتنا وجامعاتنا. وباختصار، عندما استحوذ علم البيئة على اهتمام الناس بصورة مفاجئة، فإنه أرغم الناس لاتخاذ قرارات صعبة من دون خلفية ثقافية ضرورية لاستيعاب وتقدير وتقييم المسائل البيئية والادعاءات المتضاربة.

"والمطلوب من كتابنا "البيئة والمجتمع" تقديم هذه الخلفية التثقيفية، كما أنه موجه نحو التساؤلات، ما هي الاهتمامات الحقيقية والشرعية لعلم البيئة؟ ما هي صلتها بقضايا البشر ومعضلات العالم الحديث؟ ماذا ينبغي على الشخص المثقف أن يعرف عن علم البيئة كعلم وفلسفة؟".

غالباً ما يتم الخلط بين عالم البيئة وبين البيئي، ولكن توجد في الحقيقة عدة نقاط اختلاف، وأنه لمن المفيد التمييز بين ثلاثة مفاهيم متداخلة، للبيئي Environmentalist's، ولعالم البيئة Ecologist's وللانساني Humanist's، فالبيئي يصب اهتمامه على البيئة، معطياً الأولوية للحفاظ على بيئة نظيفة غير ملوثة وهكذا يفضل البيئي ترك النفظ تحت المنحدر الشمالي في الآسكا في مكانة لكي يتم الحفاظ على البيئة الطبيعية. والانساني من ناحية أخرى، يعطي الأولوية القصوى لاحتياجات البشر، فقد يعمل الانساني على استثمار المنحدر الشمالي في الآسكا بسبب فرص العمل والفوائد الاقتصادية التي يمكن تحقيقها.

ويحاول عالم البيئة القيام بدراسة معقولة لوجهات النظر هذه وقد يوصي بتقديم تحليل اضرار - فوائد، لكي يمكننا أن نوزن بدقة الاضرار البيئية مع الفوائد الاقتصادية. وعلى غرار البيئيين، فإن علماء البيئة يأخذون كل الاحتياطات المنطقية لحماية البيئة لكنهم لا ينكرون احتياجات البشر العملية.

إن رسالة علم البيئة عبارة عن رسالة بناء وموازنة، فهي تحاول وضع كل المفردات في منظور مناسب. وعلم البيئة بتداخلة مع فروع المعرفة الأخرى فإنه ينتهك الحدود العلمية والاكاديمية التقليدية، فهو يتطلع للوصول إلى فهم للجماعات البشرية وبيئتها من خلال النظر إلى التاريخ والأحداث الراهنة والتوقعات المستقبلية، كما أنه يحاول جمع علم الاحياء وعلم الاجتماع واعادة دمج العلوم السلوكية والبيئية.

إن علوم البيئة والاحياء والنفس والاجتماع تكون مترابطة بالاساس، ويكون من الأفضل عدم وضع حواجز فيما بينها. ويكمن التحدي الثقافي بالوقت الحاضر في جمع هذه المواضيع معاً بحيث أنها تتوافق طبيعياً، وكذلك في تجاوز الحدود الاصطناعية التي تفصل بينها.

إن هدف هذا الكتاب هو تقديم علم البيئة بصيغة موضوع فنون عقلية تمهيدي ولم يقدّم علم البيئة هنا على أنه العلاج العام لأمراض العالم بمقدورة أن يقود إلى انقاذ الكرة الأرضية، ولكن تم تقديمه كجزء متنامي من المعرفة وكمجموعة من المواقف التي تستحق اهتمام ودراسة جميع المثقفين. وهناك شك قليل بأنه قد أهمل من هذه الناحية، فلقد اعطت الدراسة البايولوجية تأكيداً على تشريح الضفدعة أكثر من تأكيدها على تركيب النظام البيئي.

إن إحدى اخفاقات برامجنا التعليمية في الخمسينيات والستينيات هي أن الدراسة البيئية كانت تقتصر فعلياً على أولئك الذين يدرسون لكي يتخصصوا في علوم الحياة. ولكن هؤلاء هم أقل الناس حاجة إلى تعليم بيئي رسمي، إذ أنهم غالباً ما يدركون بالفعل مبادئه المرشدة وعلاقته بالعلوم البايولوجية الأخرى. إن الذين بأمسّ الحاجة إلى خلفية بيئية موجزة هم أصحاب الأعمال المستقبليين من رجال ونساء والمهندسين والاطباء والعلماء ورجال القانون والقادة السياسيون ورجال الدين وربات البيوت والمعلمين في العالم، أولئك أصحاب المسؤولية العظمى في تحديد معالم المستقبل .

وفي بداية الحركة البيئية في أواخر الستينيات، عنيت افتتاحية مجلة التايم (الطبعة الاطلنطيكية 1968) بهذا الموضوع:

"في البحث عن الحلول، ليس هناك داع من محاولة اعادة الطبيعة إلى نقاءها الاصلي. إذ ينبغي أن يتطلع الأسلوب نحو الأمام، فليس هناك تساؤل بأن التكنولوجيا قد قامت بالتلوث فقط، إذ أن بإمكانها إزالة التلوث، ويكون التساؤل الحقيقي فيما إذا يوجد عدد كاف من الناس يطالبون بالقيام بعمل شيء ما وأن الحاجة القصوى هي أن يتعلم عامة الناس شيئاً ما عن علم البيئة. إنه طريق متواضع إضافة إلى كونه مثيراً في تفحص الحقيقة التي ينبغي لها أن تستأثر باهتمام أكبر في المدارس والكليات والجامعات.

والافتراض الخاطئ الذي يقضي بأن الطبيعة قد وجدت لخدمة الانسان فقط. يشكل جذر المعضلة البيئية التي تتراوح من علة البعثرة الوضيعة إلى جنون نشر الاسلحة النووية، وفي هذا الوقت فإن الخيار الوحيد للإنسان هو العيش بصفاء مع الطبيعة وليس أن يحاول قهرها".

ولقد عبر الدو ليوبولد Aldo Leopold عن فلسفة مشابهة قبل ما يزيد عن سبعين عاماً عندما قال (1933) :

باختصار، لقد جلب عشرين قرناً من التقدم للمواطن العادي حق التصويت ونشيد وطني وسيارة فورد وحساب في البنك وافتخار بذاته، لكنه لم يعطيه القدرة على العيش بكثافة عالية من دون تلويث وتعرية بيئته، ولم يعطيه القناعة بأن مثل هذه القدرة، وليس هذه الكفاءة، هي الاختيار الحقيقي فيما إذا كان الانسان متمدناً.

مقدمة Introduction

يتصف الإنسان بمجموع من الخصائص الحيوية التي تميزه عن مختلف أشكال الحياة الأخرى ويشكل التعلم خاصية فريدة عملت على تطويره منذ بدء الخليقة في التعامل مع البيئة وهي المصدر الذي يستخدمه بأساسيات الحياة ضمن تقنيات متعددة والتي أدت إلى بروز العديد من المشكلات البيئية ذات الأثر الواضح والممتد عبر السنين الطويلة التي أصبحت تشكل خطراً على حياته من حيث التأثير السلبي للأنشطة البشرية المختلفة في عناصر الوسط البيئي.

إن العلوم والدرسات البيئية احتلت مكاناً هاماً بين العلوم الأساسية والتطبيقية، وتزايدت الأهمية العلمية والتطبيقية لعلوم البيئة والتخطيط البيئي نظراً للتفاعلات المختلفة بين أنشطة التنمية والبيئة.

فالإنسان وعلى مر العصور وخلال تطوره ونموه المستمر وازدياد الكتلة البشرية يُعد من أكبر عوامل الاستنزاف للمصادر البيئية الطبيعية مما تسبب في تهديد حياته على الكرة الأرضية وأدى إلى الإخلال بالتوازن البيئي، ويتمثل دور العلوم البيئية في تحديد المشكلات البيئية سواءً كانت عواملها طبيعية أم حضارية والبحث عن الوسائل الملائمة لمعالجة هذه المشاكل والحد منها وتقييم أبعادها، وتحليل انعكاساتها على إمكانات النمو المتواصل في ضوء ارتباط البيئة البشرية بالسياسات التي تعتمدها الدول لحماية مواردها، وترشيد استخداماتها ومالعجة التدهور الذي يحدد قدرتها على التجدد والبقاء.

ولتنوع المشكلات البيئية المعاصرة من حيث أسبابها ونتائجها، تعتبر العلوم البيئية من العلوم المتداخلة والتي ترتبط بشكل وثيق مع العلوم الطبيعية والإنسانية والتطبيقية كالحياتية والكيميائية والجغرافية والجيولوجية والاقتصادية والهندسية وبشكل متكامل، وأصبحت تدرّس في الجامعات العالمية والعربية والدول النامية، ويزداد هذا التوجه لتزايد الإدراك العالمي والبشري لخطورة المشكلات البيئية.

وتلعب الجامعات دوراً قيادياً هاماً في مجال تدريس العلوم البيئية وإعداد الدراسات والبحوث وتهيئة الكوادر القادرة على دراسة جوانب البيئة الطبيعية والحضارية والمشكلات الناجمة عن التفاعل غير المخطط بينهما، بما في ذلك الإصحاح البيئي، والذي يتم أيضاً من خلال تطبيق أساليب التخطيط الإقليمي والحضري والبيئي معاً، ومن هنا كانت أهمية هذا الكتاب ليساعد الطالب على تنمية مفاهيمه البيئية، وإكساب القدرات العقلية والعلمية لتفهم الأنظمة البيئية وحمايتها والمحافظة على الموارد الطبيعية.

يعتبر الأردن إحدى الدول الفاعلة في مجال حماية البيئة ومصادرها ومواردها الطبيعية وذلك من خلال الأنظمة والتشريعات والقوانين للمحافظة على البيئة والموارد الطبيعية، حيث أقام برامج متعددة تهتم بإعادة النوع إلى الهرم البيئي وتشكلت العديد من الجمعيات مهمتها التوعية الإعلامية البيئية كما أدخلت الجامعات المناهج البيئية المختلفة ضمن خططها وأبحاثها ومشاريعها، ليصبح الأردن من الدول السباقة في مجال حماية البيئة والموارد الطبيعية.

يشتمل هذا الكتاب على نظرة عامة ومقدمة وستة فصول، تضمنت المقدمة والفصل الأول المفاهيم الأساسية للبيئة وأغلفة كوكب الأرض، مكونات وأنواع النظم البيئية. أما التغيرات في النظم البيئية فقد اشتمل عليها الفصل الثاني حيث تمّ التركيز على ظاهرة الغازات الدفيئة، طبقة الأوزون والأمطار الحامضية. أما الفصل الثالث فقد ناقش (تناول) الدورات البيوجيوكيميائية، كالدورة المائية والغازية (الماء)، الكربون، الأكسجين والنيتروجين، وكذلك الدورة الرسوبية (الفسفور، الكبريت).

يتضمن الفصل الرابع نوعية البيئة وإدراتها من حيث مفهوم البيئة، إدارة النفايات الصلبة، إدارة المياه، مشاكل التلوث بالهواء والضجيج والإشعاع، عالج الفصل الخامس الأخطار البيئية وتقييم الآثار البيئية وأخيراً تضمن الفصل السادس السكان والتنمية والبيئة. حيث تم التركيز على المفاهيم البيئية المعاصرة والحرص على تفهم مشاكل التلوث البيئي للحد منها والسيطرة عليها وكذلك ترسيخ التوازن بين أنشطة التنمية والمصادر البيئية الطبيعية.

المؤلفان

الفصل الأول

مفاهيم أساسية في البيئة

مفهوم علم البيئة   Concept of Ecology

يعتبر علم البيئة أحد فروع علم الاحياء الهامة وهو يبحث في الكائنات الحية ومواطنها البيئية ويعرّف على أنه العلم الذي يبحث في علاقة العوامل الحية (من حيوانات ونباتات وكائنات دقيقة) مع بعضها البعض ومع العوامل غير الحية المحيطة بها.

فمثلاً بيئة الاشجار تتأثر بعوامل البيئة المحيطة من تربة ومناخ وعناصر فيزيائية كالجاذبية والضوء (عوامل غير حية) ومن ناحية أخرى فهي على علاقة مع كثير من الكائنات الحية والتي قد تكون دقيقة كالطحالب والفطريات والاشنّات، وقد تكون كبيرة (كالطيور والزواحف والثدييات) فكلاهما يؤثر في الآخر سلباً أو إيجاباً، ومحصلة هذه التأثيرات هي بيئة الأشجار.

كلمة البيئة في اللغة العربية مشتقة من "بوأ" ويقال تبوأت منزلاً بمعنى نزلته وأقمت به (هيأته)، وبذلك يمكن القول: أن كلمة البيئة تعني المكان وحالاته الطبيعية. ويتطابق ذلك إلى حد بعيد مع تعريف علم التبيؤ (Ecology) والذي يعتبر أحد فروع علم الاحياء (Biology) وأصل الكلمة مشتقة من المقطع اليوناني (Oikas) بمعنى بيت أو منزل، و (logos) بمعنى علم، أي أن علم التبيؤ: هو العلم الذي يهتم بدراسة الكائن الحي في منزلة. وفي سنة 1869 قام العالم الالماني (Erns Maeckel) بتعريف علم التبيؤ بأنه علم يبحث علاقة الكائنات الحية بعضها مع بعض ومع الوسط أو المحيط الذي تعيش فيه. وقد تفرع عن هذا العلم عدة فروع مثل علم التبيؤ النباتي (Plant Ecology)، علم التبيؤ الحيواني (Animal Ecology) وعلم التبيؤ البشري (Human Ecology).

لقد ظهرت قضايا بيئية عديدة أدت إلى ضرورة وجود نظرة حديثة متكاملة للإنسان والبيئة وذلك لزيادة ضغوط الإنسان على البيئة، حيث ظهرت علوم البيئة Environmental Sciences إلى حيز الوجود. والتي تشمل مجالات العلوم الطبيعية والإنسانية والاقتصادية المرتبطة في بيئة الإنسان. وعلى هذا الأساس يمكن تلخيص أبعاد العلوم البيئية بمفهومها الواسع على النحو التالي:

أولاً: البيئة الطبيعية (Physical Environment)

1- الأرض: وتشمل:

أ. التربة، مكوناتها وصفاتها وقدرتها الاحتمالية وتعريتها ونفاذيتها.. الخ.

ب. الطبوغرافية والشكل الخارجي لسطح الأرض (الوعورة والانحدار).

ج. التكوين الجيولوجي، التكوينات الصخرية والرواسب السطحية والتراكيب الجيولوجية كالصدوع والثروات الباطنية كالمعادن والمياه الجوفية.

د. ظروف خاصة كالفيضانات والتصدعات والانزلاقات الأرضية والزلازل.

2- المُناخ:

الأمطار، معدلات درجات الحرارة، اتجاهات الرياح السائدة، الاعاصير وطول فصل نمو النباتات ...الخ.

3- الغطاء النباتي، الحيوانات البرية والمناظر الطبيعية:

أ. حجم ونوعية الغطاء النباتي والحيوانات البرية.

ب. النظم البيئية المتواجدة مثل مناطق حياة الحيوانات البرية (الغابات والمسطحات المائية).

ثانياً: البيئة الاصطناعية - الحضرية (Man Made Environment)

1- استعمالات الأراضي المحيطة وصفاتها:

أ. نوعية الاستعمال: سكني، صناعي، عام وغيرها.

ب. الكثافة السكانية وعدد السكان على الهكتار أو الكيلو متر المربع.

ج. ارتفاع المباني وكثافتها وتصميمها.

2- البنية التحتية والخدمات العامة:

أ. امدادات المياه من حيث النوعية والكمية.

ب. ادارة النفايات الصلبة والسائلة والغازية.

ج. تصريفات مياه الأمطار.

د. مصادر الطاقة من كهرباء ونفط وغيرها.

هـ خدمات عامة من طرق ونقل عام وأماكن وقوف سيارات ومطارات وغيرها.

3- مستوى التلوث:

أ. مصادر تلوث الهواء وحجم الملوثات الهوائية.

ب. تكرار السكون الهوائي والظروف الخاصة للموقع.

ج. مصادر المياه الجوفية والسطحية ونوعيتها في المنطقة.

د. استعمال ونقل الأسمدة والمبيدات بأنواعها.

هـ مناطق معالجة النفايات الصلبة وصرف المياه العادمة.

و. مصادر ومستوى الضجيج والاهتزاز في المنطقة.

ثالثاً: البيئة الاجتماعية (Social Environment) وتتضمن :

1- الخدمات الاجتماعية العامة:

أ. مواقع المدارس ومعدلات استيعابها.

ب. المتنزهات والخدمات الاقليمية.

ج. الخدمات الترفيهية والثقافية.

د. الخدمات الصحية والاجتماعية والدفاع المدني.

هـ المواصلات العامة الداخلية.

2- مناطق العمل والتجارة:

وتتضمن الأسواق والمصانع ومجمعات التجارة والتسويق والشركات.

3- الخصائص الاجتماعية للسكان:

أ. الخصائص الاجتماعية والاقتصادية والثقافية والعرقية.

ب. حجم السكان وتوزيعهم وأماكن تجمعاتهم ونشاطاتهم المختلفة.

ج. ظروف الاسكان والحياة المعيشية والإدارة.

رابعاً: البيئة الجمالية والخلقية (Ethetic Environment):

أ. المناطق التاريخية والأثرية والتراث الوطني.

ب. المناطق الطبيعية وجمالية التضاريس.

ج. الصفات المعمارية للمباني القائمة.

خامسا: البيئة الاقتصادية (Economic Environment):

أ. العمل والبطالة.

ب. مستوى الدخل للسكان.

ج. الطبيعة الاقتصادية للمنطقة.

علم البيئة وعلاقته بالعوم الأخرى Ecology and Other Sciences:

إن علم البيئة واسع جداً مقارنة بعلوم الحياة الأخرى، ولادراك فيما يبحث هذا العلم علينا أولاً التعرف على ما يسمى بالطيف البيولوجي (Biological Spectrum). الشكل (1-1) الذي يمثل أولى خطوات في مفهوم علم الحياة، حيث تتألف حلقات هذا الطيف من مكونات ترسم في وضع أفقي، حيث لا تأخذ حلقة أهمية عن حلقة أخرى. ومن ناحية أخرى يمثل الطيف البيولوجي ترابط هذه الحلقات مع بعضها البعض، فالمفهوم العام بأنه لا يمكن لعضو معين أن يمارس وظيفة معينة إلا إذا كان ضمن جهاز يضمن له البقاء والاستمرارية. والجماعة السكانية الحياتية لها فرصة بالبقاء أفضل ضمن المجتمع البيئي والمجتمع ضمن النظام البيئي وهكذا حتى يصل المطاف إلى الكرة الحية التي تحوي مجموعة الأنظمة البيئية كلها، ولولا وجود الكرة الحية لتداعت هذه الحلقات جميعها ولما وجد الطيف البيولوجي والحياة بأكملها.

ويبحث علم البيئة في الأفراد والجماعات والمجتمعات والأنظمة البيئية وحتى في الكرة الأرضية. وتعرّف الجماعة (Population) على أنها مجموعة من الأفراد تنتمي لنفس النوع (Species) ولها القدرة على التكاثر فيما بينها وتقطن منطقة بيئية محددة، وتمتاز الجماعات بالكثافة السكانية وبالتركيب العمري ومعدل النمو والديناميكية (نسبة المواليد والهجرة الداخلية مقارنة بنسبة الوفيات والهجرة الخارجية). والمجتمع Biocoenosis (Community) ما هو إلا تفاعل مجموعة الجماعات التي تعيش في منطقة بيئية محددة مع بعضها البعض. وتمتاز الجماعات وبالتالي المجتمعات بطبيعتها الفيزيائية وظاهرة التنوع والسيادة والأدوار الوظيفية التي تقوم بها. والنظام البيئي Ecosyston(=Biogeocoenosis) هو تفاعل هذا المجتمع مع العوامل

غير الحية التي تحيط به في منطقته البيئية. ويسمى أكبر نظام بيولوجي على وجه الأرض بالكرة الحية (Biosphere) والتي تحتوي جميع العوامل الحية وغير الحية الموجودة في اليابسة والهواء والماء.

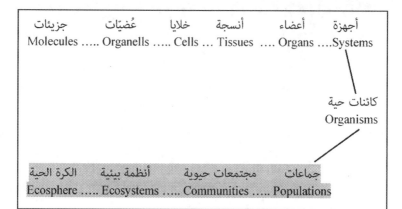

أجهزة
Systems
أعضاء
Organs
أنسجة
Tissues
خلايا
Cells
عُضيّات
Organells
جزيئات
Molecules
كائنات حية
Organisms
جماعات
Populations
مجتمعات حيوية
Communities
أنظمة بيئية
Ecosystems
الكرة الحية
Ecosphere

شكل (1-1) : الطيف البيولوجي، تمثل المناطق المضللة مجال عمل العالم البيئي بينما تمثل المناطق غير المظللة مجال فروع علم الحياة الأخرى.

ولتسهيل دراسة علم البيئة وتخصيص مجال الدراسة وضعت عدة تقسيمات لعلم البيئة، منها:

أ- علم البيئة الفرديةAutecology والذي يهتم بدراسة نوع واحد أو التدخلات الحيوية في مجموعة مترابطة من الأنواع في بيئة محددة، ولا بد هنا من استخدام التجربة في الدراسة سواءً المخبرية أو الميدانية لجمع المعلومات البيئية.

ب- علم البيئة الجماعي Synecology وهو نوع من الاتجاه الجماعي في الدراسة، وفيه تدرس جميع العوامل الحية (جميع أنواع الكائنات الحية) والعوامل غير الحية في منطقة بيئية محددة، وقد تكون الدراسة نظرية بناءً على المعلومات المتوفرة من علم البيئة الفردية، ويقسم هذا العلم إلى علم البيئة البرية Terrestrial Ecology وعلم البيئة المائية Aquatic Ecology وعلم البيئة البحرية Marine Ecology.

أو كما ذكرنا آنفاً، حيث يقسم إلى علم البيئة الحيوانية، النباتية والبشرية. وقد اتسعت دائرة علم البيئة لتشمل العديد من الفروع المتعلقة به ومنها إدارة الحياة البرية Wildlife

Management وعلم الغابات Forestry وعلم بيئة المتحجرات Paleoecology وعلم المحيطات
Oceonography وعلم الجغرافيا الحياتية Biogeography وعلم تلوث البيئة Pollution Ecology
وعلم النفايات البيئية Ecological Technology، وعلم البيئة الفسيولوجي Logical Ecology... الخ.

وكغيره من العلوم فإنه يصعب فصل علم البيئة عن غيره من العلوم الطبيعية والبحتة، فهو مرتبط بكل
فروع علم الأحياء كالفسيولوجيا وعلم الحيوان والنبات والكيمياء الحيوية والوراثة والتطور وعلم
السلوك والبيولوجيا الجزيئية والتقانات الحيوية. ويرتبط علم البيئة أيضاً بالعديد من العلوم الأخرى،
أهمها علم الإحصاء وذلك لتوزيع البيانات التي يحصل عليها الباحث البيئي توزيعاً إحصائياً ويستخدم
الحاسوب في تحليل النتائج واعطاء أفضل الوسائل لعرضها وتوضيحها، كذلك فهو يرتبط بعلم الكيمياء
والفيزياء والجيولوجيا والهندسة وله علاقة كبيرة مع علم الصيدلة والطب والزراعة بشتى فروعها.

العلاقة بين الإنسان والبيئة Relationship Between Man and Environment

إن الوسط البيئي الذي نعيش فيه في الوقت الحاضر محصلة للتطور المستمر في سلوك وبيولوجية وبيئة
الكائنات الحية وتأثرها ببعضها البعض وبالبيئة المحيطة بها، وعند دراسة تطور العلاقات والتفاعل بين
الانسان والوسط البيئي الذي يعيش فيه، نجد أن التطور قد مرّ بالمراحل التالية:

أولاً: مرحلة الصفر:

حيث لم يظهر في هذه المرحلة أي شكل من أشكال الحياة على كوكب الأرض، فقد كان الغلاف الغازي
خالياً من الأكسجين وغنياً بغازات الميثان والأمونيا، وكانت تجري بين الغلاف الغازي والمكونات غير
العضوية الموجودة على كوكب الأرض (مثل الماء والبيكربونات) تفاعلات كيميائية وفيزيائية وفرت
الظروف الملائمة لتكوين بعض الأحماض الأمينية وتسمى هذه المرحلة بالتطور الكيميائي (Chemical
Evolution).

وقد بدأت الحياة مع ظهور الخلايا والتكاثر واستمرار الصفات الوراثية حيث تطورت الحياة على كوكب
الأرض، فقد أخذت النباتات المائية تغزو اليابسة، ونتيجة ذلك حدث تغير جذري لمكونات الهواء وسادت
غازات الأكسجين والنيتروجين، وفي هذه المرحلة استطاعت الحيوانات والنباتات المعروفة حالياً أن تظهر
وتتطور، وظهر الإنسان الأول وتكونت مخازن ضخمة من الفحم والبترول من بقايا الكائنات الحية.

ثانياً: المرحلة الأولى:

عاش الناس في هذه المرحلة على شكل جماعات صغيرة متفرقة، ولم يزد عدد أفراد الجماعة الواحدة في الغالب عن الخمسين فرداً، يشتركون في الصيد وجمع الثمار، وكانت هذه الجماعات في تنقل مستمر في البيئة المحيطة تبحث عن مصادر الغذاء الذي تحتاجه.

ويمكن القول أن الإنسان في بداية هذه المرحلة قد عاش كغيره من الكائنات الحية ولم يؤثر في التوازن البيئي في منطقته، لذا فقد كانت العوامل المؤثرة في البيئة هي عوامل الطبيعة مثل الزحف الجليدي والبراكين وصواعق البرق وغيرها من المؤثرات الطبيعية، ثم اكتسب الانسان الخبرة في تحسين ظروف حياته تدريجياً، ويتضح مما سبق بأن الإنسان المطارد للحيوانات وجامع الثمار أخذ يؤثر في بيئته بزيادة معرفته وتقدمه، غير أن الاعداد الصغيرة لهذه الجماعات جعلت التأثير البيئي السلبي بسيطاً جداً بحيث يمكن إهماله.

ثالثاً: المرحلة الثانية:

وهي المرحلة الزراعية التي سبقت الثورة الصناعية الأولى أي قبل 10-12 ألف عام، حيث أخذ الإنسان في الاستقرار وتدجين الحيوانات والزراعة وبذلك أصبح منتجاً للغذاء. وأخذ الإنسان يؤثر سلبياً في البيئة كمزارع ومربي حيوانات، ويحرق الغابات ليستخدم مناطقها لأغراض الزراعة والرعي. وعموماً بقي تأثير الإنسان السلبي على الوسط البيئي في هذه المرحلة بسيطاً جداً، ولكن بالتأكيد يفوق تأثيره خلال المرحلة الأولى.

ومع تطور الزراعة واستصلاح الأراضي للانتاج الزراعي ظهرت نتيجة لهذه العمليات نظم اجتماعية اقتصادية في القرى الزراعية لتنظيم العلاقات بين الناس حيث ازدادت كثافة السكان وتطورت القرى لتظهر المدن وتنمو بشكل بطئ، وكانت معزولة عن بعضها البعض، ويعود عمر أقدم مدينة وهي أريحا في غور الأردن إلى حوالي ثمانية الآف سنة.

رابعاً: المرحلة الثالثة:

وهي مرحلة الثورة الصناعية الأولى، حيث أخذت التجمعات السكانية تنمو تدريجياً، وتطورت الحرف المهنية وشيدت المصانع أولاً في بريطانيا خلال 1750-1790 ثم في ألمانيا وفرنسا والولايات المتحدة.

في هذه المرحلة اخترعت الآلة البخارية من قبل جيمس واط سنة 1763 والتي تعتبر رمزاً لبداية الثورة الصناعية، واصبحت الآلات تحل محل الأدوات الحرفية كما استخدمت وسائط

النقل المختلفة مثل القطارات والسفن البخارية ومن ثم الطائرات، ويعود هذا التقدم إلى تطور العلوم وخصوصاً العلوم التطبيقية.

كما أدخلت في هذه المرحلة الآلة الزراعية والسماد الكيميائي والمبيدات في الانتاج الزراعي، وهاجرت اعداد كبيرة من العاملين في الزراعة من الريف إلى المدن وقد أدى ذلك إلى ظهور مشكلات بيئية واقتصادية واجتماعية ساهمت في القضاء على إعداد هائلة من سكان المدن.

خامساً: المرحلة الرابعة:

وهي المرحلة التي نعيشها الآن ولا نعرف كيف تنتهي؟ ويطلق عليها الثورة الصناعية الثانية أو ثورة الحاسبات الإلكترونية والاتصالات، فمنذ نهاية الحرب العالمية الثانية حدثت تغيرات كثيرة في النظم التقنية والاجتماعية والاقتصادية والسياسية، وتتميز هذه المرحلة بتقدم العلوم والتكنولوجيا خصوصاً في الفضاء الخارجي والتوسع في استعمال الحاسبات الالكترونية وتحسنت نوعية الاتصالات وتبادل المعلومات، كما تحسنت كفاءة الاستفادة من طاقة الوقود الحفري والطاقة النووية والتوسع في استعمال مصادر الطاقة الشمسية والرياح وغيرها للحد من استنزاف مصادر الثروة والتلوث البيئي، حيث ظهرت المشكلات البيئية في مختلف أنحاء العالم وخاصة في الدول الصناعية، ثم انتقلت أيضاً إلى الدول النامية التي أخذت تبذل جهوداً كبيرة لرفع مستوى معيشة سكانها، وهي تسمى أيضاً مرحلة الاقتصاد المعرفي.

ومن أهم الأسباب التي أدت إلى تفاقم المشكلات البيئية في العالم ما يلي:

أ) الزيادة الهائلة والمستمرة في عدد سكان العالم، وخصوصاً في دول العالم النامي بالرغم من عدم كفاية المصادر المتاحة لهم.

ب) استنزاف مصادر الثروة الطبيعية من قبل الدول الصناعية مع بداية الاستعمار وحتى الآن.

ج) التقدم الصناعي وإنتاج مواد عديدة وغريبة عن البيئة لا تحلّل بسهولة، وتراكم العديد من هذه المواد في السلاسل الغذائية، وحدوث اخطاء في تصنيع المواد الكيميائية مثل كارثة مدينة سيفيزو الايطالية عام 1976 ومدينة بوبال الهندية سنة 1984.

د) اتباع أساليب الزراعة المكثفة أو الزراعة الرأسية في مختلف مناطق العالم وبالتالي التوسع في استعمال الأسمدة الكيميائية والمبيدات.

هـ) قلة أو عدم وجود الأساليب والتقنيات لمعالجة المخلفات الناتجة عن نشاطات الانسان المختلفة.

و) حوادث نقل المواد السامة مثل تدفق البترول في البحار والمحيطات بسبب تحطم ناقلات النفط.

ز) النقص في التخطيط، أو سيادة التخطيط العشوائي بشكل عام.

الإنسان ودوره في في البيئة

يعتبر الإنسان أهم عامل حيوي في إحداث التغيير البيئي والإخلال الطبيعي البيولوجي، فمنذ وجوده وهو يتعامل مع مكونات البيئة، وكلما توالت الأعوام ازداد تحكماً وسلطاناً في البيئة، وخاصة بعد أن يسر له التقدم العلمي والتكنولوجي مزيداً من فرص إحداث التغيير في البيئة وفقاً لازدياد حاجته إلى الغذاء والكساء.

وهكذا قطع الإنسان أشجار الغابات وحول أرضها إلى مزارع ومصانع ومساكن، وأفرط في استهلاك المراعي بالرعي المكثف، ولجأ إلى استخدام الأسمدة الكيميائية والمبيدات بمختلف أنواعها، وهذه كلها عوامل فعالة في الإخلال بتوازن النظم البيئية، ينعكس أثرها في نهاية المطاف على حياة الإنسان كما يتضح مما يلي:

- **الغابات:** الغابة نظام بيئي شديد الصلة بالإنسان، وتشمل الغابات ما يقرب 28% من القارات ولذلك فإن تدهورها أو إزالتها يحدث انعكاسات خطيرة في النظام البيئي وخصوصاً في التوازن المطلوب بين نسبتي الأكسجين وثاني أكسيد الكربون في الهواء.

- **المراعي:** يؤدي الاستخدام السيئ للمراعي إلى تدهور النبات الطبيعي، الذي يرافقه تدهور في التربة والمناخ، فإذا تتابع التدهور تعرت التربة وأصبحت عرضة للانجراف.

- **النظم الزراعية والزراعة غير المتوازنة:** قام الإنسان بتحويل الغابات الطبيعية إلى أراض زراعية فاستعاض عن النظم البيئية الطبيعية بأجهزة اصطناعية، واستعاض عن السلاسل الغذائية وعن العلاقات المتبادلة بين الكائنات والمواد المميزة للنظم البيئية بنمط آخر من العلاقات بين المحصول المزروع والبيئة المحيطة به، فاستخدم الأسمدة والمبيدات الحشرية للوصول إلى هذا الهدف، وأكبر خطأ ارتكبه الإنسان في تفهمه لاستثمار الأرض زراعياً هو اعتقاده بأنه يستطيع استبدال العلاقات الطبيعية المعقدة الموجودة بين العوامل البيئية كالنباتات بعوامل اصطناعية مبسطة، فعارض بذلك القوانين المنظمة للطبيعة، وهذا ما جعل النظم الزراعية مرهقة وسريعة العطب.

- **النباتات والحيوانات البرية:** أدى تدهور الغطاء النباتي والصيد غير المنتظم إلى تعرض عدد كبير من النباتات والحيوانات البرية إلى الانقراض، فأخل بالتوازن البيئي.

أثر التصنيع والتكنولوجيا الحديثة على البيئة:

إن للتصنيع والتكنولوجيا الحديثة آثاراً سيئة في البيئة، فانطلاق الأبخرة والغازات وإلقاء النفايات أدى إلى اضطراب السلاسل الغذائية، وانعكس ذلك على الإنسان الذي أفسدت الصناعة بيئته وجعلتها في بعض الأحيان غير ملائمة لحياته كما يتضح مما يلي:

- تلويث المحيط المائي: إن للنظم البيئية علاقات مباشرة وغير مباشرة بحياة الإنسان، فمياهها التي تتبخر تسقط في شكل أمطار ضرورية للحياة على اليابسة، ومدخراتها من المادة الحية النباتية والحيوانية تعتبر مدخرات غذائية للإنسانية جمعاء في المستقبل، كما أن ثروتها المعدنية ذات أهمية بالغة.

- تلوث الجو: تتعدد مصادر تلوث الجو، ويمكن القول أنها تشمل المصانع ووسائل النقل والانفجارات الذرية والفضلات المشعة، كما تتعدد هذه المصادر وتزداد أعدادها يوماً بعد يوم، ومن أمثلتها الكلور، أول وثاني أكسيد الكربون، ثاني أكسيد الكبريت، أكسيد النيتروجين، أملاح الحديد والزنك والرصاص وبعض المركبات العضوية والعناصر المشعة. وإذا زادت نسبة هذه الملوثات عن حد معين في الجو أصبح لها تأثيرات واضحة على الإنسان وعلى كائنات البيئة.

- تلوث التربة: تتلوث التربة نتيجة استعمال المبيدات والأسمدة وإلقاء الفضلات الصناعية، وينعكس ذلك على الكائنات الحية في التربة، وبالتالي على خصوبتها وعلى النبات والحيوان، مما ينعكس أثره على الإنسان في نهاية المطاف.

ولعل من أهم وسائل المحافظة على البيئة وحمايتها ما يلي:

1. تقليل استنزاف الموارد الطبيعية عن طريق ايجاد وسائل تقنية حديثة، واعادة الاستفادة من الموارد والبحث عن موارد بديلة.

2. معالجة التلوث الناتج عن أنشطة الإنسان المختلفة إلى درجة تمكن البيئة من التخلص من التلوث عن طريق التنقية الذاتية.

3. رفع انتاجية الأراضي الزراعية والحرجية والرعوية، وذلك من خلال الحد من التوسع العمراني وإنشاء الطرق في الأراضي الزراعية.

4. المحافظة على الحيوانات والنباتات البرية وتحسين النوعية خصوصاً المهددة بالانقراض.

5. تحميل مسببي التلوث مسؤولية معالجة التلوث الناتج عنهم.

6. ضرورة التوعية البيئية للمواطن والاهتمام ببرامج التربية البيئية لزيادة تحمل المسؤولية الفردية لحماية البيئة.

7. اعتماد أساليب التخطيط البيئي الشامل في جميع الأنشطة البشرية.

8. زيادة التعاون وتبادل المعلومات والخبرات بين جميع الدول في مجال البيئة.

9. استعمال مصادر بديلة للطاقة كالطاقة الشمسية، طاقة الرياح وغيرها وذلك للحد من استنزاف الوقود الاحفوري والحد من التلوث.

10. استعمال المواد الكيميائية التي تتحلل بسهولة ولا تتراكم في البيئة.

11. انشاء العديد من المعاهد العلمية والمنظمات والجمعيات والمؤتمرات البيئية والعمل على الالتزام بالاتفاقيات والمواثيق الدولية المتعلقة بحماية البيئة.

وقد أدت المشكلات البيئية إلى ظهور وعي بيئي لدى حكومات ومواطني الدول المتقدمة، حيث تم انشاء العديد من المؤسسات والمعاهد العلمية لدراسة مختلف المواضيع البيئية، بالاضافة إلى تأسيس الأحزاب السياسية التي جعلت من أهم أهدافها حماية وصيانة البيئة للإنسان.

وقد انعكست الاهتمامات العالمية للبيئة على منظمة هيئة الأمم المتحدة التي عقدت أول وأهم مؤتمر عالمي للبيئة في مدينة استوكهولم في السويد سنة 1972 لبحث العديد من المواضيع التي تتعلق بالبيئة. وقد شارك الأردن في هذا المؤتمر، وقدمت دول العالم الصناعي تقارير عن أوضاع البيئة في بلادها، بالاضافة إلى برامج للمحافظة على البيئة. ولم تشارك بعض دول العالم الثالث في هذا المؤتمر لاعتقادها في ذلك الوقت أن خطط حماية البيئة التي اعلنت عنها الدول المتقدمة ستؤدي إلى تعطيل نمو الصناعات فيها، وأن مشاكل البيئة عبارة عن قضايا ثانوية وهامشية. وقد تبع هذا المؤتمر العديد من المؤتمرات العالمية مثل مؤتمر بلغراد وتبليس والتي ركزت على ضرورة انقاذ البيئة من جميع أشكال التلوث، وحماية المصادر الطبيعية للأجيال القادمة.

وفي سنة 1992، انعقد مؤتمر الأمم المتحدة للبيئة والتنمية أو قمة الأرض في مدينة ريودي جانيرو في البرازيل بهدف اتخاذ الإجراءات المناسبة لتبني السياسات لايقاف التدهور البيئي على كوكب الأرض ومعالجة الاضرار التي لحقت به، ويعد هذا المؤتمر أكبر تجمع عالمي عرفته الأمم المتحدة منذ انشائها. من أبرز النقاط التي كانت مدار البحث، اعلان ريو وأجندة القرن الحادي والعشرين، بالإضافة إلى اتفاقيتين دوليتين تتعلقان بتغير المُناخ والتنوع الحيوي.

لقد اتسع علم البيئة وتعددت فروعه ونشط الباحثون في كل أنحاء العالم وانتشرت كذلك مراكز أبحاث البيئة والمحميات الطبيعية، ومع تفاقم مشاكل البيئة في عصرنا الحاضر تدخل الاقتصاديون والساسة كمحاولة للسيطرة على هذه المشاكل فأقاموا المؤتمرات البيئية العالمية والجمعيات البيئية التي تنادي بوقف التلوث واصلاح ما تم تدميره في النظام البيئي. لذا فقد تكوّن عصراً يمكن تسميته بعصر البيئة The Ecology Era، فقد انتشرت المعلومات البيئية في كل وسائل الاتصالات المعروفة لتصل إلى كل مواطن وتحثه على المشاركة في حماية ممتلكاتنا البيئية على كوكب الأرض.

وكغيرها من الدول أخذت المملكة الأردنية الهاشمية تهتم بشؤون البيئة، حيث ركز جلالة المغفور له الملك الحسين في كتاب تكليفه السامي لدولة المرحوم عبدالحميد شرف عام 1980 على ضرورة الاهتمام بشؤون البيئة وإنشاء دائرة تقوم بهذه المهام، لذلك تأسست دائرة البيئة وألحقت بوزارة الشؤون البلدية والقروية والتي أصبحت تسمى بوزارة الشؤون البلدية والقروية والبيئة. كما تم تأسيس مجلس أعلى للبيئة والعديد من المؤسسات والجمعيات العاملة في مختلف مجالات البيئة، كما أدخلت المناهج والتخصصات البيئية في المعاهد والجامعات الأردنية، وتم اقرار قانون البيئة الأردني سنة 1995، وفي عام 2003 تأسست وزارة البيئة كوزارة تعنى بكافة الأمور البيئية في الأردن.

أغلفة كوكب الأرض The Spheres of the Earth

يتميز كوكب الأرض عن باقي كواكب المجموعة الشمسية بوجود الغلاف الجوي (Atmosphere) والغلاف المائي (Hydrosphere) وغلاف التربة (Pedosphere) والغلاف الصخري (Lithosphere) والغلاف أو المحيط الحيوي (Biosphere)، وتلعب هذه الأغلفة دوراً أساسياً في حماية الحياة على هذا الكوكب، الشكل (2-1) يوضّح أغلفة كوكب الأرض.

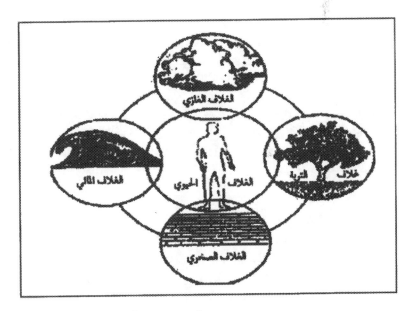

شكل (2-1): أغلفة كوكب الأرض

أ) الغلاف الجوي أو الغازي (Atmosphere)

تكوّن الغلاف الغازي في المراحل الأولى لتكوين كوكب الأرض نتيجة تبرد الصخور النارية على سطح الكرة الأرضية، وعلى مر الزمن الجيولوجي كان هناك تداخل بين تطور الحياة وتطور الغلاف الجوي، ويعتقد أن المكونات الرئيسة لهواء الغلاف الجوي في بداية تكوينه كانت تتألف من غازات مثل ثاني أكسيدالكربون والأمونيا والميثان. وقد ظهر الاكسجين بعد وقت طويل من ظهور الكائنات الحية وحيدة الخلية التي كانت تعتمد في حياتها على كبريتيد الهيدروجين (Chemoautotrophic Bacteria) الذي تصاعد من البراكين. وبعد فترة زمنية طويلة ظهرت النباتات الخضراء والطحالب واستخدمت ثاني أكسيد الكربون والماء والضوء الشمسي والعناصر الغذائية الأخرى لبناء الكربوهيدرات (التمثيل الضوئي). على النحو التالي:

$$6CO2 + 6H2O \xrightarrow{\text{طاقة شمسية}} C6H12O6 + 6O2$$

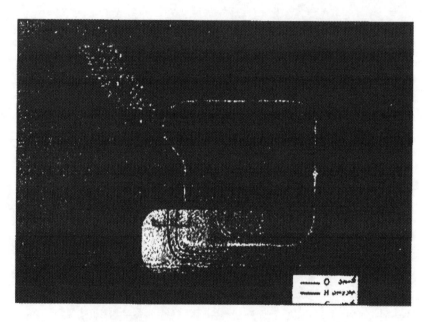

شكل (3-1): رسم مبسط لمكونات عمليتي التمثيل الضوئي والتنفس

وفي هذه العملية يستهلك النبات ثاني أكسيد الكربون الجوي (والطحالب من المياه العذبة أو البحرية) ويطلق الأكسجين الذي يشكّل فضلات عملية التمثيل الضوئي (Photosynthesis). حيث تجمع في الهواء مع مرور الزمن، وظهرت كائنات حية تحتاج إليه، ومن خلال تطور كوكب الأرض تغيرت مكونات الهواء حيث أصبحت غازات النيتروجين والاكسجين وثاني أكسيد الكربون تشكل حوالي 99% من الهواء الجاف. جدول (1-1) يبيّن المكونات الطبيعية للهواء.

جدول (1-1): التكوين الطبيعي للهواء الجاف

مكونات	الرمز	الحجم %
أوكسجين	O_2	20.930
نيتروجين	N_2	78.100
أرجون	Ar	0.932
ثاني أكسيد الكربون	CO_2	0.030
نيون	Ne	0.0018
هيليوم	He	0.0005
كريبتون	Kr	0.0001
زينون	Xe	0.000009

ويعد الغلاف الجوي من مقومات الحياة، إذ يشكل خزاناً طبيعياً للأكسجين وثاني أكسيد الكربون والنيتروجين وبخار الماء وغيرها من الغازات في دورة المواد البيوجيوكيميائية. كما يحمي الكائنات الحية من الأشعة الكونية والأجسام الفضائية التي تسقط على الأرض(الشهب) حيث تحترق في الغلاف الجوي الخارجي، علماً أن بعض الشهب تحترق بأكملها، ويصل بعض أجزائها إلى سطح الأرض (النيازك). وينظم الغلاف الجوي درجات الحرارة على الأرض، ولولاه لكانت درجة الحرارة عند خط الاستواء حوالي (80+)°م نهاراً و (140-)°م ليلاً. بالاضافة إلى ذلك لما كان هناك انتقال للصوت ولا تواجدت السحب أو الرياح أو الأمطار ولكانت الأرض بلا حياة مثل القمر.

وتقوم الأشعة الشمسية بتسخين غازات الهواء، حيث تبقى في حركة مستمرة، وبذلك تحول هذه الطاقة الحرارية دون سقوط الغلاف الغازي على سطح الكرة الأرضية بفعل الجاذبية الأرضية.

ويتكون الغلاف الغازي من عدة طبقات تتواجد فوق بعضها البعض، تبدأ بطبقة التروبوسفير (Troposphere) الملاصقة لسطح الكرة الأرضية،ويصل ارتفاعها إلى حوالي17 كم فوق خط الاستواء و 8كم فوق القطب الشمالي والجنوبي. ويوجد في هذه الطبقة 70-80% من كتلة الهواء المكونة للغلاف الغازي، وهي الطبقة التي تتكون فيها الغيوم وتحدث فيها تغيرات الطقس، وتنخفض درجة حرارتها بانتظام كلما ارتفعنا إلى الأعلى لتصل في حدودها العليا إلى حوالي (50-)°م . وتلي هذه الطبقة طبقة الستراتوسفير (Stratosphere) والتي تخلو تقريباً من بخار الماء

وبالتالي من الغيوم، ويصل ارتفاع هذه الطبقة إلى حوالي 30كم فوق سطح الأرض، ويوجد في هذه الطبقة حزام الأوزون الذي يحمي الكائنات الحية على الكرة الأرضية من الاشعاعات فوق البنفسجية القادمة من الشمس. وتجري بين طبقتي التروبوسفير والستراتوسفير حول الكرة الأرضية من الغرب باتجاه الشرق عواصف هوائية تصل سرعتها إلى أكثر من 400كم في الساعة تسمى التيارات النفاثة (Jet Steams) والتي تؤثر في الظروف المناخية في طبقة التروبوسفير.

وترتكز على طبقة الستراتوسفير طبقة الميزوسفير (Mesosphere) والتي تمتد حتى ارتفاع يصل إلى حوالي 80كم.

وتلي هذه الطبقة طبقة الثيرموسفير (Thermosphere) أو الأيونوسفير (Ionosphere) ويصل ارتفاعها إلى حوالي 400كم، وفي هذه الطبقة تتأين الغازات نتيجة درجات الحرارة العالية التي تصل إلى حوالي 1000°م في حدودها العليا. ويوجد داخل طبقة الثيرموسفير عدة طبقات يتغير ارتفاعها عن سطح الأرض حسب ساعات النهار ونشاط الاشعاع الشمسي، وتعمل هذه الطبقات على عكس الأمواج القصيرة، ويمكن تمييز الطبقات التالية:

1. طبقة (E) وتتكون مع طلوع أشعة الشمس وتصل أوج قدرتها على التأيين في ساعات الظهيرة، وتوجد هذه الطبقة على ارتفاعات تتراوح ما بين 90-160كم.

2. طبقة (F1) وتتواجد على ارتفاع 160-200كم.

3. طبقة (F2) وتتواجد على ارتفاع أكثر من 200كم.

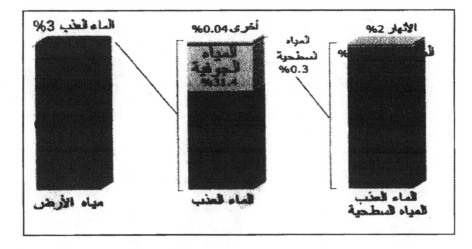

شكل (4-1): توزيع مياه الأرض

وتلي طبقة الثيرموسفير طبقة السوبراسفير (Superasphere) والتي يتراوح ارتفاعها بين 400-1000كم. وأخيراً نجد طبقة الاكسوسفير (Exosphere) تبدأ من حوالي 1000كم ثم تدخل في الفضاء الخارجي. ويشكل غاز الهيدروجين في هذه الطبقة الغاز الرئيس، وتكون الجاذبية الأرضية على هذا البعد قليلة جداً، مما يساعد على هروب بعض الغازات الى الفضاء الخارجي، ويوضح شكل (5-1) طبقات الغلاف الغازي.

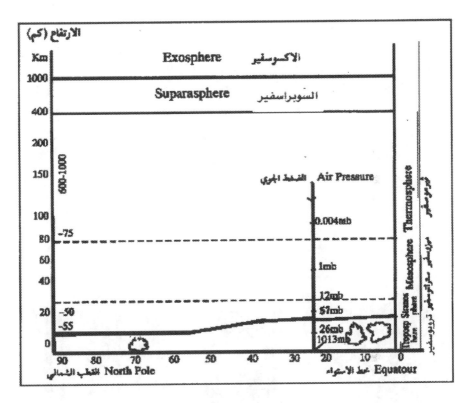

شكل (5-1): طبقات الغلاف الغازي

ب) الغلاف المائي (Hydrosphere)

الماء: عبارة عن مركب كيميائي ينتج عن تفاعل غاز الاكسجين مع غاز الهيدروجين، ويتميز بخواص كيميائية وفيزيائية تجعله من أهم المصادر الطبيعية المنتشرة على سطح الكرة الأرضية وفي باطنها وفي الغلاف الغازي. فالماء يعتبر الأساس لحياة جميع أنواع الكائنات الحية من انسان وحيوان ونبات وكائنات حية دقيقة.

وتمتاز المياه بحركتها المستمرة في الطبيعة وذلك بفعل الطاقة الشمسية إذ تتحول من شكل إلى آخر مكونة بذلك دورة المياه الغازية في الطبيعة، وحسب الموازنة المائية لا يوجد فقدان أو خسارة

في الميزان المائي العالمي إلا بقدر كمية المياه التي خرجت من كوكب الأرض مع رواد الفضاء إلى الفضاء الخارجي.

تبلغ مساحة الكرة الأرضية حوالي 510 مليون كم2، وتغطي المياه حوالي 361 مليون كم2، أي ما يعادل حوالي 70.8% من المساحة الكلية. ولا تزيد مساحة اليابسة عن 149 مليون كم2، وهي بهذا تشكل حوالي 29.2% من المساحة الكلية للكرة الأرضية، جدول (2-1) يعطي كميات المياه لكوكب الأرض بشكل تقريبي.

جدول (2-1): كميات وتواجد المياه لكوكب الأرض بشكل تقريبي

مصدر المياه	كمية المياه 1000كم^3	%
- الغلاف الغازي	13	%0.1
- المحيطات والبحار	1350000	%97.5
- اليابسة	33431	%2.4
أ. الأنهار	107	
ب. المياه السطحية العذبة	125	
ج. المياه السطحية المالحة	105	
د. رطوبة التربة	150	
هـ. الماء المربوط بالمواد العضوية الحية والميتة	50	
و. المسطحات الجليدية	700	
ز. المياه الجوفية	2600	

وبالرغم من عظمة الغلاف المائي بالنسبة لليابسة، إلا أن إنتاجيته تقدر بحوالي نصف انتاجية اليابسة. وترتبط أجزاء المياه في النظام البيئي المائي الكبير مع بعضها البعض من خلال التيارات المائية الأفقية والعمودية والتي تحدث بفعل الرياح، وعوامل التبادل الغازي بين المياه والهواء، واختلاف درجات الحرارة والكثافة في المياه، وعمليات المد والجزر الناتجة عن جاذبية القمر في المناطق الساحلية.

جدول (2-1): كميات وتواجد المياه لكوكب الأرض بشكل تقريبي

الخزان	حجم الماء 10^6كم3	النسبة من الإجمالي
المحيطات	1370	97.25
القمم والجبال الجليدية	29	2.05
ماء الأرض	9.5	0.68
البحيرات	0.125	0.01
رطوبة التربة	0.065	0.005
الغلاف الجوي	0.013	0.001
الجداول والأنهار	0.0017	0.0001
المحيط الهادي	0.0006	0.00004

ج) غلاف التربة (Pedosphere)

وهي الطبقة الهشة التي تغطي القشرة الأرضية والتي توجد بسُمك يتراوح ما بين بضعة سنتمترات وعدة أمتار، وتتكون التربة من مزيج معقد من المواد المعدنية والمواد العضوية والماء والهواء. وتعد التربة من أهم مصادر الثروة الطبيعية المتجددة، حيث أن معظم موارد الانسان الذي يعتمد عليها بصورة مباشرة (غذاء نباتي) أو بصورة غير مباشرة (غذاء حيواني) يأتي من التربة مما يتوجب المحافظة عليها والعناية بخصوبتها. وتعد المحافظة على التربة من أهم المعايير الحضارية التي تقاس بها درجة رقي الامم ولا سيما أن تكوين التربة لا يتم في فترة قصيرة من الزمن بل يحتاج إلى فترة طويلة قد تصل إلى مئات أو حتى آلاف السنين.

وللتربة وظائف عديدة من أهمها:

1. الانتاج الزراعي والحرجي حيث تقوم التربة بايصال المواد الغذائية للنباتات والكائنات الحية التي تعيش فيها.

2. استيعاب كميات كبيرة من مياه الأمطار وتغذية المياه الجوفية وبالتالي الحد من تدفق المياه على شكل جريان سطحي (Runoff).

3. المحافظة على استقرار الرقم الهيدروجيني لمياه (محلول) التربة.

4. ترشيح الشوائب والبكتيريا من المياه وبالتالي منعها من الوصول إلى المياه الجوفية.

5. ادمصاص (امتزاز Adsorption) العديد من الملوثات المائية مثل المعادن الثقيلة والمبيدات وبالتالي منعها من الوصول الى المياه الجوفية ومياه التربة التي تعتمد عليها النباتات.

6. تحليل المواد العضوية بواسطة الكائنات الحية التي تعيش في التربة واعادتها إلى دورتها الطبيعية (دورة المواد البيوجيوكيمائية).

7. مكان حياة الانسان ونشاطه، حيث تزود الإنسان بمكان للعيش والصناعة والمواصلات ومكان للتخلص من النفايات.

8. حماية جينات بعض أنواع الكائنات الحية التي تعيش في التربة.

9. مصدر للمواد الخام مثل الرمل ومعادن الطين التي نستعملها لأغراض الصناعة.

ويتضح من خلال تعريف التربة أنها تتكون من أربعة مكونات أساسية هي: المكونات المعدنية، المكونات العضوية، الماء وهواء التربة. وتشكل المكونات المعدنية القسم الأكبر من حجم وكتلة التربة، أما المواد العضوية للتربة (Soil Organic Matter) فيقصد بها المخلفات النباتية والحيوانية والكائنات الحية الدقيقة بمختلف مراحل التحلل، كما تشتمل أيضاً الأسمدة العضوية المضافة إلى التربة.

أما الدبال (Humus) فيقصد بها المواد العضوية التي تحللّت جزئياً أو كلياً في التربة وفقدت شكلها الأصلي، ويعد الدبال مصدراً هاماً للمغذيات النباتية (Plant Nutrients) ويساهم في تحسين الخواص الكيميائية والفيزيائية وتنظيم الرقم الهيدروجيني (PH-Buffer) للتربة والذي يؤثر على المواد الغذائية للتربة فتجعل على قابلية الامتصاص أو عدمه، كذلك تزيد كمية بعض المواد المذابة في محلول التربة فتجعلها سامة قابلة للامتصاص بشكل جيد عند أرقام هيدروجينية تتراوح بين 5.5-7 وأما الحامضية الزائدة في التربة فإنها تزيد من الكمية الذائبة للحديد والنحاس والألمنيوم بنسبة كبيرة فتصبح سامة للنباتات، بينما تؤدي القلوية الزائدة في التربة إلى أن تصبح بعض العناصر الغذائية المهمة كالحديد والبورون وغيرها غير قابلة للامتصاص.

كما تؤثر حامضية التربة في الكائنات الحية المفيدة الموجودة في التربة، فعندما يكون الرقم الهيدروجيني بين 6-7 فإن البكتيريا التي تثبّت النيتروجين تصبح أكثر نشاطاً، كما تنشط البكتيريا التي تهدم المواد العضوية وتحللها إلى العناصر التي يمكن للنبات أن يستفيد منها. والمحلول الترابي القريب إلى الحيادي هو الأكثر ملائمة للمحاصيل النباتية. وتقسم العناصر الموجودة في التربة بالنسبة لقيمتها الغذائية للنبات إلى ثلاثة أقسام:

أ- العناصر الأساسية الكبرى: وتضم النيتروجين، الفسفور، البوتاسيوم والكبريت.

ب- العناصر الصغرى: كالحديد، الكالسيوم، المغنيسيوم والبورون.

ج- العناصر شبه الثانوية: الألمنيوم، الكلور، الصوديوم والسليكون.

إن الدبال (Humus) - أي المواد العضوية المتحللة كلياً أو جزئياً بحيث لا يمكن التعرف على أصلها بالعين المجردة- فيتكون مما يلي:

1- مواد غير دبالية (Nonhumic Substances): وهي مركبات حيوية مثل الأحماض الأمينية والكربوهيدرات والشحميات (Lipids).

2- مواد دبالية (Humic Substances): وهي مركبات لا بلورية (Amorphous) وتكون جزيئاتها غير مرتبة وتنصهر في درجات حرارية غير محددة وذات وزن جزيئي عالي (High Molecular Weight) ولون بني إلى أسود. والمواد الدبالية نشطة كيميائياً وقادرة على الادمصاص وتبادل الكاتيونات (Cation Exchange Capacity) وبناء معقدات (Complexes) مع العديد من الايونات المعدنية. ويمكن فصل المواد الدبالية إلى عدة مركبات من أهمها:

أ. أحماض الدبال (Humic Acids): مركبات عضوية لا بلورية تستخلص من المواد الدبالية باستعمال المحاليل القاعدية، وهي غير قابلة للذوبان في المحاليل الحامضية المخففة، وتتكون من بلمرة (Polymerization) - تفاعل يتحد فيه جزيئان أو أكثر من نفس المادة أو مادتين مختلفتين ليكونا مركباً ذو وزن جزيئي عالي - أحماض الفولفك وغيرها من نواتج تحلل المواد العضوية، ويتراوح الوزن الجزيئي لهذه البوليمرات بين (20000-1360000).

ب. أحماض الفولفك (Fulvic Acids): وهي مركبات تستخلص من أحماض الدبال باستعمال محلول حامضي مخفف ويتراوح وزنها الجزيئي بين (275-2110).

جـ الهيومين (Humin): وهي المواد المتبقية بعد إذابة الدبال بالمحاليل القاعدية والحامضية ولا يوجد لها دور كبير بالمقارنة مع أحماض الدبال والفولفك.

وتوجد المواد العضوية في التربة المعدنية والعضوية بنسب تتراوح بين 1-90% وتصّنف التربة المعدنية حسب درجات تركيز المواد العضوية، إذ تعد التربة فقيرة بالمواد العضوية إذا قلت نسبتها عن3% وغنية بالمواد العضوية إذا احتوت على نسبة 5-10%.

ويلعب ماء التربة (محلول التربة Soil Solution) دوراً مهماً في إعطاء التربة العديد من الخواص الكيميائية والفيزيائية والحيوية ويعمل كمحلول مذيب تنقل بواسطته المواد الغذائية إلى

النباتات الخضراء والعديد من الكائنات الحية التي تعيش في التربة. ولا توجد مكونات التربة بشكل منفصل عن بعضها البعض، وإنما تتداخل وتتفاعل فيما بينها لتجعلها ملائمة لنمو النباتات. ويوضح الشكل (6-1) مقطعاً لتربة ناضجة (Soil Profile) وهو كما يتضح عبارة عن مقطع عمودي يمتد من سطح التربة وحتى صخور القشرة الأرضية التي تتموضع عليها التربة، ويظهر في هذا المقطع العمودي كيفية تتابع آفاق (Horizons) التربة، حيث يمتاز كل أفق (نطاق) بصفات كيميائية وفيزيائية وحيوية خاصة به.

ويتأثر قطاع التربة بعدة عوامل مثل الصخور الأصلية المكونة للتربة والمناخ والغطاء النباتي وغيرها من العوامل المهمة في تكوين التربة، ويتكون قطاع التربة في الظروف العادية من ثلاثة آفاق أو نطاقات هي A, B, C يضاف إليها غالباً أفق O ويمثل طبقة تجمع المواد العضوية المتحللة وبقايا النباتات والحيوانات التي لم تتحلل بعد، وأفق D الذي يمثل صخور القشرة الأرضية (Bedrock) الذي يتموضع عليه الافق C.

وهناك القليل من ترب العالم تضم جميع هذه الآفاق كاملة، فالتربة حديثة التكوين قد تتمثل بأفقي A,C والتربة التي تكون قد تعرضت للإنجراف المتسارع يتكون قطاعها من B,C بسبب إزالة الافق A عنها، وفيما يلي أهم الآفاق:

أ) أفق (A) : وهي الطبقة السطحية (Top Soil) التي تخترقها جذور النباتات، وتحتوي على أعلى نسبة من المواد العضوية وأقل نسبة من الغرويات مما يعطي هذا الافق لوناً داكناً. ويسمى هذا الافق أيضاً أفق السلب، أو الفقد بسبب انتقال المواد الدقيقة منه إلى أفق B ويسمى بأفق الغسيل (Zone of Leaching)، كما يصنف لآفاق ثانوية مثل (Ao, A1, ... , An).

ب) أفق (B): وهـو الأفـق الـذي يـقع تحت أفق (A) ويسمى بالتـربـة السفـلى (Subsoil)، وفيه تجمع المواد المنغسلة مـن (A)، لذا فهو أفق الترسب أو التجمع (Zone of Accumulation)، ويصنّف إلى آفاق ثانوية مثل (B1 , B2 , ... , Bn) ويطلق على أفقي A,B التربة الحقيقية.

جـ) أفق (C) : ويختلف عن أفقي (A,B) كونه لا يشكل تربة بالمعنى الحقيقي، كما أنه ليس بصخور صلبة وإنما هو في مرحلة تطور إلى تربة ، ويتكون من صخور مفتتة بمختلف الأحجام بفعل عوامل التجوية (Weathering) وتغطي الصخور الصلبة التي لم تتأثر بعوامل التجوية بعد، ويطلق عليها الحزريا بالعامية (Regolith) أو منطقة الصخور الأولية (Perant Rocks).

د) أفق (D): وهو صخور القشرة الأرضية (Bedrock) الذي تتموضع عليه التربة ولم يخضع لعمليات التجوية، ومع الزمن يتحول الجزء العلوي منه إلى أفق (C).

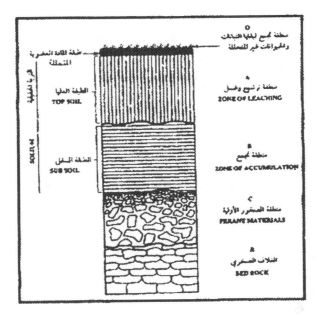

شكل (6-1): مقطع في تربة ناضجة

وتصنف التربة اعتماداً على أنسجتها أو تركيبها المعدني أو منشأها أو مدى ملاءمتها للزراعة، والتصنيف الدولي للتربه يعتمد النسيج أساساً كما في الشكل (7-1)، ويوضح هذا الشكل مثلث متساوي الاضلاع يمثل كل رأس منه حجماً معيناً من الفتات الصخري، ويدرّج كل ضلع فيه من الصفر وحتى المائة، وقد قسّم هذا المثلث إلى اثنتي عشرة حقلاً يمثل كل واحد منها نوعاً معنياً من التربة.

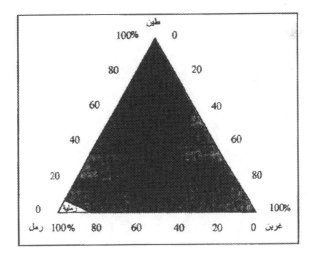

شكل(7-1) : التصنيف الدولي النسيجي للتربة

كما تصنّف الترب اعتماداً على المناخات التي ساعدت على تشكيلها على النحو التالي:

1- التربة المدارية (Tropical Soil): حيث معدلات الهطول في المناطق المدارية عالية جدا مما يكثف من عمليات غسلها وافقارها من الأملاح المعدنية ويستوجب تسميدها.

2- تربة المراعي (Grass Land Soil): ويكثر وجود هذا النوع حيث معدلات الهطول قليلة ولا تكفي لانبات الاشجار ويمتاز نطاق (A) في هذا النوع من الترب بلون بني غامق يخالطه سواد.

3- تربة الغابات (Forest Soil): وهو نوع من الترب المكتملة النطاقات يكثر وجودها في المناطق الرطبة.

4- التربة الصحراوية (Desert Soil): وهذا نوع يكثر وجوده في المناطق الجافة ونطاقاته غير واضحة وسماكاته قليلة ويحتوي على تركيزات عالية من عنصر الكالسيوم.

5- التربة القطبية (Arctic Soil): وسماكتها قليلة وتكون معظم الوقت في حالة تجمد باستثناء فترات قصيرة في فصل الصيف.

وبصورة عامة تعتمد خصوبة التربة على كمية ومدى توفر العناصر الأساسية مثل النيتروجين والكربون والبوتاسيوم والفوسفور والكالسيوم والمغنيسيوم.

د) الغلاف الصخري (Lithosphere)

يسمى هذا الجزء من الكرة الأرضية الذي ترتكز عليه التربة والمياه السطحية وحتى طبقة الاسثينوسفير (Asthenosphere) بالغلاف الصخري. ويتراوح سمك الغلاف الصخري ما بين 80-100 كم، ونظراً لأن أعمق الآبار التي حفرت في الغلاف الصخري لا تتجاوز 16كم فإنه يتم التعرف على نوعية صخور القشرة الأرضية بطرق غير مباشرة باستخدام الحسابات الجيوفيزيائية التي تعطي التوقعات حول طبيعة هذه الصخور، وتشير المعلومات الجيوفيزيائية إلى أن طبقة الغلاف الصخري تتكون من قسمين رئيسيين هما:

أ- القشرة الأرضية (Crust)، والتي يتراوح سمكها بين 5كم تحت البحار و 60كم تحت الجبال، وتتكون القشرة الأرضية بدورها من نوعين:

1. القشرة المحيطية أو القشرة البازلتية وتنتشر في مناطق قاع البحار والمحيطات.

2. القشرة القارية وتبني اليابسة وسلاسل الجبال العالية ولها تركيب معدني يشبه تركيب صخور الجرانيت المعدني. أما أنواع الصخور الموجودة في القشرة الأرضية فهي الصخور الرسوبية والتي تتكون على سطح الأرض تحت درجات حرارة وضغوط منخفضة نسبياً، والصخور النارية التي تتكون نتيجة تبرد الصهارة، وأخيراً الصخور المتحولة والتي تتكون نتيجة تعرض أي نوع من الصخور إلى ضغوط و/أو حرارة عالية في باطن الأرض مما يؤدي إلى تشوهها أو تغير حالتها إلى حالة جديدة، لذا تسمى بالصخور المشوهة أو المتحولة، على أن لا يحدث أثناء التحول انصهار للمعادن المكونة للصخور.

ب- الجزء العلوي من الوشاح العلوي والذي يصل حتى طبقة الاستينوسفير (Asthenosphere)، ويبيّن الشكل (8-1) مقطعاً في الكرة الأرضية.

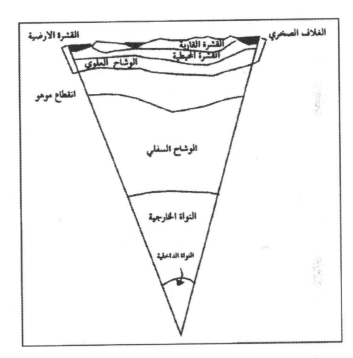

شكل (8-1) : مقطع في الكرة الأرضية

هـ) الغلاف أو المحيط الحيوي (Biosphere)

يقصد بالغلاف الحيوي؛ ذلك الجزء من أغلفة كوكب الأرض الذي تعيش فيه الكائنات الحية بأنواعها المختلفة، وتتواجد الحياة في أجزاء من الغلافين الجوي والصخري، كما تتواجد الحياة في جميع اجزاء الغلافين المائي والتربة، ومن الجدير بالذكر أنه لو شبهت الارض بتفاحة لكان الغلاف الحيوي قشرة هذه التفاحة. ويشمل الغلاف الحيوي جميع النظم البيئية الطبيعية (Ecosystems) على كوكب الأرض.

والقشرة الأرضية (Crust) تتكون من صخور ذات كثافة قليلة نسبياً أشهر مكوناتها الغرانيت تحت القارات (القشرة القارية) والبازلت تحت المحيطات (القشرة المحيطية)، متوسط سمكهما 36كم و 10كم على التوالي، وكلا النوعين من الصخور يتكون في غالبيته من معادن سيليكاتية، أما الستار (Mantle) فتبلغ سماكة هذا النطاق 2900كم تقريباً ويمتاز بأن معظم مادة الارض توجد في هذا النطاق. شكل (9-1).

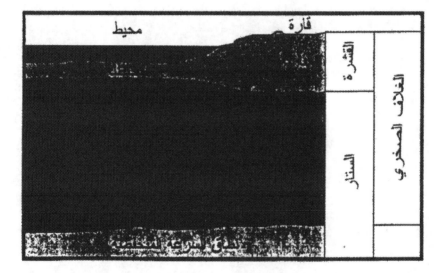

شكل (9-1): الاجزاء العليا من بنية الأرض

أساسيات النظام البيئي Principles of Ecosystem

علم البيئة موضوع واسع وموسوعي وقد يكون لأول وهلة مربكاً ومثبطاً للدارس إذ يبدو مشتتاً إلى حد كبير. فبالدرجة الأولى يجب أن يأخذ في حسابه اساليب الحياة لاكثر من مليوني نوع مختلف من الحيوانات والنباتات.

ويأخذ في اعتباره جميع كيفيات التأثير والتفاعل فيما بينها. وهكذا لا بد لعلم البيئة أن يشمل ليس فقط علوم الحياة وإنما أيضاً الكيمياء، الفيزياء وعلم الأرض، الجغرافيا، الفلك، المناخ، المياه، المتحجرات، الآثار، تاريخ الإنسان وكذلك علم الاجتماع- كما ذكرنا آنفاً- وفي الواقع يبدو مجال علم البيئة من الاتساع بحيث لا يكون له حدود على الاطلاق ويستطيع علماء البيئة أن يدّعوا السيادة على كل العلوم الاجتماعية والطبيعية ويمثل شكل (10-1) وضع دليل متقابل لعلم البيئة قامت به (مصلحة استعلامات العلوم والمستخلصات الحياتية)، يصوّر نموذج تخطيطي لتعقّد علم البيئة.

تعريف المصطلحات الأساسية Definition of Essential Terms

لحسن الحظ يمكن تلخيص الحقائق التي لا حصر لها لعلم البيئة الى بضعة مبادئ بسيطة وأساسية نسبياً- تعرضنا لبعض منها في بداية هذا الفصل- والمكان المنطقي الذي يمكن أن يُبدأ به هو النظام البيئي Ecosystem وهوعبارة عن أي وحدة تنظيمية أو مكانية تشمل كائنات حية ومواد غير حية متفاعلة بحيث تؤدي إلى تبادل للمواد بين الأجزاء الحية وغير الحية.

ومصطلح (نظام بيئي) يعد أكثر شمولاً من المصطلحين جماعة Population ومجتمع Community وهو أقرب شبهاً إلى حد ما من حيث المجال إلى المصطلحين البيئة Enviornment والموطن Habitat. ولا بد لاغراض الفهم والوضوح أن يتم التعرض لتعريف هذه المصطلحات.

فالجماعة Population هي مجموعة من الأفراد المتفاعلة معاً وهي تنتمي عادة إلى نفس النوع وفي مكان محدود وهكذا يمكن الحديث عن جماعة من الغزلان تعيش في جزيرة وجماعة الحشرات في بلتيمور وجماعة سلمون كوهو في بحيرة وهكذا...

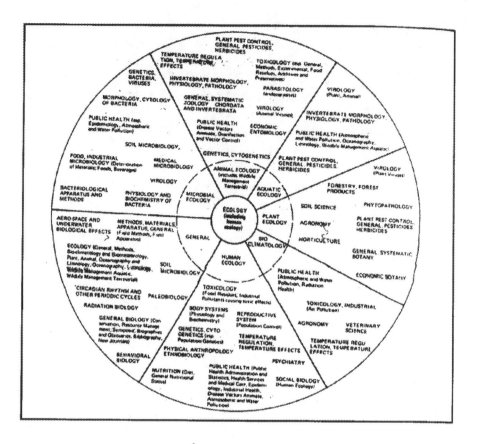

شكل (10-1): نموذج لعلم البيئة (شاملاً علم بيئة الإنسان)

أما المجتمع Community بالمعنى الحياتي فيتركب من جماعات من النباتات والحيوانات تعيش معاً في مكان معين وهكذا نشير إلى مجتمع غابة بلوط أو مجتمع بركة أو مرعى أو حيد مرجاني أو صحراء.

ويشير مصطلحا البيئة والموطن إلى مكان محدود حيث يعيش كائن حي ما بما في ذلك المعالم الفيزيائية والحياتية للمكان على حد سواء. وتأتي كلمة Environment بيئة من الفعل الفرنسي Environner بمعنى يحيط ويقصد به المجاورات أو الشيء الذي يحيط وهو يشمل "جميع الحالات والظروف والتأثيرات المحيطة والمؤثرة.. على كائن حي أو مجموعة من كائنات حية".

والموطن Habitat هو الملجأ أو البقعة الطبيعية لحيوان أو نبات أو إنسان (من الأصل اللاتيني Habitare بمعنى السكن) وهكذا فهو يشمل أيضاً جميع معالم البيئة في موقع معين وكثيراً ما يستعمل المصطلحان الموطن والبيئة بالدرجة الأولى للمعالم الفيزيائية مثل الناحية الطوبوغرافية ومصادر المياه والمناخ. إلا أن هذه المصطلحات لا تقتصر على المعالم الفيزيائية نظراً لأن النباتات والحيوانات الأخرى تكون كذلك أجزاءاً رئيسة من أي موطن معين أو بيئة معينة.

أما النظام البيئي Ecosystem فيشمل الجماعات والمجتمعات والمواطن والبيئات ويشير بصورة خاصة إلى التفاعل الحركي لجميع أجزاء البيئة مع التركيز بصورة خاصة على تبادل المواد بين الأجزاء الحية وغير الحية.

مكونات النظام البيئي الطبيعي Components of the Ecosystem

النظام البيئي هو عبارة عن وحدة تنظيمية في حيز معين تحتوي على عناصر حية وغير حية تتفاعل مع بعضها وتؤدي الى تبادل للمواد بين عناصرها الحية وغير الحية. لذا فالنظام البيئي بما يشمل من جماعات ومجتمعات ومواطن بيئية مختلفة، يعني بصورة عامة التفاعل الديناميكي لجميع أجزاء البيئة- كما ذكرنا آنفاً- ، ويمثل الموطن البيئي Habitat وحدة النظام البيئي حيث يمثل الملجأ أو المسكن للكائن الحي ليشمل جميع معالم البيئة من فيزيائة وكيميائية وحيوية، بينما تعتبر المواطن الدقيقة Microhabitats أصغر الوحدات البيئية المأهولة.

وتوجد مصطلحات أخرى مثل المناخ الدقيق Microclimate والحيز الوظيفي(النيتش) Niche لتحددا المتغيرات الدقيقة المتداخلة ووظيفة الكائن الحي ضمن النظام البيئي.

ويتكوّن النظام البيئي اجمالاً بابسط صورة من مكونات حية (Biota (Biotic Components ومكونات غير حية Abiota (Abiotic Components) فالمكونات الحية تشمل النباتات كالأشجار والحيوانات كالحشرات والفقاريات والكائنات المجهرية (الميكروبات) كالبكتيريا والفطريات. اما المكونات غير الحية فتشمل عوامل (Factors) عدة مرتبطة بالماء والهواء والتربة مثل كمية الرطوبة ودرجة الحرارة والاشعاع الشمسي والمواد الغذائية والملوحة ونوع التربة والتضاريس وغيرها.

وعلى الرغم من أن المكونات غير الحية تؤثر في المكونات الحية وتتحكم بها وتحدد خصائص النظام البيئي إلا أن المكونات الحية تؤثر ايضاً في بعض المتغيرات غير الحية عن طريق التجوية وتثبيت التربة وغيرها.

المكونات (العوامل) غير الحية Abiotic Components

وتشمل العوامل (Factors) غير الحية ما يلي:

أ-المواد غير العضوية: مثل الكربون ، والأكسجين ، النيتروجين، الفسفور، وباقي العناصر الطبيعية.

ب-المواد العضوية: مثل البروتينات ، الكربوهيدرات ، الدهون، الفيتامينات والاحماض النووية.

جـ- عناصرالمناخ كالحرارة، الرطوبة، الرياح والضوء.

د-عناصر فيزيائية كالجاذبية والاشعاع.

هـ- عناصر المياه والتربة وخصائصها الكيميائة والفيزيائة.

عوامل بيئية غير حية Abiotic Factors

*** المناخ Climate:**

بين المناخ والطقس...

الأمطار كعامل محدد: ←

الغابات	110سم
المراعي	75سم
الصحاري	25سم

كميته، توزيعه، الحرارة...

الحرارة كعامل محدد: ←

استوائية ومدارية	عريضة الأوراق
خطوط العرض الوسطى	متساقطة
خطوط العرض العليا	الإبرية
تجمد دائم	تندرا

المناخ المحدود، نوع التربة، الميل،....

المكونات (العوامل) الحية Biotic Components

تشمل المكونات الحية جميع الكائنات الموجودة ضمن النظام البيئي المعني بالدراسة من حيوان ونبات وكائنات حية دقيقة، ويمكن تصنيف الكائنات الحية حسب طريقة تغذيتها أو حصولها على الطاقة إلى:

أ) كائنات حية منتجة (المنتجات Producers)

وهي كائنات حية ذاتية التغذية (Autotrophic Organisms)، تحضر غذائها ذاتياً وهناك نوعان أساسيان منها:

1- كائنات حية ذاتية التغذية -ضوئة (Photoautotrophic Organisms):

وهي النباتات والطحالب الخضراء والهوائم النباتية (Phytoplankton) التي تقوم بتحويل المركبات غيرالعضوية من ماء وغاز ثاني أكسيد الكربون (ذات الطاقة المنخفضة) بواسطة عملية التمثيل الضوئي Photosynthesis إلى مركبات عضوية ذات طاقة مرتفعة (كالسكريات)، شكل (1-11) يوضح عملية التمثيل الضوئي في النباتات.

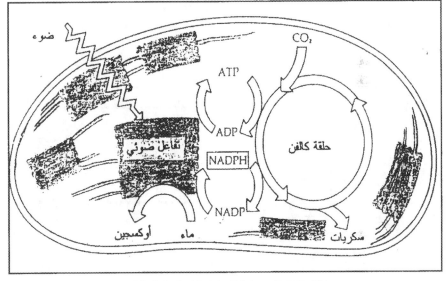

ADP
NADP

شكل (1-11): عملية التمثيل الضوئي في النباتات

ويعدّ البناء الضوئي المرتكز الرئيس للحياة فهو يمثل القدرة الانتاجية لجميع النظم البيئية المحتوية على النباتات كما هو الوسيلة التي تتحول بها الطاقة الضوئية إلى كيميائة. ولا يتم هذا البناء العضوي ببساطة وإنما يتضمن سلسلة متكاملة من التفاعلات الكيميائة التي تحتاج إلى الانزيمات والعديد من المركبات الوسيطة المعقدة. وتتضمن العملية امتصاص الضوء بواسطة مركب الكلوروفيل ليصبح جزيئاً نشطاً، يحوّ ل الطاقة الضوئية إلى كيميائة على شكل ATP (ادينوسين ثلاثي فوسفات)، ويتطلب عاملاً مؤكسداً مثل الناقلات الإلكترونية (NADP+) Electron carriers ويسمى بالتفاعل الضوئى Light reaction.

أما المرحلة الثانية فلا تعتمد على الضوء وتسمى بتفاعل الظلام (Dark reaction) أي الذي لا يعتمد على الضوء بشكل مباشر) أو حلقة كالفن. وفي هذه المرحلة يُستخدم ATP بالإضافة إلى NADPH الناتجة من التفاعل الضوئي ويتحد الهيدروجين بثاني أكسيد الكربون ليؤدي إلى اتحاد كيميائي للكربون والهيدروجين والأكسجين والذي يمر بتفاعلات عديدة إلى أن يعطي الجلوكوز، وهو اللبنة الاساسية لبناء مركبات عضوية معقدة أكثر مثل السكريات الثنائية والنشويات والدهون والبروتينات والفيتامينات.

2- كائنات حية ذاتية التغذية- كيميائية (Chemoautotrophic Organisms):

وهي كائنات حية تحصل على غذائها أو طاقتها كيميائياً مثل بكتيريا الكبريت التي تؤكسد الكبريت للحصول على الطاقة، وبكتيريا النيتروجين التي تلعب دوراً مهماً في دورة النيتروجين.

$$2S + 2H_2O + O_3 \xrightarrow{\text{Thicobacillus}} 2H_2SO_4$$

ب) كائنات حية مستهلكة (المستهلكات Consumers)

وهي التي تستعمل المواد العضوية المُنتجة من قبل الكائنات ذاتية التغذية سواء بصورة مباشرة أو غير مباشرة وبذلك تعتبر غير ذاتية التغذية Heterotrophic Organisms لأنها غير قادرة على انتاج مركباتها العضوية اللازمة للاغراض الغذائة الأساسية، وتشمل الحيوانات والفطريات وبعض الطلائعيات ومعظم البكتيريا.

وتصنّف الكائنات الحية المستهلكة حسب مصادر غذائها الى :

1- آكلات الاعشاب Herbivores:

كائنات حية مستهلكة تتغذى على النباتات: كالمواشي وأنواع من القوارض والغزلان والطيور آكلة البذور، الحشرات، وهناك بعض الكائنات المائية التي تتغذى على الهوائم النباتية (الطحالب) وجميعها تعتبر مستهلكات أولية Primary Consumers.

2- آكلات اللحوم Carnivores:

كائنات حية مُستهلكة تتغذى على اللحوم ويختلف مستوى الغذاء لآكلات اللحوم، فقد يُعدّ مستهلكاً ثانوي (Secondary Consumer) كالمفترسات مثل الاسود إذا تغذت على آكلة الأعشاب، أو مستهلكاً ثالثي (Tertiary Consumer) كالمفترسات التي تتغذى على غيرها من آكلة اللحوم كالعقاب والاسماك.

3-آكلات اللحوم والاعشاب Omnivores:

كائنات حية مستهلكة تتغذى على النبات والحيوان معاً وتسمى الكائنات القارتة وهي بذلك يمكنها أن تكون مستهلكات أولى وثانية وثالثة في نفس الوقت، ومنها الإنسان، فالإنسان الذي يأكل الخضار يسمى مستهلكاً أولياً والذي يأكل اللحوم يعتبر ثانوياً ويكون مستهلكاً ثالثياً عندما يتغذى على لحوم مستهلكات ثانية كالأسماك، وكذلك الحال بالنسبة للعديد من الكائنات الحية.

4- الطفيليات Parasites:

وهي كائنات حية تعيش على أو داخل كائن حي (عائل Host) تتغذى منه دون أن يؤدي ذلك مباشرة إلى موته، وحسب فترة بقاء الطفّيلي على أو داخل العائل نفرّق بين الطفيليات المؤقتة التي تترك العائل بعد حصولها على الغذاء مثل البعوض والطفيليات الدائمة التي تعيش طوال حياتها داخل العائل مثل الديدان المعوية.

تتخذ الطفيليات النباتية نفس المستوى الغذائي لآكلات الاعشاب وتتخذ الطفيليات الحيوانية نفس المستوى الغذائي لآكلات اللحوم. أما الحيوانات الكنّاسة أو آكلة القمامة Scavengers مثل النسور والضباع فهي تمثل دور آكلة اللحوم لكنها تتغذى على الحيوانات الميتة.

جـ) كائنات حية محلّلة (المحلّلات Decomposers)

وتسمى ايضاً بالكائنات الحية الهادمة حيث لا يمكن اعتبارها ذاتية التغذية اذ انها لا تصنع غذائها من مواد لا عضوية، ولا يمكن ايضاً ان نعتبرها كائنات مستهلكة حيث انها لا تتناول طعاماً جاهزاً بل إنها تقوم بتحليل الكائنات الحية بعد انتهاء عملية التحلل الذاتي (Autolysis)- التي تحدث داخل الكائن الحي بعد الموت مباشرة- وذلك للحصول على الطاقة اللازمة لحياتها. وتشمل المحللات البكتيريا والفطريات التي تمتص ما تحتاج إليه من مواد عضوية مُحلّلة عن طريق غشائها الخلوي مباشرة. وتصنّف إلى ثلاثة أنواع حسب متطلبات الأكسجين:

1- الكائنات الحية الدقيقة الهوائية (Aerobic Microbes)

وتحتاج هذه الكائنات المحلّلة الى الاكسجين الكافي لاستمرار حياتها ونشاطها كما في المعادلة التالية:

$$C_6H_{12}O_6 + 6O_2 \longrightarrow 6CO_2 + 6H_2O + \text{طاقة}$$

وعملية التحلّل الهوائي تشبه عملية التنفس داخل الخلايا الحيّة اذ تتحلّل المادة العضوية إلى ثاني اكسيد الكربون والماء وهي ايضاً عكس تفاعل التمثيل الضوئي من حيث المتطلبات والمنتجات النهائية للتفاعل. لذا يُعرف التحلل الهوائي احياناً بتنفس النظام البيئي.

2- الكائنات الحية الدقيقة اللاهوائية (Anaerobic Microbes)

وتحتاج لاستمرار حياتها ونشاطها وسطاً لا يتوفر فيه الأكسجين مثل بكتيريا الميثان التي تحلل المواد العضوية والكربونات الى غاز الميثان عند عدم توفر الأكسجين، وفي حالة توافر الاكسجين يكون ساماً أو قاتلاً لها.

3- الكائنات الدقيقة الاختيارية (Faculative Microbes)

وهي تلك التي تستطيع ان تكيّف نفسها حسب الوسط الذي تعيش فيه. فإذا توافر الأكسجين كانت هوائية وإذا لم يتوافر اصبحت لا هوائية مثل بكتيريا التربة (Aerobacter).

تتوفر الكائنات المحللّة بصورة كبيرة في الطبيعة ،حيث تتوقف الاعداد على انواع التربة ومستويات الرطوبة والحرارة والمادة الغذائية وغيرها من العوامل البيئية. ولا يمكن لنوع معين من البكتيريا والفطريات اتمام عملية التحلل بمفرده. مثال ذلك تحلّل الحليب حيث تقوم بكتيريا (Streptococcus Lactis) بتحويل اللاكتوز إلى حامض اللاكتيك ، ثم تستمر عملية التحلّل ضمن سلسلة بكتيرية لتقوم المحلّلات بانتاج تراكيب ايضية تؤثر على الكائنات الحية الأخرى مثل المضادات الحيوية (Penicillin) التي يفرزها فطر (Penicillium) والتي بدورها تثبط حياة بعض انواع البكتيريا. وتعرف هذه التراكيب بالهرمونات البيئة (Enviornmental Hormons) والتي عادة ما يكون لها تأثير منظم على الاحياء. والشكل (12-1) يوضح مكونات النظام البيئي الطبيعي بصورة حلقات متصلة معاً على شكل دورة.

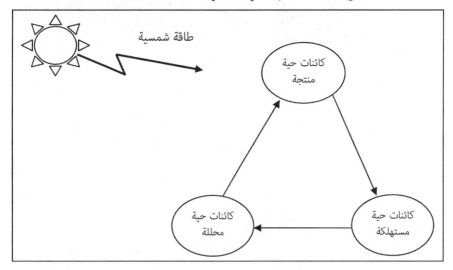

شكل (12-1): دورة النظام البيئي الطبيعي

ان المحلّلات تحتل المرتبة الثانية في الأهمية بعد المنتجات في النظم البيئية الطبيعية، حيث تعمل على اعادة المواد إلى دوراتها الطبيعية، ولو لم تقم المحللات بهذا الدور لبقيت المواد المغذية وحتى العناصر مرتبطة في بنية المركبات العضوية للكائنات الميتة والنفايات على سطح الأرض ولم تستطع المجتمعات القادمة من الكائنات الحية الاستفادة منها، وكذلك تساهم في زيادة الاخلال بالتوازن البيئي والتنمية البشرية.

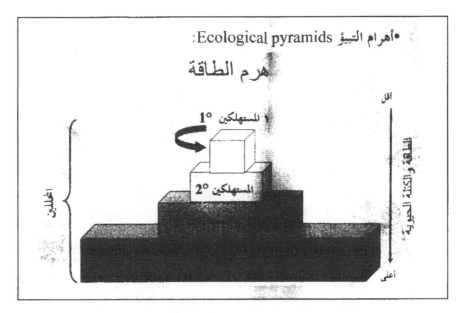

شكل (1-13): أهرام التبيؤ Ecological Pyramids

أنواع النظم البيئية Types of Ecosystems

يمكن تقسيم النظم البيئية كما يلي:

التقسيم على أساس المكونات الحية وغير الحية

تقسّم النظم البيئية من ناحية توفر المكونات الحية وغيرالحية الى:

أ) نظام بيئي طبيعي (متكامل):

ويشار له احياناً بالنظام البيئى المفتوح Open System وهو الذي يحتوي على جميع المكونات الأساسية الأولية (الحية وغير الحية) مثل البحيرة والنهر والمستنقع والغابة. ويوضح الشكل (1-14) بركة مياه عذبة كنظام بيئي مفتوح حيث تمثل العوامل غيرالحية مثل المواد العضوية

وغيرالعضوية كالماء والاكسجين وثاني أكسيد الكربون مثلاً والاملاح والاحماض والدبال Humus وفقط تستفيد الكائنات الحية من جزءاً بسيطاً من هذه التراكيب وهو الذي يكون ذائباً في الماء، أما الجزء الأكبر فهو مخزّن في الرواسب.

أما العوامل الحية، فهناك كائنات منتجة كالنباتات ذات الجذور Rooted aquatics أو نباتات طافية كبيرة الحجمFloated aquatics. أما النوع الاخر فهي نباتات طافية دقيقة الحجم وتمثلها الطحالب ويطلق عليها اسم الهوائم النباتية Phytoplanktons.

وهنالك ايضاً المستهلكات مثل الحشرات ويرقاتها، القشريات، والاسماك حيث تتدرج مستويات المستهلكات من أولية كالعوالق الحيوانية Zooplanktons إلى ثانوية كالاسماك الصغيرة واخيراً المستهلكات الثالثة كالاسماك الكبيرة.

أما المحللات مثل البكتيريا والفطريات وعند درجات حرارة معينة يبدأ التحلّل وتعود المواد الأولية إلى رواسب البركة أو قد تذوب في الماء لتغذي المنتجات ولتستمر الحياة في هذا النظام البيئي.

ب) نظام بيئي غير متكامل:

ويشار له احياناً بالنظام البيئي المغلق Closed Ecosystem، هو الذي يفتقر إلى واحد أو أكثر من المكونات الاساسية، فكمثال لذلك هناك الأعماق السحيقة للبحر والكهوف المغلقة تفتقر إلى كائنات منتجة وتوجد فقط كائنات مستهلكة ومحلّلة وذلك لعدم توفر الطاقة الشمسية لحياة النباتات، وقد يكون من المحتمل وجود قلة من البكتيريا ذات البناء الكيميائي Chemosynthetic لكنها لا تستطيع انتاج الكمية المحسوسة من المادة العضوية.

التقسيم حسب مصدر الطاقة

تُقسم النظم البيئية من ناحية مصدر الطاقة المحّركة للنظام البيئي إلى ثلاثة اقسام:

أ- نظام بيئي طبيعي يُدار بالطاقة الشمسية مثل الغابات والمحيطات المفتوحة.

ب-نظام بيئي بشري يُدار بالطاقة الشمسية ، وهذا النوع ساهم في تلوث البيئة والاضرار بعناصرها الحيوية والغير حيوية كاستخدام الاسمدة والمبيدات في الزراعة بدلاً من النباتات الطبيعية.

جـ-نظام بيئي صناعي يُدار بطاقة الوقود، كاستخدام الكهرباء والوقود في المدن والمجمعات الصناعية الذي أدّى إلى المساهمة المباشرة في تلوث البيئة.

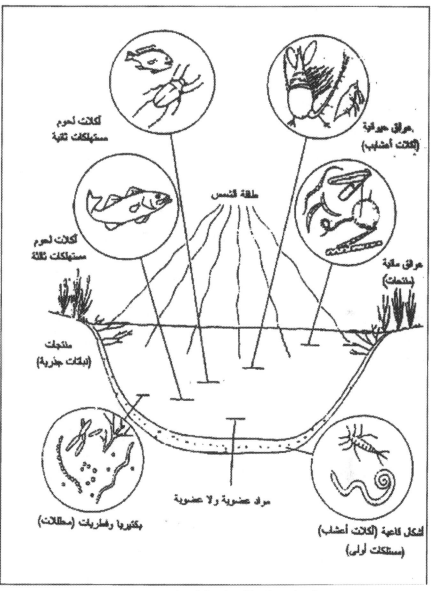

شكل (1-14): بركة مياه عذبة، نظام بيئي مفتوح

اتزان النظام البيئي Ecosystem Homeostasis

من الضروري لاستمرارالحياة ان يكون هناك اتزان للأنظمة البيئية الموجودة في الغلاف الحيوي Biosphere بمعنى ان يكون هناك اتزان في الدورات الغذائية الاساسية والمسالك المتداخلة للطاقة داخل هذه الأنظمة البيئة أو داخل اي نظام بيئي محدود بحيث يكون هناك اتزان بين الانتاج والاستهلاك والتحلل. واذا اخذنا مفهوم الاتزان على مستوى النظام البيئى فإننا نبحث في مدخلات بيئة Inputs تأتي من الوسط المحيط كالطاقة الشمسية وثاني اكسيد الكربون والاكسجين والماء والعناصر الغذائية.

ومخرجات بيئية تخرج الى الوسط المحيط وتشمل ثاني اكسيد الكربون والاكسجين والماء والعناصر الغذائية والطاقة الحرارية المفقودة من عملية التنفس وحتى يتم الاتزان يجب أن يكون هناك تعادل بين مستوى المدخلات والمخرجات. ويتحقق الاتزان في عمليات التنظيم داخل المجتمعات سواءً الحيوانية أو النباتية عن طريق ميكانيكية التغذية الراجعة Feedback Mechanism والتنظيم الذاتي Self-regulation. شكل (15-1).

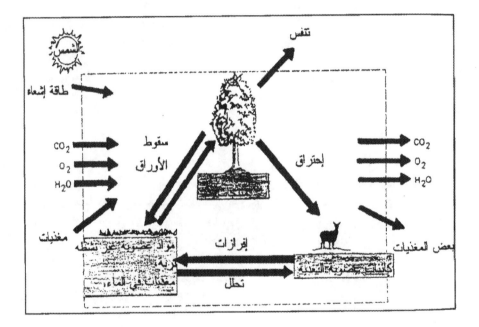

شكل (15-1) : مكونات النظام البيئي ومفهوم الاتزان يمثل الخط المتقطع حدود النظام البيئي

ويستطيع النظام البيئي الاستجابة للتغيرات البيئية عن طريق العوامل الحية التي تشكّل النظام البيئي من خلال تعديل سلوك هذه الكائنات بما يوائم النظام أو التغير الجديد، وتستطيع الأنظمة البيئية ان تستجيب للتغيرات التي تحدث في الوسط المحيط عن طريق الجماعات Populations وبالاخص عن طريق الافراد Individuals المكونة لهذه الجماعات ويعني ذلك أن اتزان النظام البيئي يبدأ من قدرة الافراد السلوكية على التعامل مع هذه المتغيرات وتختلف الجماعات في معدل استجاباتها للظروف البيئية . فهناك بعض الجماعات التي تستجيب بشكل سريع مع الظروف البيئية الايجابية مثل وفرة الغذاء وتتأثر بالظروف البيئية السلبية كالجفاف، ومن الامثلة على هذه الجماعات النباتات الحولية والحشرات، كما أن هناك جماعات تكون اقل استجابة للتغيرات، فلا تتأثر معدلات الولادة أو الوفيات اوالهجرة بشكل حاد، ومن الامثلة على هذه الجماعات الاشجار والحيوانات الثدية الكبيرة.

اختلال التوازن البيئي Ecologiocal Imbalance:

إن التفاعل بين مكونات البيئة عملية مستمرة تؤدي في النهاية إلى احتفاظ البيئة بتوازنها ما لم ينشأ اختلال نتيجة لتغير بعض الظروف الطبيعية كالحرارة والأمطار أو نتيجة لتغير الظروف الحيوية أو نتيجة لتدخل الإنسان المباشر في تغير ظروف البيئة.

فالتغير في الظروف الطبيعية يؤدي إلى اختفاء بعض الكائنات الحية وظهور كائنات أخرى، مما يؤدي إلى اختلال في التوازن والذي يأخذ فترة زمنية قد تطول أو تقصر حتى يحدث توازن جديد. وأكبر دليل على ذلك هو اختفاء الزواحف الضخمة نتيجة لاختلاف الظروف الطبيعية للبيئة في العصور الوسطى مما أدى إلى انقراضها فاختلت البيئة ثم عادت إلى حالة التوازن في إطار الظروف الجديدة بعد ذلك. كذلك فإن محاولات نقل كائنات حية من مكان إلى آخر والقضاء على بعض الأحياء يؤدي إلى اختلال في التوازن البيئي.

غير أن تدخل الإنسان المباشر في البيئة يعتبر السبب الرئيسي في اختلال التوازن البيئي، فتغير المعالم الطبيعية من تجفيف للبحيرات، وبناء السدود، واقتلاع الغابات، وردم المستنقعات، واستخراج المعادن ومصادر الاحتراق، وفضلات الإنسان السائلة والصلبة والغازية، هذا بالإضافة إلى استخدام المبيدات والأسمدة كلها تؤدي إلى إخلال بالتوازن البيئي، حيث أن هناك الكثير من الأوساط البيئية تهددها أخطار جسيمة تنذر بتدمير الحياة بأشكالها المختلفة على سطح الأرض، فالغلاف الغازي لا سيما في المدن والمناطق الصناعية تتعرض إلى تلوث شديد، ونسمع بين فترة وأخرى عن تطون السحب السوداء والصفراء السامة والتي كانت السبب الرئيسي في موت العديد من الكائنات الحية وخصوصاً الإنسان.

أضف إلى ذلك ما يتعرض إليه الغلاف المائي من تلوث من خلال استنزاف الثروات المعدنية والغذائية هذا بالإضافة على إلقاء الفضلات الصناعية والمياه العادمة ودفن النفايات الخطرة. أما اليابسة فحدث ولا حرج، فإلقاء النفايات والمياه العادمة واقتلاع الغابات وتدمير الجبال وفتح الشوارع وازدياد أعداد وسائل النقل وغيرها الكثير أدى إلى تدهور في خصوبة التربة وانتشار الأمراض والأوبئة خصوصاً المزمنة والتي تحدث بعد فترة زمنية من التعرض لها.

وبالرغم من تقدم الإنسان العلمي والتكنولوجي والذي كان من المفروض أن يستفيد منه لتحسين نوعية حياته والمحافظة على بيئته الطبيعية، فإنه أصبح ضحية لهذا التقدم التكنولوجي الذي أضر بالبيئة الطبيعية وجعلها في كثير من الأحيان غير ملائمة لحياته وذلك بسبب تجاهله للقوانين الطبيعية المنظمة للحياة. وعليه فإن المحافظة على البيئة وسلامة النظم البيئية وتوازنها أصبح اليوم يشكل الشغل الشاغل للإنسان المعاصر من أجل المحافظة على سلامة الجنس البشري من الفناء.

وللنظام البيئي القدرة الذاتية على البقاء Persistence تحت ضغط التغيرات المحيطة، وهنا قد يمارس النظام البيئى لتحقيق دورة في الاتزان الطبيعي عن طريق:

1- المرونة البيئية Ecological Resilience:

وتعني المقدرة على امتصاص التغير ومن ثم البقاء والعودة إلى الوضع الطبيعي مع تحسن الظروف، ويمتاز النظام سريع المرونة بالقدرة على التزاوج والتناسل بكثرة بحيث يتم زيادة حجم المجموع في فترة زمنية مقيدة لتعويض النقص في انهيار المجموع نتيجة للظروف المغايرة.

2- المقاومة البيئية Ecological Resistance:

وهي قدرة النظام البيئى على مقاومة التغير بأقل ضرر ممكن، ويمتاز النظام البيئي المقاوم بقدرة حيوية عالية وبطاقة مخزّنة تساعد على البقاء، حيث يستطيع نظام الغابات مقاومة درجات الحرارة المرتفعة أو المنخفضة والجفاف والانتشار الموسمي للآفات الحشرية.

ومن الجدير بالذكر أن معظم الأنظمة البيئية تتصّف أما بالمرونة أو بالمقاومة ونادراً ما تتصّف بهما معاً وعادة ما يكون النظام البيئي قليل المقاومة نظاماً مرناً أو النظام المقاوم قليل في المرونة.

وتختلف قدرة الكائنات الحية على التكيّف، والكائنات ذات القدرة العالية على التكيّف تتمكن من انتاج مستقبل اجيال لنظام بيئي محدد بحيث تعطي ذريّة كبيرة مقاومة وهو ما يعرف باللياقة Fitness. ويكون التغير في النظام البيئي في ازدياد أو نقص اللياقة عند الافراد، وهذا

التفاوت في القدرة على الانتاج بين الافراد يعرف بالانتخاب الطبيعي Natural Selection، ومع زيادة ظاهرة التكيّف في الافراد مع الزمن تظهر ظاهرة التطور في النظام البيئي Evolution، حيث تزداد القوة والخبرة لدى افراد النظام في مقاومة التغيرات البيئية.

تطورالنظام البيئي (ظاهرة التعاقب) Evolution and Succession

يسبب التغير في العوامل الحية أو غيرالحية أو الاثنين معاً تغيراً في المجتمعات الحية وهو ما يعرف بظاهرة التعاقب، وهو تطور منظم في الأنظمة البيئية يتسبب عن نشوء مجتمع حيوي بدلاً من مجتمع حيوي سابق في نفس المكان.

وتتجه الانظمة البيئية بشكل طبيعي نحو تكوين مجتمعات مستقرّة تحتوي على أكبر كمية من المادة الحية، وتعرف المراحل التطورية التسلسلية Serial Stages، ويسمى المجتمع الأخير والأكثر استقراراً بمجتمع الذروة Climax. وتمتاز الاطوارالمبكرة بانتاجية عالية وتنوع قليل في النباتات والحيوانات كما تكون اقل استقراراً من الذروة وأكثر عرضة للتغير البيئي المفاجئ.

أنواع التعاقب البيئي:

1. تعاقب بيئي أولي Primary Succession

2. تعاقب بيئي ثانوي Sccondary Succession

التنوع الحيوي خلال التعاقب البيئي:

تمتاز المراحل الأولى من التعاقب البيئي Ecological Succession بظهور أنواع متعددة من النباتات، وتبلغ قمة التنوع الحيوي Climax Species Diversity في المراحل الوسطى من التعاقب البيئي، إذ تظهر أنواع متعددة من الأشجار مختلفة الحجم. فتمتاز الغابة بحزم متعددة من أنواع الأشجار المختلفة وهناك أمثلة أخرى عديدة.

تطور النظام البيئي - التعاقب Succession

إن التغير في العوامل الفيزيائية أو الحية، في منطقة ما، يسبب تغيراً في المجتمعات الحية، والذي يعرف بالتعاقب، وهو تطور منظم في الأنظمة البيئية، يتسبب في تشوه مجتمع حيوي بدلاً من مجتمع حيوي سابق في نفس المكان. ويمكن ملاحظة التطور في النظام البيئي في بحيرة حديثة

التكوين حيث تمر بالمراحل التالية: تتكون الخضرة دخل البحيرة نتيجة انتشار الطحالب فيها . تستوطن جماعات القشريات والرخويات والحشرات المائية وبعض الديدان. ثم تلتحق بها جماعات من البرمائيات والأسماك. لذا تتغير البحيرة تدريجياً مع تراكم المواد العضوية في القاع، وثراء المياه بالمواد الغذائية وتتجة الأنظمة البيئية بشكل طبيعي نحو تكوين مجتمعات مستقرة تحتوي على اكبر كمية من المادة الحية وتعرف المراحل التطورية بالأطوار التسلسلية serial stages، ويعرف بالمجتمع الأخير والأكثر استقراراً بمجتمع الذروة climax community وتمتاز الأطوار المبكرة بإنتاجية عالية وتنوع قليل في النباتات والحيوانات، كما تكون أقل استقراراً من الذروة، وأكثر عرضة للتغير البيئي المفاجئ.

حماية الطبيعة Nature Protection

من الضروري حماية الطبيعية وصيانة البئة من خلال:

1- السلامة البيئية Environmental Safety

وتعني التفكير والسعي للحفاظ على سلامة واتزان الطبيعة أما بشكل طبيعي أوعن طريق تدخل الانسان بحيث تبقى الطبيعة ذات فائدة مستمرة للانسان دون حدوث اي خلل في اتزان مكوناتها الحيوية واللاحيوية ومن أهم اتجاهات حماية الطبيعة هي انشاء المحميات ومشاريع التشجير كما أنه من الضروري عند انشاء او القيام باي مشروع ان تؤخذ الاحتياطات البيئية وتطبيق التشريعات والأنظمة للحفاظ على البيئة ومقاومة التلوث باشكاله.

2- التربية البيئية Environmental Education

من الضروري العمل على اتباع سياسة تربوية تعنى بحماية البئة وقد قامت الكثير من الهيئات الدولية بوضع التشريعات الخاصة والمتعلقة بالاهتمام بحماية البيئة من خلال تدريس العلوم البيئية في جميع المراحل التعليمية ومساهمة اجهزة الاعلام بشكل مؤثر وفعّال وعقد المؤتمرات المحلية والعالمية المتخصصة في مجال حماية البيئة وانشاء كليات علمية متخصصة في هذا المجال.

الإنسان في مواجهة التحديات البيئية

الإنسان أحد الكائنات الحية التي تعيش على الأرض، وهو يحتاج إلى أكسجين لتنفسه للقيام بعملياته الحيوية، وكما يحتاج إلى مورد مستمر من الطاقة التي يستخلصها من غذائه العضوي الذي لا يستطيع الحصول عليه إلا من كائنات حية أخرى نباتية وحيوانية، ويحتاج أيضاً إلى الماء الصالح للشرب كجزء هام يمكنه من الاستمرار في الحياة.

وتعتمد استمرارية حياته بصورة واضحة على إيجاد حلول عاجلة للعديد من المشكلات البيئية الرئيسية التي من أبرزها مشكلات ثلاث يمكن تلخيصها فيما يلي:

1. كيفية الوصول إلى مصادر كافية للغذاء لتوفير الطاقة لأعداده المتزايدة.

2. كيفية التخلص من حجم فضلاته المتزايدة وتحسين الوسائل التي يجب التوصل إليها للتخلص من نفاياته المتعددة وخاصة النفايات غير القابلة للتحلل.

3. كيفية التوصل إلى المعدل المناسب للنمو السكاني، حتى يكون هناك توازن بين عدد السكان والوسط البيئي.

ومن الثابت أن مصير الإنسان، مرتبط بالتوازنات البيولوجية وبالسلاسل الغذائية التي تحتويها النظم البيئية، وأن أي إخلال بهذه التوازنات والسلاسل ينعكس مباشرة على حياة الإنسان ولهذا فإن نفع الإنسان يكمن في المحافظة على سلامة النظم البيئية التي يؤمن له حياة أفضل، ونذكر فيما يلي وسائل تحقيق ذلك:

الإدارة الجيدة للغابات: لكي تبقى الغابات على إنتاجيتها ومميزاتها.

الإدارة الجيدة للمراعي: من الضروري المحافظة على المراعي الطبيعية ومنع تدهورها وبذلك يوضع نظام صالح لاستعمالها.

الإدارة الجيدة للأراضي الزراعية: تستهدف الإدارة الحكيمة للأراضي الزراعية الحصول على أفضل عائد كما ونوعاً مع المحافظة على خصوبة التربة وعلى التوازنات البيولوجية الضرورية لسلامة النظم الزراعية، يمكن تحقيق ذلك:

1. تعدد المحاصيل في دورة زراعية متوازنة.

2. تخصيب الأراضي الزراعية.

3. تحسين التربة بإضافة المادة العضوية.

4. مكافحة انجراف التربة.

مكافحة تلوث البيئة: نظراً لأهمية تلوث البيئة بالنسبة لكل إنسان فإن من الواجب تشجيع البحوث العلمية بمكافحة التلوث بشتى أشكاله.

التعاون البناء بين القائمين على المشروعات وعلماء البيئة: إن أي مشروع نقوم به يجب أن يأخذ بعين الاعتبار احترام الطبيعة، ولهذا يجب أن يدرس كل مشروع يستهدف استثمار

البيئة بواسطة المختصين وفريق من الباحثين في الفروع الأساسية التي تهتم بدراسة البيئة الطبيعية، حتى يقرروا معاً التغييرات المتوقع حدوثها عندما يتم المشروع، فيعملوا معاً على التخفيف من التأثيرات السلبية المحتملة، ويجب أن تظل الصلة بين المختصين والباحثين قائمة لمعالجة ما قد يظهر من مشكلات جديدة.

تنمية الوعي البيئي: تحتاج البشرية إلى أخلاق اجتماعية عصرية ترتبط باحترام البيئة، ولا يمكن أن نصل إلى هذه الأخلاق إلا بعد توعية حيوية توضح للإنسان مدى ارتباطه بالبيئة وتعلمه أو حقوقه في البيئة يقابلها دائماً واجبات نحو البيئة، فليست هناك حقوق دون واجبات.

وأخيراً مما تقدم يتبين أن هناك علاقة اعتمادية داخلية بين الإنسان وبيئته فهو يتأثر ويؤثر عليها وعليه يبدو جلياً أن مصلحة الإنسان الفرد أو المجموعة تكمن في تواجده ضمن بيئة سليمة لكي يستمر في حياة صحية سليمة.

القوانين الإيكولوجية Ecological Rules

تخضع الطبيعة لقوانين وعلاقات معقدة تؤدي في نهايتها إلى وجود إتزان بين جميع العناصر البيئية حيث تترابط هذه العناصر بعضها ببعض في تناسق دقيق يتيح لها أداء دورها بشكل وبصورة متكاملة. فالتوازن معناه قدرة الطبيعة على إعالة الحياة على سطح الأرض دون مشكلات أو مخاطر تمس الحياة البشرية.

ومعنى هذا أن المواد التي تتكون منها النباتات مثلاً يتم امتصاصها من التربة ليأكلها الحيوان الذي يعيش عليه الإنسان. وعندما تموت هذه الكائنات تتحلل وتعود إلى التربة مرة أخرى. وبذلك فالعلاقة متكاملة بين جميع العناصر البيئية، وتكون أشعة الشمس، والنبات، والحيوان، والإنسان وبعض مكونات الغلاف الغازي، في إتزان مستمر. وخير من يجسد ذلك هو دورات بعض المواد، التي تدخل وتسري في المكونات الحياتية والطبيعية، ثم ما تلبث أن تعود إلى شكلها الأصلي. وهذا ما يحصل للكربون والنيتروجين والفسفور والكبريت والحديد وغيرها من المواد والمعادن، التي تسير في دورات مغلقة، وما تلبث أن تتحول من شكل إلى آخر، مجسدة القانون المعروف: المادة لا تفنى ولا تستحدث وإنما تتحول من شكل إلى آخر في سلسلة طويلة تغذي بها الحياة على سطح الأرض.

إن الأرض تعتبر بيئة الحياة الكبرى، حيث لم يتوصل الإنسان بعد إلى كشف وجود أي شكل من أشكال الحياة في أي مكان غير الأرض. وقد شاءت إرادة الخالق أن يجعل هذه الأرض للإنسان بساطاً، ويوفر له فيها كل أسباب الحياة، ويقدر لها فيها من الأرزاق ما يفي بحاجاته

وحاجة كل الأحياء التي على ظهرها، بدءاً بالكائنات الدقيقة، وانتهاءاً بالإنسان ذاته، كما سخر الخالق الشمس والقمر، دائبين، وأرسل الرياح والسحاب، وأنزل من السماء ماءاً عذباً طهوراً، أحيا بها النبات والحيوان والإنسان. وكل هذه النعم وغيرها، مما لا يعد ولا يحصى، يجري بانتظام ودقة متناهية، وفقاً لثلاثة قوانين طبيعية ثابتة، تعرف بالقوانين الأيكولوجية ecological rules وهي:

قانون الاعتماد المتبادل، وقانون ثبات النظم البيئية، وقانون محدودية موارد البيئة.

قانون الاعتماد المتبادل Interdependence:

إن الأرض وهي كوكب الحياة، مليئة بصور متنوعة من الحياة، متباينة في أشكالها وأحجامها وأنواعها وأنماط معيشتها، وتعتمد هذه الأحياء كلها بعضها على بعض في علاقة توصف بالآكل والمأكول فهناك الأحياء المنتجة للطعام (المنتجات producers) وقد تكون هذه المستهلكات آكلة للأعشاب (مثل الأرانب والغزلان والمواشي) أو آكلات اللحوم(القطط والنمور والأسود) أو آكلات للأعشاب واللحم (الإنسان).

وتأخذ العلاقات الغذائية صورة سلاسل غذائية، بحيث ينتقل الغذاء من المنتج إلى المستهلك الأول فالثاني والثالث، وهكذا، تبعاً للبيئة التي تستوطنها الأحياء. ففي بيئات اليابسة تكون عادة قصيرة وتتكون من حلقة أو اثنين (أعشاب، حشرات، طيور آكلة حشرات). أما في الماء فإن سلاسل الغذاء عادة ما تكون طويلة الحلقات. على أن العلاقات الغذائية بين الأحياء تكون متداخلة وتأخذ صورة شبكة الغذاء التي تعطي المستهلك الكثير من فرص الاختيار. وبالمقارنة ما بين أعداد المنتجات وأعداد المستهلكات في كافة مستوياتها، نجد أن المنتجات أكثر عدداً من المستهلكات في المستوى الأول، وهذه أكثر عدداً من المستهلكات في المستوى الثاني، وهكذا، يتدرج العدد انخفاضاً ليأخذ شكل اليوم، في ظاهرة طبيعية تحفظ للكائنات الحية توازنها.

قانون ثبات النظم البيئية Stability of Ecosystems:

من المعروف أن المحيط الحيوي نظام كبير الحجم، كثير التعقيد، متنوع المكونات، محكم العلاقات، يتميز بالاستمرارية والتوازن. وهذا النظام الكبير يتألف من مجموعة كبيرة من النظم البيئية الأصغر فالأصغر. ويقصد بالنظام البيئي تلك الوحدة الطبيعية التي تتألف من مكونات حية وأخرى غير حية تتفاعل بينها أخذاً وعطاءاً مشكلة حالة من التوازن الديناميكي أو المرن. ومن أمثلة هذه النظم البيئية: الصحراء والمنطقة العشبية (السافانا) والمنطقة القطبية والغابات والأرض المزروعة والمناطق المائية، وغيرها.

وهذه الأنظمة البيئية وغيرها الكثير أنظمة مرنة الاتزان، دائمة التغير من صورة لأخرى وهذا التغيير في الأنظمة البيئية قد يكون سريعاً ومفاجئاً، وقد يكون بطيئاً ومتدرجاً، بحيث لا يمكن ملاحظته. وعليه فإن الأنظمة البيئية في تغير مستمر، وكل نظام بيئي يهيئ الظروف لنظام لاحق، وعندما يحدث تغير ما (انخفاض معدل المطر إلى الحد الأدنى) في نظام بيئي ما (الصحراء) فإن هذا النظام البيئي يصاب بالاختلال (أعشاب قليلة وبالتالي مجاعة لآكلات العشب) مما يدفع بالنظام البيئي إلى أخذ صورة اتزان جديدة (عدد أقل لآكلات العشب). وهكذا كلما حدث تغير في مكون أو أكثر من مكونات النظام البيئي فإنه ينتقل من صورة من الاتزان إلى صورة أخرى، أي أن الاتزان في النظام البيئي ديناميكي مرن وليس ثابتاً، إنما الثابت هو النظام البيئي نفسه. وسنعود للنظام البيئي من جديد بعد قليل.

قانون محدودية موارد البيئة Limited Resources:

أشرنا إلى أن البيئة بمفهومها الشامل هي ذلك الإطار الذي يحيا فيه الإنسان، ويحصل منه على مقومات حياته، ويمارس فيه علاقاته مع بني البشر، وتمثل مكونات هذا الإطار موارد متاحة للإنسان يستخدمها لاستمرار حياته، وللقيام بنشاطاته العملية والاقتصادية المختلفة غير أن هذه الموارد محدودة ولن تبقى إلى ما لا نهاية، وهو ما يستلزم إيقاف الاستنزاف الجائر والاستخدام العشوائي لهذه الموارد.

إن ما يجري من تدمير للموطن البيئي للبنات والحيوان ولا سيما في المناطق الاستوائية إنما يقود الكثير من أنواع الكائنات الحية إلى الانقراض كل عام. وينتج التلوث أساساً من تدخل الإنسان في قوانين البيئة التي سنها الخالق عز وجل وإخلاله بتوازن عناصرها ومكوناتها، وكانت للثورة الصناعية والعلمية والطفرة الحضارية الكبيرة التي يعيشها الإنسان في هذا العصر آثار مدمرة على البيئة فبدلاً من أن يستفيد الإنسان من التطور العلمي ونمو التكنولوجيا لتحسين نوعية حياته وصيانة البيئة والمحافظة عليها أصبح الإنسان ضحية لهذا النمو الذي أفسد البيئة وجعلها في كثير من الأحيان غير ملائمة لحياته بتلويثه للماء والهواء والتربة والغذاء وستكون العواقب وخيمة ما لم نعكس هذا التوجّة لمصلحة الكون. فالنمو السكاني والفقر والجهل والممارسات الزراعية الرديئة هي العوامل التي عرضت الموارد المائية للخطر، وسيتعرض العالم إلى نقص حاد في هذه الموارد ما لم تتخذ خطوات مناسبة في القريب العاجل.

وقد أظهرت أحدث دراسة صادرة عن "شبكة الأثر البيئي العالمية" أن البشرية استهلكت مجموع الموارد المتجددة لهذا العام، حتى وصلت نسبة العجز البيئي إلى قرابة 30 في المئة، بمعنى أن الإنسانية تستهلك راهناً أكثر من قدرة الكوكب الأزرق على تجديد موارده بنحو الثلث.

فحسب منسق برنامج المدرسة الإلكترونية العالمية للتنمية المستدامة والتوعية البيئية فإن البيئة ستأخذ أكثر من سنة وثلاثة أشهر لإعادة ما استهلك في سنة وأوضح أن العجز البيئي العالمي يشير إلى أن البشرية تبدأ مرحلة العجز في رصيد الائتمان البيئي من الآن ولغاية نهاية هذا العام.

الفصل الثاني

التغيرات في النظم البيئية

لقد ازداد الوعي عن النطاق العالمي بالمشاكل البيئية عن طريق السياسيين والجماهير على السواء، ويعزى هذا بوجه خاص إلى الظواهر العالمية أو الأقليمية ذات الطابع المعلن عنها كثيراً والتي تشكل خطراً يتهدد الصحة البشرية والبيئية ومن أهم هذه التغيرات:

أولاً: ظاهرة الغازات الدفيئة Green house Gases

ثمة جزء من الاشعاع الشمسي الذي يصل إلى سطح الأرض يعاد اشعاعة بموجات أكثر طولاً وتمتصه جزئياً الغازات الموجودة في الغلاف الجوي. ويؤدي امتصاص الطاقة هذا إلى زيادة في درجة حرارة الغلاف الجوي ويكوّن "ظاهرة الدفيئة".

وغازات الدفيئة الرئيسة ذات الأهمية هي ثاني أكسيد الكربون ومركبات الكربون الكلورية الفلورية والهالوجينات والميثان وأكسيد النيتروز والأوزون. وتُسهم هذه الغازات مباشرة في ظاهرة الدفيئة من خلال خواصها الدينامية الحرارية.

وهناك غازات أخرى وإن لم يكن لها تأثير حراري مباشر فهي تسهم بطريق غير مباشر من خلال تفاعلاتها الكيميائية مع غازات الدفيئة فتؤثر بذلك على تركيزاتها. مثل غاز أكسيد النيتريك، وأول أكسيد الكربون.

دفيئة الجو تعبير يقصد به ما يحدث في الجو من تأثيرات نتيجتها ارتفاع متوسط درجة حرارة الأرض بسبب ازدياد تراكيز الغازات التي تمتص الإشعاع تحت الأحمر(الأشعة الحرارية)، وتعيق تسربه من سطح الأرض بصورة مباشرة إلا جزء من أشعة الشمس ذات الموجة القصيرة، ويبلغ مقدار هذا الجزء 24% تقريباً وينعكس من هذا الإشعاع 3% من الأصل فوراً للفضاء.

أما ما تبقى من الإشعاع الكلي القادم من الشمس، فإنه يُحتجز في الجو ويتوزع إلى أجزاء منها ما يتبعثر في الجو وينتهي بالرجوع إلى الفضاء 25% ومنها ما يوجهه الانعكاس نحو السطح (26%).

والأرض أبرد من الشمس طبعاً، فبينما تصل درجة حرارة سطح الشمس إلى حوالي6000°م نجد أن متوسط درجة حرارة سطح الأرض منخفض (288°K أو15° م). وهذا يلائم وجود الأحياء.

الطاقة الداخلة = الطاقة الخارجة، إذ أن 50% من الطاقة الشمسية تمتصها الأرض فتسخن وتطلقها كحرارة، 20% تمتصها الغيوم والجو فتسخن ثم تطلقها كحرارة، 30% تنعكس وتعود للفضاء.

لذلك فإن ما تصدره من إشعاع ذو موجة أطول مما يأتي من الشمس. فمعظمة يقع ما بين 6-16 ميكرون (هو 10^{-6} متر أو جزء من مليون من المتر)، أي في منطقة تحت الأحمر التي تتطابق مع مناطق امتصاص جزيئات غازات الدفيئة التي يقع على رأسها ثاني أكسيد الكربون، فهو السبب الرئيسي، لكنها تشمل أيضاً بخار الماء وغاز الميثان CH_4 والفريونات، وأكسيد النيتروجين N_2O والأوزون O_3.

وثاني أكسيد الكربون CO_2، وبخار الماء ينتجان من احتراق الوقود الحفري. الغاز الطبيعي والبترول والفحم - لكن معظم ماء الجو يأتي إليه بالتبخر.

والتوسع في استخدام الطاقة زاد من كميات ثاني أوكسيد الكربون الجوي، ويتوقع أن يستمر الازدياد في المستقبل القريب.

أما الفريونات مثل فريون - 12 ، $CFCl_3$، فهي الغازات التي تستخدم في وسائل التبريد وفي علب الرش المضغوطة التي توضع فيها المبيدات الحشرية ومصففات الشعر وغيرها.

وقد أثارت حولها المناقشات ودفعت بجرم الاضرار بطبقة الأوزون، والأوزون O_3 نفسه موجود بالطبع في طبقات الجو العليا، ودورة في دفيئة الجو ناجم عن تسرب بعضه إلى الطبقة الدنيا وهي مستقر غازات الدفيئة وميدان عملها. أما أكسيد النيتروجين فمصدرة التوسع في استخدام المخصبات النيتروجينية وحرق الوقود الأحفوري.

وإذا نظرنا في تأثير الغازات الأخرى، عدا ثاني أكسيد الكربون، نجد أن تأثيرها قليل نسبياً بسبب انخفاض كمياتها في الجو، لكن امتصاصها يحدث في مديات موجية يكون فيها CO_2 شفافاً، وهي بذلك؛ تعزز تأثير الدفيئة.

ويبدو أن تزايد كميات الميثان في جو الأرض في العقود الأخيرة يرفع قدرته التعزيزية هذه إلى حد أن صار ينظر إليه على أنه يأتي في الدرجة الثانية المهمة بعد ثاني أكسيد الكربون.

وإذا عدنا إلى مصدر الاسم الذي أعطي لهذا التأثير وهو الشبه بالبيوت الزجاجية (الدفيئات) نرى أن الشبه ظاهري على أفضل الفروض، فمعظم فعل الدفيئة الزراعية ناجم عن منعها لحصول تيارات الحمل أكثر مما هو ناجم حجز الاشعاع.

أما في الدفيئة الجوية، فإن المواد التي تمتص الأشعة تحت الحمراء لا تحجز الإشعاع بالمعنى الحرفي لهذا التعبير، وكل ما هنالك أنها تمتص إشعاع ذا طول موجي معين، وينتقل منها بالتبادل بين الجزيئات فيصعد في طبقات الجو الدنيا مع هذه الجزيئات ببطء، فلا ينتقل إلى الفضاء إلا عندما يكون قد صار ملكاً للجزيئات في الطبقات الأعلى حيث يكون معدل الامتصاص قد ضعف.

خلاصة الأمر إن الأشعة الحرارية قد مرت في مسارب جعلت انتقالها بطيئاً بدلاً من أن تشع إلى الفضاء باحتراق جو لا يمتصها أبداً والنتيجة المباشرة لذلك هي ارتفاع في متوسط درجة الحرارة. شكل (2-1) يبيّن فعل الدفيئة الجوية.

جدول (2-1): تركيز غازات الدفيئة في الجو في تشرين أول 2000

اسم الغاز	1	2	3	4
ثاني أكسيد الكربون CO_2(ppm)	288	368	1	120
الميثان CH_4(ppb)	848	1800	21	12
أكسيد النيتروجين N_2O(ppb)	285	312	310	120
CF-11 ثلاثي كلورفلور الميثان CCl_3F(ppt)	0	262	3800	50
CF-12 ثلاثي كلورثنائي فلور إيثان CCl_2F_2(ppt)	0	533	8100	102
CF-13 ثلاثي كلورثلاثي فلور إيثان $C_3Cl_3F_3$(ppt)	0	83	4800	80
رباعي كلوريد الكربون CCl	0	100	1400	42
ميثيل كلوروفورم CH_3CCl_3(ppt)	0	75	360	5
كلور ثنائي فلور الميثان $CHClF_2$(ppt)	0	118	1500	12
سادس فلوريد الكبريت SF_6(ppt)	0	3.5	23900	3200
ثلاثي فلور ميثيل خماسي الفلوريد SF_5CF_3(ppt)	0	0.12	18000	1000
فوق فلوريد الإيثان C_2F_6(ppt)	0	4	9200	10000
أوزون الكبريت O_3S (ppb)	25	26	18	ساعات

1. التركيز قبل العصر الصناعي 1860.
2. التركيز في طبقة التروبوسفير في الوقت الحاضر.
3. كفاءة امتصاص الأشعة تحت الحمراء على اعتبار أن ثاني أكسيد الكربون = 1.
4. عمر بقاء الغاز في الجو بالسنين.

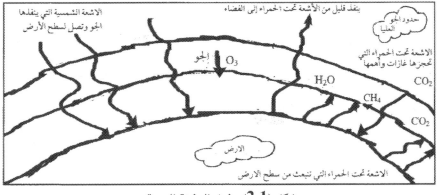

شكل (2-1) : فعل الدفيئة الجوية

ولقد ظلت انبعاثات غازات الدفيئة إلى الغلاف الجوي في ازدياد منذ بداية الثورة الصناعية، وبلغت مستوياتها في هذه الأيام حداً لو استمرت به في العقود القادمة فقد يؤدي إلى ارتفاع في متوسطات درجات الحرارة العالمية يزيد على أي ارتفاع حدث في تاريخ البشرية.

وجدول رقم (2-2) يبين الآثار غير المباشرة لحدوث تغير في توزع بعض الأمراض التي تحملها النواقل كالملاريا.

جدول (2-2) : الأمراض الاستوائية الرئيسة المرتبطة بالناقل واحتمالية التغير القوية مع التغير المناخي .

السكان في خطر بالملايين	التوزيع الحالي	الناقل	احتمالية تغير قوية مع التغير المناخي	المرض
2020	الاستوائية/ شبه الاستوائية	البعوض	+++	الملاريا
600	الاستوائية/ شبه الاستوائية	حلزون الماء	++	داء البلهارسيات
350	آسيا/ أوروبا الجنوبية/ أفريقيا/ أمريكا	ذبابة الرمل القاصدة	++	داء اللشمانيات
100	أمريكا الوسطى والجنوبية	البقة القاصدة الثلاثية	+	داء المثقبيات الأمريكي (مرض شاغاز)
55	أفريقيا الاستوائية	ذبابة تسي تسي	+	داء المثقبيات الإفريقي (داء النوم)
1100	الاستوائية/ شبة الاستوائية	البعوض	+	داء الفيلاويات اللمفي
3000-2500	كافة الدول الاستوائية	البعوض	++	حمى الدنك
120	أفريقيا/ أمريكا اللاتينية	الذبابة السوداء	+	داء كلابية الذنب (العمى النهري)
	جنوب أمريكا الاستوائية وأفريقيا	البعوض	+	الحمى الصفراء
100	جنوب آسيا/ المنطقة العربية/ وسط وغرب أفريقيا	قشريات كوبود (حيوان مفصلي مائي)	؟	داء التنينات (دودة غينيا)

+++ احتمال عالي جداً، ++احتمال عالي، +محتمل، ؟غير معروف

ولا شك في أن نسبة ثاني أكسيد الكربون الجوي في تزايد سببه الأول حرق أنواع الوقود الحفري في المواقع الثابتة كمحطات توليد الطاقة وأجهزة التدفئة، أو في وسائط النقل المتعددة.

فإذا كان الاحتراق هذا يشمل حوالي 5 بلايين طن من الوقود في السنة، فإن كمية ثاني أكسيد الكربون التي تصل للجو تبلغ ثلاثة أضعاف هذا المقدار وزناً على وجه التقريب.

فإذا استمر هذا الحال وأضيف إليه ما ينتج من حرق الغابات للحصول على الأراضي للزراعة، وما يتبع ذلك من تقلص غطاء الأرض الأخضر الذي يمتص ثاني أكسيد الكربون من الجو ويحافظ بذلك على التوازن المناسب، فإن الزيادة في تركيز الغاز ستكون أكبر مما عرف حتى الآن.

فالاحتباس الحراري ليس مشكلة في ذاته بل في الحقيقة يعد ضرورياً للحياة على الأرض كما نعرفها ولكن منذ أواخر الثمانينات، كانت هناك زيادة مرتفعة في مستويات ثاني أكسيد الكربون. على مدى مئات آلالاف من السنين كان هناك توافق وثيق بين ثاني أكسيد الكربون في الغلاف وبين متوسط درجة الحرارة على كوكب الأرض.

لقد زاد مستوى ثاني أكسيد الكربون في الغلاف الجوي زيادة مفاجئة فقد زاد تدريجياً منذ نهاية العصر الجليدي الأخير قبل 12000 عام حتى وصل إلى 280 جزء في المليون في ثمانينيات القرن التاسع عشر. ويمثل هذا الطرف الأعلى لهذا النطاق التاريخي، ولكن يتسق مع النمط الذي تم الكشف عنه عند تحليل عينات الجليد الجوفية التي أخذت من المنطقة القطبية الجنوبية وفي الحقيقة استطاعت الأبحاث الحديثة التي أجريت على مثل تلك العينات الجوفية أن تعود بالسجل إلى الوراء أكثر مما في السابق فخلال 600000 عام مضت لم يتجاوز تركيز ثاني أكسيد الكربون مقدار 300 جزء في المليون حتى وقتنا الراهن ففي عام 2007 وصل إلى 379 جزء في المليون.

لقد كان من المتوقع أن يؤدي تراكم غازات الدفيئة وخاصة CO_2 إلى ارتفاع في درجة الحرارة يتراوح بين05 - 1.0°م خلال هذا القرن، لكن مع ذلك كانت هناك فترة برد فيها جو الأرض بصورة واضحة وهي ممتدة بين 1940 و 1965.وقد يعزى ذلك إلى أن المعلقات الضبابية الناتجة عن مقذوفات البراكين، والتقلب في مستويات الإشعاع الشمسي قد أحدثت تأثيرات معاكسة لتأثير الدفيئة خلال هذه الفترة. وعندما تؤخذ هذه العوامل بعين الاعتبار يتبين أن درجة الحرارة كانت ترتفع على نحو موازي لازدياد تراكيز الغازات التي تمتص الأشعة. كذلك فإن تراجع حدود الجليد في المناطق القطبية المتاخمة للمحيطات يتفق مع هذا الازدياد.

والتنبؤات عن مستقبل استخدام الوقود الحفري وما ينطلق إلى الجو من CO_2 ليست دقيقة، لكن قد يبلغ مستوى تركيز CO_2 ضعفي ما كان عليه قبل عهد الصناعة بعد عقد واحد، ونحن نعرف إن تركيز الغاز في الجو ازداد حوالي 50% بين 1850-1980 حيث وصل إلى 340 ج. م. م (هو تعبير يستخدم للدلالة على التراكيز الصغيرة وهو مختصر جزء من مليون).

وحتى لو انخفض معدل الزيادة إلى عشر قيمته، فإن تركيز الغاز سيصل قريباً إلى 370ج.م.م، وربما حدث ذلك قبل عام 2000. وهذا يعني ارتفاعاً في متوسط درجة الحرارة بمقدار 1°م، وارتفاعاً يساوي 2-3° م في المناطق المعتدلة في نصف الكرة الشمالي.

ومن نتائج ذلك أن يصبح المناخ مدارياً في مناطق مثل جنوب أوروبا وجنوب الولايات المتحدة، أي أنها تعود إلى مثل ما كان سائداً فيها في أوائل عهود التاريخ قبل 4500-8000 سنة حين كان المناخ أكثر دفئاً.

وإذا كان من الصعب التنبؤ بالتغيرات المناخية إلى قد تنتج فمن المسلّم به بصفة عامة أن الآثار الرئيسة لها ستتضمن زيادة قدرها 3°م تقريباً في متوسط درجات الحرارة السطحية على النطاق العالمي بحلول عام 2030 وزيادة في مستوى سطح البحر قدرها 0.1°م إلى 0.3°م بحلول عام 2050 وزيادة في تواتر حدوث الظواهر المناخية المتطرفة كالأعاصير وموجات الحرارة والجفاف.

ويمكن تعريف التغير المناخي بأنه تغير في المناخ يُعزي بصورة مباشرة أو غير مباشرة إلى النشاط البشري الذي يؤدي إلى تغير في تكوين الغلاف الجوي العالمي والذي يُلاحظ بالإضافة إلى التقلب الطبيعي للمناخ على مدى فترات زمنية متماثلة.

الآثار الضارة لتغير المناخ هي تلك التغيرات التي تطرأ على البيئة الطبيعية أو الحيوية من جراء تغير المناخ والتي لها آثار ضارة كبيرة على تكوين أو على مرونة أو إنتاجية النظم الأيكولوجية الطبيعية والمسيرة أو عمل النظم الاجتماعي - الاقتصادي أو على صحة الإنسان ورفاهيته.

الوثائق والجهود الدولية لمواجهة المشكلة نظراً لاحتمال حدوث تغير مناخي في المستقبل ذي تأثير مأساوي محتمل بدأت بالفعل عدة مبادرات دولية. فقد شدد تقرير رئيس الهيئة الحكومية الدولية المعنية. بتغير المناخ صدر في حزيران / يونيو 1990 على الخطورة المحتملة لآثار تغير المناخ. وفي الوقت الحاضر تعمل اللجنة الحكومية الدولية المعنية بالتفاوض على اتفاقية اطارية بشأن تغير المناخ على التوصل إلى التزام بتوافق الآراء بشأن تدابير مواجهة آثار المناخ.

الإجراءات المقترحة للحد من انبعاث غازات الدفيئة في الأردن:

1. إيجاد نصوص في السياسة الصناعية الأردنية حول التغير المناخي وأثره على الاقتصاد.

2. تفعيل وتنظيم العلاقة بين كافة المؤسسات التي تعني بشؤون البيئة.

3. تشجيع الشركات الصناعية على دعم أنشطة البحث والتطوير ونقل التكنولوجيا المتعلقة بموضوع التغيّر المناخي.

4. تعديل القوانين والتشريعات كلما دعت الحاجة لتشجيع الصناعات للتوجه نحو الحد من انبعاث غازات الدفيئة.

5. استخدام التقنيات الملائمة وأخذ كافة الاحتياطات اللازمة للحد من التلوث البيئي.

6. الاهتمام بموضوع ترشيد استهلاك الطاقة في المنشآت الصناعية وأثره على خفض كلفة الإنتاج.

7. تشجيع استخدام وسائل النقل العام والجماعي.

8. إجراء فحص فعال للمركبات للتأكد من صلاحيتها وعمل صيانة دورية لها.

9. العمل على تقليل الازدحام على الطرق كلما كان ذلك ممكناً .

10. إبراز أهمية السلوك الشخصي في التقليل من أثر إنبعاث غازات الدفيئة على تغير المناخ.

ثانياً: طبقة الأوزون Ozone Layer

يتكون الأوزون بالغلاف الجوي نتيجة للنشاط الشمسي ويتركز في الطبقات العليا من الجو في منطقة تعرف باسم الستراتوسفير إلا أنه يتواجد أسفل هذه الطبقة أيضاً وحتى مستوى سطح الأرض بنسب منخفضة، وبما أن تركيزة الأكبر يتواجد في طبقة الستراتوسفير فإن ذلك قد دفع بعض العلماء باطلاق اسم (الأوزون الستراتوسفيري) أو طبقة الأوزون.

تعريف الأوزون:

هو عبارة عن غاز ذو رائحة نفاذة يميل لونه إلى الزرقة وهو مركب ذو خواص كيميائية وطبيعية خاصة به وتختلف في كل الوجوه عن الأوكسجين بالرغم من أن جزئ الأوزون يتكون من 3 ذرات أكسجين (O_3).

تقوم طبقة الأوزون بدور أساسي ودور ثانوي وهما:

الدور الأساسي: هو قيام الطبقة العليا في الستراتوسفير بامتصاص الأشعة فوق البنفسجية الضارة.

الدور الثانوي: هو اشتراك الأوزون في الطبقة السفلى مع الغازات الأخرى في التأثير على المناخ وتدفئة جو الأرض ورفع درجة حرارتها وذلك بامتصاص الأشعة تحت الحمراء المرتدة من سطح الأرض.

مصدر الأوزون Source of Ozone :

يتكون الأوزون بصورة طبيعية نتيجة للعوامل الفيزيائية والتفاعلات الكيميائة والضوئية التي تحدث بصورة مستمرة يومياً في طبقات الجو العليا.

وأهم هذه العوامل هي الأشعة فوق البنفسجية القصيرة (uv- c) التي لا تصل إلى الأرض بأي حال من الأحوال أو تحت أي ظروف، فتقوم هذه الأشعة بتحليل جزيئات الأكسجين إلى ذرات أكسجين وتقوم ذرة من الأكسجين بالاتحاد بجزيء من الأكسجين بتأثير الطاقة الشمسية وتكوين الأوزون حسب التفاعلات.

تآكل طبقة الأوزون:

1- تشكل طبقة الأوزون (الوضع الطبيعي):

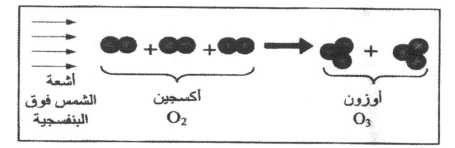

شكل (2-2): رسم توضح تشكل طبقة الأوزون

2- تآكل طبقة الأوزون:

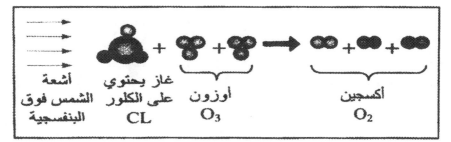

شكل (2-3): رسم يوضح تآكل طبقة الأوزون

بذلك يقوم الغلاف الجوي بوظيفة هامة هي حماية الأرض من الأشعة فوق البنفسجية القصيرة (uv - c) حيث يستخدمها في إنتاج الأوزون، الذي يمتص الاشعاع ذا الموجات القصيرة المدى حيث يمنع أغلب الأشعة فوق البنفسجية والسينية وجاما من الوصول إلى سطح الأرض.

الأوزون كملوث من ملوثات الهواء القريب من الأرض:

تختلف مصادر هذا الأوزون تماماً عن الأوزون الذي يتكون في طبقات الجو العليا حيث يتكون الأوزون في طبقة الستراتوسفير أما الأوزون الذي يتواجد في هذه المنطقة الملامسة للأرض فهو ملوث من ملوثات الهواء وله مصادر غير الأوزون في طبقة الستراتوسفير.

وتتلخص مصادره في نوعين:

(أ) مصادر صناعية ومهنية نتيجة استخدامة كمادة مؤكسدة في بعض الصناعات الكيميائية وكمادة مطهرة للطعام والماء وفي عمليات التبييض للأقمشة ولب الورق وفي معالجة بعض النفايات الصناعية وفي عمليات التجفيف السريع للأحبار وعمليات اللحام.

ب) نتيجة لتكونه كأحد المؤكسدات الضوئية التي تنتج في وجود ملوثات أخرى كالهيدروكربونات وأكاسيد النيتروجين الناتجة من عوادم السيارات ومداخن محطات القوى والمصانع حيث تتفاعل هذه المركبات مع الأشعة الضوئية وأهمها الأوزون.

قياسات طبقة الأوزون الكلية على مستوى عالمي:

تتم هذه القياسات بالاعتماد على عدد من الأجهزة، منها:

أ) الأجهزة الأرضية (دوبسون سبكتروفوتوميتر).

توجد مجموعة من هذه الأجهزة موزعة على عدد من المناطق ويتم تجميع النتائج بمركز الأوزون بتورونتو بكندا.

ب) أجهزة تحملها الأقمار الصناعية.

تعتمد هذه الطريقة على قياس الأشعة فوق البنفسجية المرتدة من الأرض أو الجو وينتظر أن تعطي هذه القياسات بيانياً أكثر دقة نظراً لقدرتها على تغطية مساحات أكبر من الأجهزة الأرضية الموزعة على عدد من المناطق.

الشواهد على استنزاف طبقة الأوزون:

ظل اعتقاد العلماء سائداً إلى وقت قريب بعدم وجود استنزاف لطبقة الأوزون وأن هناك تغيرات طبيعية وفترات من الزيادة والنقص في التركيز.

وأخيراً أثبتت الدراسات أن النشاط البشري وبعض المواد وعلى الأخص مواد الكلوروفلوروكربونات تتميز بقدرتها الفائقة على استنزاف الأوزون وأنه يجب العمل على تفادي هذه الخطورة بالحد من الأنشطة البشرية التي يمكن أن تؤثر على طبقة الأوزون وكذلك المواد التي يمكن أن تستنزف هذه الطبقة حيث ثبت أن ذرة كلورين تؤدي إلى استزاف 10 آلاف جزئ أوزون.

عوامل تخريب طبقة الأوزون:

1- الطائرات النفاثة ذات المحركات الكبيرة.

2- التفجيرات النووية.

3- البراكين.

4- الأسمدة الآزوتية.

المواد الكيماوية ذات التأثير على طبقة الأوزون:

(أ) المواد الكربونية:

1- أول أكسيد الكربون.

2- ثاني أكسيد الكربون.

3- الميثان.

4- أنواع الهيدروكربونات غير الميثانية.

(ب) المواد النيتروجينية:

1- أكسيد النيتروز.

2- أكاسيد النيتروجين.

(ج) المواد الكلورية الكربونية:

1- المواد الكلورية الكربونية تامة الهلجنة.

2- المواد الكلورية الكربونية جزئية الهلجنة.

(د) المواد البرومية.

(هـ) المواد الهيدورجينية.

مواد الكلوروفلوروكربونات CFC's:

تعتبر هذه المواد ذات أهمية بالغة في التأثير على طبقة الأوزون وهي مواد صناعية المنشأ تتميز هذه المواد بأنها ثابته كيميائياً ولا تتحلل بسهولة تحت الظروف الجوية مثل باقي المركبات كما أنها غير ضارة أو سامة بالنسبة للاستخدام والتعرض المهني ولذلك فإن لها أهمية كبيرة في كثير من الاستخدامات الصناعية.

جدول (3-2) : تطور إنتاج مركبي الفريون (11)، والفريون (12) خلال الفترة (1982-1931م) وكمية المنطلق منهما إلى الجو

السنة	المركب CFC.11		المركب CFC.12		المجموع	
	الإنتاج	المنطلق للجو	الإنتاج	المنطلق	الإنتاج	المنطلق
1931	0	0	0.5	0	0.5	0
1935	0	0	1.0	0.2	1.0	0.2
1940	0.2	0.1	3.9	1.3	4.1	1.4
1945	0.4	0.3	20.1	6.1	20.5	6.4
1950	6.6	5.4	34.6	27.1	41.2	32.5
1955	26.3	22.6	57.6	45.2	83.9	67.8
1960	49.7	39.7	99.4	83.8	149.1	123.5
1965	122.8	106.3	190.1	165.6	312.9	271.9
1970	241.1	205.1	336.91	296.2	578.0	501.3
1974	377.6	320.9	473.6	420.3	851.2	741.2
1975	322.5	312.4	419.7	412.6	742.2	725.0
1977	330.7	305.6	424.4	376.5	755.1	682.1
1982	310.0	-	444.0	-	754.0	-

دور الكلوروفلوروكربونات في استنزاف طبقة الأوزون:

تم التحقق أن الكلوروفلوروكربونات تلعب دوراً رئيساً في كيمياء الفضاء وتتميز هذه المركبات بقدرة عالية على الثبات الكيميائي فتبقى تامة الهلجنة بحوالي 100 سنة وذلك دون أن تحلل في طبقة التروبوسفير القريبة من الأرض وتعتبر هذه الطبقة كمخزن لهذه المواد التي انطلقت للجو منذ اكتشاف هذه المواد.

تبدأ المرحلة الثانية بتحرك كميات من هذا المخزون إلى الفضاء الخارجي في طبقة الستراتوسفير وفي هذه الطبقة تتحلل CFC وتطلق ذرات الكلورين الحرة CL. تتحد هذه الذرة بجزئ أوزون حيث يتكون أكسيد الكلور الأحادي ويتحول جزئ الأوزون إلى جزئ أكسجين حسب هذه المعادلات:

$$O_3 + CL \longrightarrow O_2 + CLO$$

كلورين + أوزون ← أكسيد كلور أحادي + أكسجين

ثم يتحد جزئ أكسيد الكلورين الأحادي بذرة أكسجين لتحرير ذرة الكلورين مرة ثانية لتقوم بدورها مرة أخرى وذلك كما يلي:

$$O + CLO \longrightarrow O_2 + CL$$

أكسيد كلور إحادي + ذرة أكسجين ← ذرة كلور + أكسجين

وتستمر هذه العملية وتستطيع ذرة الكلورين الواحدة استنزاف أكثر من 10 آلاف جزئ أوزون ثم تبدأ المرحلة الثالثة حيث تعود ذرات الكلورين إلى التروبوسفير على هيئة حامض الهيدروكلوريك وتتحلّل بسرعة في الجو.

بدء الاهتمام بظاهرة استنزاف طبقة الأوزون:

بدأت القياسات لمعرفة مستوى تركيز الأوزون الكلي بالغلاف الجوي والتوزيع النسبي في المستوى الرأسي من الطبقات المختلفة منذ أكثر من خمسين عاماً.

في الستينيات أثار العلماء قضية احتمال حدوث نضوب مستمر لطبقة الأوزون نتيجة للأنشطة البشرية التي تؤدي إلى حدوث سلسلة من التفاعلات الكيميائية في طبقات الجو العليا لبعض المركبات وعلى الأخص (مركبات الكلوروفلوروكربونات).

كانت الولايات المتحدة أول الدول التي بدأت في السبعينيات إجراءً وقائياً بتقييد إنتاج المواد المحتملة التأثير على طبقة الأوزون. في أواخر السبعينيات بدأت الإجراءات في بعض الدول لتخفيض استخدام الكلوروفلوروكربونات. في عام 1980 أضافت كندا حظراً على استخدام هذه المواد مثل ايروسولات الشعر ومزيل العرق ومزيل الرائحة وبذلك وصل التخفيض إلى 80%، إلا أن الاستخدام بدأ يرتفع مرة أخرى حيث بدأت مستويات الإنتاج ترتفع في الولايات المتحدة نتيجة لزيادة الاستخدام الآخر لهذه المواد مما تسبب في زيادة الانتاج العالمي.

ازدياد مشكلة استنزاف طبقة الأوزون:

تزايد التخوف من تفاقم هذه المشكلة عند ما تم اكتشاف منطقة خالية من الأوزون فوق القطب الجنوبي في عام 1983 بواسطة علماء بريطانيين أثناء قيامهم بمسح للقارة المتجمدة الجنوبية ووضعوا ملاحظات عن هبوط حاد في تركيز طبقة الأوزون في الغلاف الجوي العلوي يتكرر حدوثة كل ربيع حيث يعود إلى تركيزه الأصلي في نهاية شهر نوفمبر.

ولكن ما زال هناك بعض الغموض حول السبب في تكوين المنطقة الخالية من الأوزون فوق القطب الجنوبي بالذات علماً أنه باستمرار عمليات رصد تركيز طبقة الأوزون في الغلاف الجوي في مناطق أخرى تبين مؤخراً أن هناك مناطق في أوروبا وبعض المناطق الأخرى تعاني من استنزاف طبقة الاوزون الأمر الذي يدعي إلى انتباه الجماعة الدولية والتعاون في دفع هذه الأخطار القادمة من الفضاء الخارجي.

أصبح واضحاً في الدراسات التي أجريت والاجتماعات التي عقدت بشأن مشكلة استنزاف طبقة الأوزون أنه لا يكفي أن تقوم دولة واحدة أو مجموعة من الدول فقط بالحد من الاستخدامات للمواد المستنزفة لطبقة الأوزون ولكن لابد من تظافر جهود الدول مجتمعه لوضع حد لهذه المشكلة التي أصبحت تهدد النظام البيئي العالمي.

الآثار الصحية لاستنفاذ طبقة الأوزون فتشمل:

1- زيادة في الإصابة بسرطان الجلد.

2- زيادة في الإصابة بأمراض العيون.

3- احتمال انخفاض الاستجابة المناعية.

4- قد تتعرض الكائنات البحرية في طبقات البحر العليا للخطر بسبب زيادة الاشعاع فوق البنفسجي التي تتلف اليرقات وتقلل إنتاجية الطحالب.

5- بعض أنواع النبات الحساسة تشهد غالباً انخفاض في الطول والوزن الجاف ومساحة الأوراق.

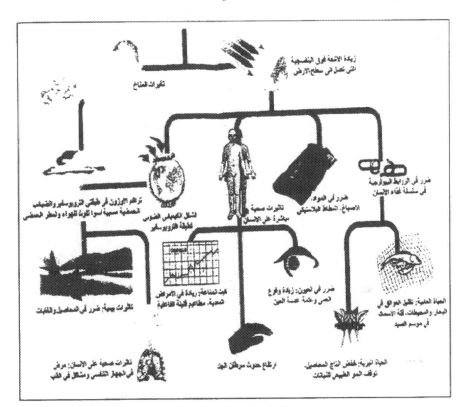

شكل : (2-2) تأثيرات نفاد طبقة الأوزون

الجهود الدولية لمواجهة المشكلة

تعتبر مشكلة استنزاف طبقة الأوزون من المشكلات الضخمة ذات النطاق العالمي والتي تفوق إمكانيات أي دولة منفردة مهما كبرت لحلها حيث يحتاج الأمر بالضرورة إلى تضافر جهود العالم كله. بدأت المنظمة العالمية للارصاد الجوية (WMO) البرنامج العالمي لبحث مراقبة الأوزون عام 1976، ثم قام برنامج الأمم المتحدة للبيئة في اجتماع عقد بواشنطن عام 1977 للمحافظة على

طبقة الأوزون تعزيزاً لجهود المنظمة (WMO) وذلك بتوزيع محطات الرصد على الدول المختلفة وتكوين شبكة عالمية للمراقبة شملت 12 دولة ثم تجميع البيانات بمركز المعلومات الخاصة بالأوزون بمدينة تورونتو بكندا.

كما عقدت لجنة التنسيق (CCOL) في كوبنهاجن في الفترة من 12-16 أكتوبر عام 1981 اجتماعاً تم فيه دراسة المساهمات الفعالة التي تقوم بها الدول والمنظمات المهتمة بالموضوع في مجال المراقبة والملاحظة والتقييم وإعداد النماذج الرياضية اللازمة لدراسة الستراتوسفير وتوصل الاجتماع إلى نتائج أهمها أن هناك احتمال لبعض الاستنزاف لطبقة الأوزون نتيجة للأنشطة البشرية وعلى الأخص انبعاث المواد الكلوروفلوروكربونية للجو الخارجي.

وقد بدأت الجهود الدولية المبذولة لمكافحة تدمير طبقة الأوزون بتوقيع اتفاقية فيينا لحماية طبقة الأوزون في أذار 1985. وعند كتابة هذا الفصل كانت 76 دولة بالإضافة إلى الجماعة الاقتصادية الأوروبية قد أصبحت أطرافاً في الاتفاقية. وفي إطار هذه الاتفاقية أصبحت 70 دولة بالإضافة إلى الجماعة الاقتصادية الأوروبية أطرافاً في بروتوكول مونتريال الخاص بالمواد التي تستنفذ طبقة الأوزون والتي بدأ سريانها في كانون الثاني عام 1989.

الوسائل للحد من استنزاف طبقة الأوزون

1- المشاركة مع المجتمع الدولي في حماية طبقة الأوزون في الاستنزاف وتوفير الحماية البيئية والحفاظ على المستوى الصحي لهذا الجيل والأجيال القادمة من الأخطار المحتملة من زيادة الأشعة فوق البنفسجية.

2- تجنب التعرض لخطر المبادلات التجارية مع غير الأطراف التي ليست بموجب البروتوكول.

3- الاستفادة من الدول الصناعية في مجال تطوير ونقل التقنية والمعرفة وذلك عن طريق:

- توفير المعلومات عن التقنيات البديلة.
- تسهيل اكتساب هذه التقنيات.
- توفير المعدات والتسهيلات اللازمة للبحث والملاحظة المنتظمة.
- التدريب المناسب للموظفين العاملين والتقنيين.

4- الاستفادة من الدول الصناعية في تسهيل اتاحة المواد البديلة الآمنة من الناحية البيئية واتاحة التقنية البديلة للأمراض التي هي بلدان نامية ومساعدتها على الإسراع في استعمال مثل هذه البدائل.

ثالثاً: الأمطار الحامضية Acidic Rains

لم يكن الإنسان يدرك مدى ضخامة الضريبة التي سيدفعها لقاء تطوره الحضاري ورفاهيته التي حلم بها، ومن هذه الضرائب الأمطار الحامضية. التي تعد أحد مشاكل هذا العصر، وتنتج عن تلوث الجو ببعض المركبات الكيميائية مثل أكاسيد الكبريت، وأكاسيد الأوزون، ... التي تتفاعل بسرعة مع الماء وبخاصة في ساعات النهار حيث تقوم أشعة الشمس بدور مساعد على حدوث التفاعل. فالمطر الحامضي ملوث خطير والذي تكون درجة حموضته (PH) أقل من (7) وهو كالمطر العادي لا لون له ولا طعم ولا رائحة.

كيف يتشكل المطر الحامضي؟

يتكون المطر الحامضي بشكل رئيسي من انبعاث كل من غاز ثاني أكسيد الكبريت وأكاسيد النتيروجين إلى الجو والناتجة عن احتراق الوقود كالفحم والبترول والغاز الطبيعي حيث تتحد هذه الغازات مع بخار الماء والأكسجين وتقوم الشمس بدورها بزيادة هذه التفاعلات في الجو لينتج صابون حمضي مخفف يُحمل بواسطة الهواء إلى أماكن بعيدة عن مصدره. ويُغسل هذا الصابون الحمضي في الجو ويسقط على شكل رطب (مطر، ثلج).أو على شكل جاف (غازات حمضية أو حبيبات رمال) مما يؤدي إلى تلويث الجو والمياه والأشجار والمباني.

التفاعلات الضرورية لتشكيل المطر الحمضي

$$H_2CO_3 \longrightarrow CO_2 + H_2O \quad \text{المطر العادي} \quad \text{(يوجد الحمض عادة في مياه المطر)}$$

$$H_2SO_3 \longrightarrow SO_2 + H_2O \quad \text{المطر الحمضي} \quad \text{(حامض ضعيف)}$$

$$SO_2 + 1/2\ O_2 \longrightarrow SO_3$$

$$\text{(حامض قوي)} \quad SO_3 + H_2O \longrightarrow H_2SO_4$$

فالمطر الحامضي هو المطر الذي يحتوي على قليل من محاليل حامض الكبريتيك والنيتريك، وهو يسمى نسبة لذلك بالمطر الحامضي. وقد قدرت نسبة غاز ثاني أكسيد الكبريت المنطلقة إلى الجو حوالي 147 مليون طن معظمها ناتج عن عمليات استعمال الفحم الحجري في الصناعة.

فمصادر المطر الحامضي متعددة: كاحتراق الوقود كالفحم، البترول والغاز الطبيعي والمستخدمة في كل من: محطات توليد الطاقة الكهربائية، التدفئة المنزلية، المصانع، السيارات،... الخ.

ومن الجدير بالذكر أن الكارثة البيئية التي نتجت عنها ملوثات بيئية تكاد لا تحصى ومنها الأمطار الحامضية التي نتجت عن حرب مدمرة في منطقة الخليج العربي والتي أدت إلى اشتعال أكثر من 600 بئر واستمرت في نفثها للغازات (غاز ثاني أكسيد الكبريت)....الخ لمدة زادت على عام. ولم تقتصر المشكلة البيئية على منطقة الخليج بل امتدت أثارها إلى شرق سوريا، إيران، الهند، الصين، ...الخ.

آثار الأمطار الحامضية على المجتمع والبيئة:

أ- على الإنسان: عديدة تتمثل بما تسببه من تهيج في الرئة أو تلفها. فللمركبات الكبريتية آثار سلبية على الجهاز التنفسي خاصة أمراض الربو التحسسّي. كما أنها تقلل من وضوح الرؤية.

ب- الحيوانات: تفيد نتائج العديد من الدراسات إن الأحياء التي تتكاثر بالبيوض في طريقها إلى الانقراض نتيجة تفاعل المياه الحامضية مع قشور بيضها الكلسية مما يؤدي إلى تلف البيوض.

كيف يؤثر المطر الحامضي على الحيوانات ؟

المطر الحامضي يؤدي إلى ← تكوين مركبات سامة في نسيج النبات تتناولها ← الأسماك والقشريات

حيث تتركز هذه المركبات بصورة أكبر في أنسجتها

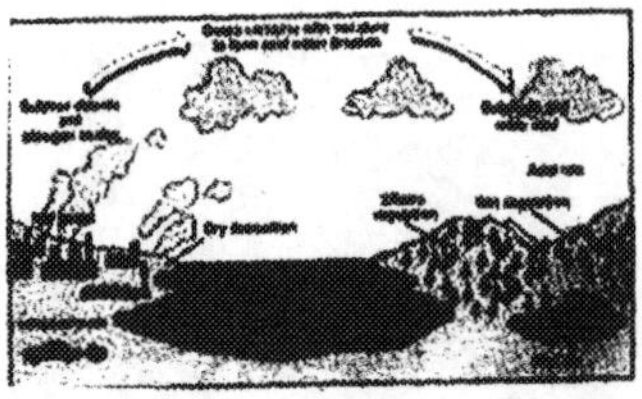

وبالتالي تتناولها المركبات الثانوية والثلاثية ← حيث تصبح هذه المواد قاتلة في السلسلة الغذائية وتؤدي إلى موت الحيوانات الصغيرة وهجرة الكبيرة منها.

شكل (2-3): تأثير المطر الحمضي على الحيوانات.

ج- على الغطاء النباتي: بالإضافة إلى إحداثها أضرار بالغة في أوراق الأشجار مسببه يباسها، وبذلك ينقص معدل نمو الأشجار وبالتالي موتها. مما يعني نقصان كميات الأخشاب والورق المنتجة، كذلك التأثيرات السلبية على التربة والمياه والأحياء. إذ أن ازدياد حموضة المياه يسبب انحلال الأملاح المعدنية في التربة ومياه البحيرات والأنهار وهذا كله له فعل سام على الأحياء المائئة إذ ينجم عن تجمع الألمنيوم في خياشيم الأسماك حدوث افراز في موادها المخاطية مما يسبب اختناقها.

د- على المنشآت العمرانية: فللأمطار الحامضية آثار تلف وتآكل في مختلف أنواع الحجارة والمعادن والتماثيل، ... الخ. فالأمطار الحامضية تؤثر على المنشآت المبنية من الأحجار الكلسية بسبب تفاعل حامض الكبريتيك معها مشكلاً الكبريتات التي تتفكك بعوامل التعرية المختلفة. كذلك فهي تؤثر على السطوح المعدنية فمع النحاس تشكل كبريتات النحاس أي الصدأ الذي يتفكك بسهولة.

هـ- على البحيرات والأنهار والجداول: تزيد الأمطار الحامضية من حموضة البحيرات والجداول وبذلك يؤثر سلباً على الثروة السمكية. فعندما تسقط الأمطار الحامضية على أرض زراعية كلسية تؤدي إلى إذابة الكالسيوم وتحملة معها إلى الأنهار والبحيرات. مما يسبب زيادة حموضة البحيرات وهذا يؤثر بدوره على جميع الكائنات الحية.

و- تأثيرها على مياه الشرب: للأمطار الحامضية تأثير على مياه الشرب مما يسبب في تلوثها وبالتالي تشكل خطراً كبيراً على الصحة العامة.

ز- على المحاصيل الزراعية: حيث تقوم الأمطار الحامضية بحمل بعض العناصر المعدنية والهامة للنبات "عملية غسل" إلى المياه الجوفية وبالتالي تقل جودة المحاصيل الزراعية وتقل إنتاجيتها.

الوسائل المتاحة للتقليل من الأمطار الحامضية :

1- الاقلال من حرق الوقود في محطات توليد الكهرباء، وفي وسائط النقل. واستخدام الوقود ذي المحتوى الكبريتي المنخفض.

2- تخليص الفحم من معظم ملوثاته الحامضية أثناء الاحتراق باتباع عدة طرق منها: طريقة الاحتراق المنضغط.

3- إزالة كبريت غاز المداخن بطريقة الامتصاص .

4- البحث عن طرق ووسائل جديدة علمية وعملية للتخلص من الغازات الحامضية قبل إطلاق الغازات من عوادم السيارات في الهواء.

5- البحث عن أساليب متقدمة تمكن من التخلص من غاز ثاني أكسيد الكبريت الناتج عن حرق الوقود أو على الأقل الحد من الكمية المتصاعدة.

المحاليل الحمضية للمطر الحمضي

لأننا نعتمد على الفحم والوقود الأحفوري للطاقة، فإن هناك القليل للقيام به لإبعاد المطر الحمضي بعيداً عن التوقف الكامل لاستخدام هذا الوقود. ونرجو أن تتوفر في المستقبل تكنولوجيات جديدة يطورها العلماء والمهندسون وتعمل على حل المشكلة. ونذكر تالياً فقط بعض الطرق التي يمكن استخدامها حالياً للحد من احتمالية المطر الحمضي:

• التقليل من انبعاث أكاسيد الكبريت (SOx) وأكاسيد النيتروجين (NOx) ويمكن عمل ذلك من خلال وضع محولات مساعدة في أنظمة عوادم السيارات. وتساعد المحولات المساعدة على تحويل غازات العوادم إلى نواتج غير سامة.

• حرق الوقود الأحفوري الأنظف للتقليل من الكبريت المنبعث (مثل التحول إلى الغاز الطبيعي).

• تحويل أكاسيد الكبريت (SOx) إلى مواد يمكن استخدامها وتكون غير مؤذية (مثل حمض الكبريتيك).

• إزالة أكسيد الكبريت كيميائياً من الغاز المنبعث وذلك عن طريق تقنيات غسل الغاز (Scrubbing). وغسل الغاز يعني استخدام قاعدة لمعادلة الغازات الحمضية وفي العادة يستخدم لهذه الغاية هيدروكسيد الكالسيوم.

• إزالة الكبريت من الفحم قبل الحرق باستخدام "طرق ترشيح الزيت".

الفصل الثالث

الدورات البيوجيوكيميائية

على الرغم من وجود حوالي 109 من العناصر الكيميائية المعروفة،الا ان الكائنات الحية تحتاج حوالي 40 عنصرا من العناصر للمحافظة على حياتها ونشاطها، من هذه العناصر الكربون، الاكسجين، النيتروجين، الهيدروجين، الفسفور، الكبريت، البوتاسيوم، الكالسيوم، الحديد، والمغنيسيوم، وتوجد معظم هذه العناصر في الطبيعة كاملاح في الصخور، وبواسطة عمليات التعرية والحتّ تنساب هذه العناصر إلى التربة والانهار والبحيرات والمحيطات.

وتمثل العناصر الاربعة الأولى من الاربعين عنصرا حوالي 97% من كمية المادة الحية (Protoplasma) حيث تدور هذه العناصر أو المواد في الطبيعية عبر نظام بيئي معين بواسطة العمليات الفيزيائية (التعرية، الترسيب، التبخر، الامطار) وكذلك العمليات الحيوية (كتناول هذه العناصر من قبل الاحياء والاستفادة منها ومن ثم اخراجها) وبواسطة الطاقة الشمسية من دورات تدعى بالدورات البيوجيوكيميائية، أي من المكونات غير الحية إلى المكونات الحية ثم إلى المكونات غير الحية على شكل دورة (تدور من خلال الهواء والماء والتربة والصخور والنباتات والحيوان والكائنات الحية الدقيقة).

لقد عرف العالم اليوناني لوكريتس (Lucretius) هذه الحقيقة قبل 2000 عام حيث ذكر ان المواد تدور في الطبيعة ويعاد استعمالها من جديد ولولا وجود هذه الدورة لتوقفت الحياة. ويمكن تقسيم أي دورة من هذه الدورات إلى جزئين: قطب التخزين Reservoir Pool ويمثل الجزء الاكبر من الدورة ويكون بطيء التحرك ويشمل المكونات غير الحية. والقطب الدوراني Cycling Pool ويمثل الجزء الاصغر النشط من الدورة والذي ينساب بين الكائنات الحية.

إن دراسة الدورات البيوجيوكيميائية قد تفيدنا في فهم اتزان النظام البيئي وظاهرة التلوث وتأثيرها سواء على المكونات الحية أو غير الحية وكذلك في امكانية اعادة الجزء المفقود (سواء البيولوجي أو الفيزيائي) للدورة وبالتالي الاسراع في دورانها، ويقول (Odum 1983) "إن حماية المصادر الطبيعية في مفهومها العام تعني تحويل العمليات الغير دورانية إلى عمليات دورانية اكثر".

دورات العناصر The Cycles of Elements

تختلف العناصر في سرعتها في الدوران، فمنها ما هو سريع ويتمثل بدورة العناصر التي تتواجد اغلبيتها في الحالة الغازيةGaseous State (الكربون، النيتروجين، الماء) ويعتبر قطب التخزين هنا هو الجو Atmosphere أو المحيطاتHydrosphere . ومنها ما هو بطيئ ويتمثل

بدورة العناصر التي اغلبيتها في الحالة الرسوبيةSedimentary State (الفوسفور والكبريت) وتمثّل القشرة الارضية هنا قطب التخزين. إن دوران الدورات الغازية اسرع من الرسوبية كما وتعتبر الدورة الغازية مكتملة الدوران اما الدورة الرسوبية فعادة ما يُحتجز جزء من مكوناتها في قشرة الأرض لمدة زمنية طويلة.

دورة الماء The Water Cycle

الماء من اهم المصادر الطبيعية المتواجدة على سطح الأرض وفي داخلها وفي الغلاف الغازي، فالماء اساسي لجميع الكائنات الحية من إنسان وحيوان ونبات وكائنات حية دقيقة، وتغطي مياة المحيطات والبحار حوالي 70.8% من المساحة الكلية للكرة الأرضية حيث تتميز بحركتها المستمرة في الطبيعة بفعل الطاقة الشمسية والجاذبية الأرضية، وتعتبر دورة الماء (شكل 2-3) سريعة الدوران في الطبيعة إذ تقوم الاشعة الشمسية بتبخير حوالي مليار م^3 من ماء المسطحات المائية في الدقيقة حيث يتصاعد بخار الماء إلى الغلاف الغازي وينتقل إلى اماكن مختلفة بفعل التيارات الهوائية وتساهم الانشطة البشرية المختلفة في تبخّر كميات هائلة من المياة، فمثلا، تقوم محطات توليد الطاقة الكهربائية التقليدية والنووية باستعمال المياه في اغراض التبريد حيث تتبخر كميات كبيرة من المياه، ويتكاثف البخار المائي في الغلاف الغازي مكوناً السحب والتي تؤدي إلى سقوط الامطار أو الثلوج على سطح الكرة الأرضية وهو ما تسمى بالتكثيف (Precipitation) وتتحكم الجاذبية الأرضية في حركة المياة الساقطة على الأرض، ومن خلال الدورة المائية يتم تنقية وتوزيع المياة على مختلف المناطق في الطبيعة.

مراحل الدورة العامة للمياه:

يغطي الماء 70% من مساحة سطح الأرض على شكل محيطات وبحار تحتوي المحيطات والبحار على 79.5% من ماء كوكب الأرض بينما لا تتجاوز حصة اليابسة 2.4% والتي تكون عادة على شكل أنهار وبحيرات وبرك ومياه جوفية أو رطوبة تربة، ماء البحار والمحيطات مالحاً أما مياه اليابسة فغالباً ما تكون عذبة ويمكن أن تتواجد الماء على شكل سائل أو صلب أو غاز في الغلاف الجوي حيث تبلغ نسبته في الغلاف الجوي أقل من 0.001%.

1. التبخير Evaporation :

وهو عملية تحول الماء من حالة السيولة إلى الحالة الغازية وهي العملية التي ترطب الغلاف الغازي حيث تعمل حرارة الشمس والرياح على تحويل الماء من سائل إلى غاز (من حالة الصلابة إلى غاز تسمى التسامي وهي قابلة للحدوث في الطبيعة ولكن على نطاق ضيق جداً). 80% من بخار الماء في الطبيعة مصدره المحيطات والباقي من مياه اليابسة، يتواجد معظم بخار الماء في

الغلاف الغازي على شكل غاز ونسبة قليلة منه تتواجد على شكل غيوم. تعتبر هذه العملية أساسية في نقل الماء من المسطحات المائية إلى مناطق أخرى على شكل أمطار كما أن هذه العملية تلعب دوراً هاماً في توزيع الطاقة بين أركان الأرض الثلاثة اليابسة والماء والهواء حيث تخزن جزيئات الماء في عملية التبخر طاقة داخلية تسمى الطاقة الكامنة والتي تطلق على شكل طاقة محسوسة عند عملية التحول العكسي أي من بخار إلى ماء (المطر).

2. النقل Transfer:

وهو يمثل عملية تحوّل بخار الماء في الغلاف الغازي مؤثراً على رطوبة الكتل الهوائية ويكون خلال ذلك محكوكاً بحركة الرياح مثل التيارات النفاثة في أعلى الغلاف الغازي أو نسيم البحر والبر. على الرغ من أن بخار الماء في الغلاف الغازي في أكثر الأحوال يكون غير مرئي بالعين المجردة ولكنه يمكن مراقبته بواسطة الأقمار الصناعية.

3. التكاثف Condensation:

وهو عملية تحول بخار الماء إلى سائل (يمكن أن يحول بخار الماء إلى حالة الصلابة مباشرة وتسمى هذه الحالة عملية الترسب) حيث أن حركة الهواء لأعلى تعمل على تبريد الهواء ذاتياً مما يجعله يفقد قدرته تدريجياً على حمل بخار الماء فيكثف متحولاً إلى غيوم ومن ثم مطر. أما حركة الهواء لأعلى فهي نتاج تيارات الحمل أو الجبهات أو التضاريس.

4. الهطول Precipitation:

وهو عملية انتقال الماء الناتج عن التكاثف في الغيوم من الهواء إلى أسفل (الماء أو اليابسة) تعتمد حجم قطرة، الماء الساقطة على تيارات الهواء الصاعدة وتعمل قوى التصادم بين القطرات المائية في الغيوم على زيادة حجم القطرة حتى تصل الحجم القادرة على التغلب على التيارات الصاعدة ومن ثم تسقط باتجاه الأسفل وفي حال سقطت على اليابسة فإن طاقتها الحركية تتحول إلى شغل يعمل على تفتيت التربة عند الاصطدام بها.

تتغير كميات الهطول من مكان إلى مكان ومن زمان إلى زمان (منطقة قد تعاني لفترة طويلة من جفاف ثم فجأة تتعرض لفيضان) ولكن كميات المطر التراكمية العالمية ثابتة والتي هي أصلاً تعتمد على معدل حرارة الغلاف الغازي وحجمه والذين يعتبران ثابتين (في حال تأكد زيادة درجة حرارة الأرض فإن هذا يعني زيادة في كميات الأمطار).

5. الاعتراض Prevention:

جزء من ماء المطر يتعرض للاعتراض من قبل النباتات وحواجز أخرى مما يعمل على تقليل التعرية وانجراف التربة.

6. النتح Transpiration:

تعمل النباتات على امتصاص الماء من التربة بواسطة جذورها والذي يمكن أن تمتصه من أعماق بعيدة ومن ثم تخزن جزء منه في أجزاء النبات وثماره وتطلق الباقي للغلاف الغازي في عملية النتح.

7. الجريان Fluxation:

تتجمع مياه الأمطار والينابيع والثلوج الذائبة لتشكل الجداول والأنهار والبحريات والسدود الطبيعية والاصطناعية وعادة ما يكون الجريان في أوجه بعد الأمطار الغزيرة وفوق المناطق الرملية التي تصل إلى حالة الإشباع بسرعة مما يؤدي إلى حدوث الفيضانات بمختلف أشكالها.

8. الترشيح Nomination:

وهي عملية تعمل على تصدير الماء إلى باطن الأرض حيث تنتقل مياه الأمطار إلى باطن الأرض ويعتمد معدل التشريح على العوامل التالية: معدل هطول الأمطار، كيفية الهطول، الغطاء النباتي، كيمياء التربة وتركيبها و رطوبة التربة حيث أن التربة تمنع تسرب الماء للأسفل إلا بعد أن تصل حالة الإشباع وهي كمية الماء التي تستطيع أن تحملها بين جزيئاتها وتسمى هذه الكمية بالسعة الحقلية. وبالنظر إلى المقطع العرضي التالي نلاحظ وجود منطقتين رئيسيتين هما منطقة التروية وهي التي تزود النبات بحاجته من الماء ومنطقة الإشباع وهي المنطقة التي تخزن المياه الجوفية والتي يمكن استخراجها عن طريق الحفر إلى ما يسمى مستوى المائدة المائية (water table). في حالة الفيضان يكون هذا المستوى أعلى من سطح الأرض أو يساويه. وفي حال وجدت هذه المياه طريقها إلى السطح بشكل طبيعي تتشكل الينابيع بشكل عام تتحرك المياه الجوفية بشكل أفقي باتجاه الأنهار والبحريات ومن ثم البحار والمحيطات وبذلك تكتمل دورة المياه.

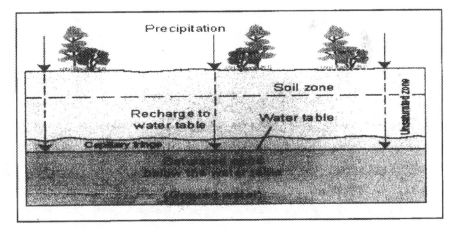

شكل (1-3): مستوى المائدة المائية واكتمال دورة المياه

إن ما يزيد على 97% من كل الماء على الأرض (البحار والمحيطات) مالح، والماء العذب اقل من 3% لكن معظمه محجوز في جليد المناطق القطبية وقمم الجبال. اما في الجو والانهار والبحيرات وباطن الأرض (الماء الجو في) فهو ادنى كثيرا من (1%).

وبعد سقوط الامطار يتبخر قسم منها ويعود إلى الغلاف الغازي، وأحيانا يكون التبخر مباشرة عند سقوط الامطار على سطح الأرض وهذا يرتبط مع الظروف الجوية السائدة، أما القسم المتبقي من هذه المياه فانها تتوزع على النحو التالي:

- يتدفق الجزء الاكبر من المياه على شكل مياة سطحية تتواجد في جداول صغيرة (جريان سطحي (Runoff) تتجمّع في انهار واودية كبيرة تجري إلى المياة السطحية تتبخر من جديد وتعود إلى طبقات الجو مغلقة بذلك الدورة. وتعتمد كمية المياة الجارية على سطح الأرض على عدة عوامل من اهمها كمية وغزارة الامطار الساقطة خلال الوحدة الزمنية، ونوعية التربة، والغطاء النباتي.

- يتغلغل جزء قليل من المياة باتجاه الجاذبية الأرضية فينساب مغذيا المياه الجوفية، وتعود هذه المياة إلى الدورة من جديد عند استعمالها في مختلف الاغراض وقد يبقى قسم منها متحجزا لسنوات عديدة.
- تستفيد الكائنات الحية من الماء في بناء الخلايا ويعود الماء إلى الدورة بواسطة التنفس والتبخر وتحلل المواد العضوية والكائنات الحية.

- يتم حجز بعض هذه المياة في الجليديات كالمناطق القطبية والقمم الجبلية الجليدية.

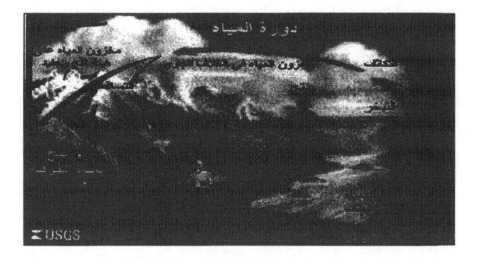

شكل (3-2): الدورة المائية وإنسياب الماء ودروانه في الطبيعة

تدل المعطيات الحديثة ان غالبية استخدام المياة للري حوالي 70-73%، الصناعة 22% الاستخدام المنزلي 5% تقريبا حيث يمكن استغلال ما يقارب 90% من الماء المستخدم في الصناعة أو في المنازل، أما في الري فسيبقى النصيب الاوفر (54%) عام 2000 مقابل حوالي 70-73% في عام 1972 لاستخدام الوسائل والتقنيات الحديثة كالتنقيط (Drip Irrigation) حيث انه يوجد اخطار عديدة حول استمرارية هذا المورد الحيوي وما يتعلق بتوافره ونقاؤه من التلوث.

دورة الكربون The Carbon Cycle

- الكربون (Corbon) من العناصر المهمة على الأرض، فهو يكوّن الهيكل الكربوني لكل المركبات الحيوية مثل الجلوكوز (Glucose)، والتريوز (Triose)، والبنتوز (Pentose)، واللاكتوز (Lactose)، والنشا (Starch)، والجليكوجين (Glycogen)، والسليلوز (Cellulose)، وباقي آلاف وملايين المركبات والكربوهيدرات.

- وهو يكوّن الهيكل الكربوني للدهون والشموع والأحماض الأمينية، وهو مكون أساسي ورئيس في الخشب والفحم والبترول والأحماض النووية (Nucleic acids) ومركبات الطاقة، فنحن نعيش في الكرة الأرضية الكربونية مع نباتاتها وحيواناتها وكائـــناتها الحـــية الدقيقة وبشرها، ومع كل هذا فنسبته في الهواء الجوي قليلة إذا ما قورنت بالأكســـجين (20% من الهواء الجوي) والنيتروجين حوالي (75%) أما الكربون (0.3%) فقط والباقي محبوس في جميع المركبات الحيوية المحتوية على الكربون.

- وإذا درست دورة الكربون وقارنتها بدورة النيتروجين Nitrogen cycle، ودورة الأكسجين Oxygen cycle، ودورة الفوسفور Phosphorus cycle ودورة الكبريت Sulfur cycle وغيرها من دورات العناصر في الكون تجد العجب العجاب في الدورات السابقة تكاد تتساوى أسهم التصعيد والتحرير مع أسهم الإنزال والتثبيت.

- فالكل ينفث الكربون في الجو والهواء: المصانع، والمزارع، والمنازل، والمدارس، والسيارات، والطائرات، والحيوان، النبات، والكائنات الحية الدقيقة.

يوجد الكربون في الجو على شكل غاز ثاني اكسيد الكربون CO_2 كما ويتوفر بصورة سائلة في خلايا الكائنات الحية وفي المياه، اما الحالة الصلبة للكربون فتترسب في الطبقات الصخرية

وفي المركبات العضوية كالدبال Humus. وتقوم النباتات الخضراء والطحالب بتثبيت ثاني اكسيد الكربون الجوي على شكل مركبات كربوهيدراتية. اما الحيوانات فتحصل على الكربون الجوي نتيجة تغذيتها على النباتات الخضراء أو على الحيوانات الاخرى المشتركة معها في السلسلة الغذائية الواحدة، حيث تنتقل المواد الكربوهيدراتية إلى اجسامها لتستخدمها في بناء مركبات عضوية اخرى لتقوم باكسدتها فتحصل على الطاقة اللازمة لها ويعود عنصر الكربون إلى الطبيعة باحدى الطرق التالية (الشكل 3-3):

1. عمليات التنفس في الكائنات الحية المختلفة،والتي تنتج غاز ثاني اكسيد الكربون.

2. البراكين والينابيع المعدنية، حيث تقوم بإعادة قسم من الكربون إلى الغلاف الغازي.

3. عمليات الاحتراق لانواع الوقود المختلفة، حيث تنتج أكاسيد الكربون.

4. عمليات تحلل اجسام الكائنات الحية، وتحليل الفضلات مما يؤدي إلى انطلاق معظم الكربون الموجود في هذه المخلفات العضوية على شكل غاز CO_2 والجزء المتبقي يكون على شكل مواد عضوية في التربة، يُعاد استخدامها من قبل النباتات.

5. في البيئات المائية، يوجد الكربون اما ذائباً في الماء أو في حالة صلبة (على شكل كربونات الكالسيوم $CaCO_3$)في اصداف وقشور الكائنات الحية التي قد تندمج وتحجز مع الصخور الرسوبية. وقد يعود الكربون إلى التربة بفعل عمليات التعرية والحث نتيجة لجفاف المياه وتعري الصخور ولكن هذه العملية بطيئة جداً وتحتاج لفترات زمنية طويلة. ولابد من الاشارة هنا ان بعض الطحالب المائية تستعمل الكربونات كمصدر للكربون في عملية التمثيل الضوئي، الا ان استعمال ثاني اكسيد الكربون يعتبر اكثر فاعلية في الانتاج.

6. قد يترسب الكربون على شكل مواد عضوية غير متحللة في قيعان المستنقعات والبيئات المائية وبالتالي تبقى هذه المواد الكربونية محجوزة لمدة طويلة ولحين استخراجها على شكل فحم أو بترول أو غاز (وقود).

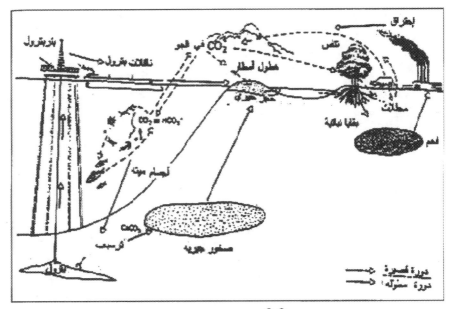

شكل (3-3): دورة الكربون في الطبيعة

أ) تأثير الإنسان في دورة الكربون

أدت الانشطة البشرية المختلفة وخاصة في المئة سنة الاخيرة إلى احداث تغيرات في دورة الكربون إذ تبلغ كمية غاز ثاني اكسيد الكربون والتي تنتج عالميا عن طريق حرق الوقود الحفري (مثل البترول والفحم)، بالاضافة إلى حرق الغابات والاعشاب حوالي 22 بليون طن سنوياً، ينطلق نصف هذه الكمية إلى الغلاف الغازي، بينما تمتص التربة والغلاف المائي القسم المتبقي.

في المناطق الصناعية التي تمتاز بركود الهواء يصل تركيز غاز ثاني اكسيد الكربون إلى معدل مرتفع مما يؤثر في صحة وسلامة الإنسان.

يبين الشكل (3-4) تركيز غاز ثاني اكسيد الكربون في الهواء، حيث يظهر تذبذبا سنويا كبيرا بسبب امتصاص النباتات والطحالب الخضراء غاز ثاني اكسيد الكربون من الهواء في فصل الربيع اثناء نموها، وتعيده إلى الهواء في فصل الخريف عندما تتحلل. والخطورة في هذا المنحنى ليست في التذبذب السنوي، بل في الزيادة الثابتة طوال فترة القياس إلى قيمة حالية تزيد على 350 جزءا من المليون، وتشير الدراسات إلى انه يوجد الآن 750 مليار طن من الكربون في الهواء على شكل ثاني اكسيد الكربون، وان هذه الكمية بازدياد مستمر.

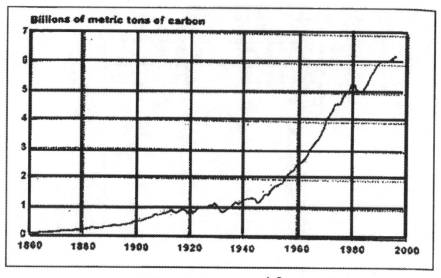

4

شكل (4-3): كمية غاز ثاني اكسيد الكربون

وعند زيادة نسبة ثاني اكسيد الكربون في الغلاف الغازي (نسبة CO_2 في الهواء حاليا حوالي 0.03% أي حوالي 350 جزءا من المليون تزداد سنويا إلى 0.2%) تقل نسبة معدلات الاشعة تحت الحمراء (Infrared) المعكوسة من الأرض إلى الفضاء الخارجي وبالتالي تتجمع في الغلاف الغازي، وهذا يعود إلى خصائص ثاني اكسيد الكربون في امتصاص الاشعة تحت الحمراء الامر الذي يؤدي إلى رفع درجات حرارة الغلاف الغازي وبالتالي ارتفاع حرارة الأرض وإحداث تغيّر للمناخ العالمي (Global Warming) وتسمى هذه الظاهرة بظاهرة البيت الزجاجي أو الدفيئة (Greenhouse Effect) ففي البيت الزجاجي يسمح السطح الزجاجي بدخول الضوء المنظور (400-700 nm) ولكنه يحجز الاشعة تحت الحمراء المنعكسة من السطح والنباتات داخل البيت الزجاجي مسببا ذلك الارتفاع في درجة الحرارة وتساهم بظاهرة البيت الزجاجي ما يعرف بغازات البيت الزجاجي أو الغازات المحتبسة في الجو (Greenhouse Gases) ، وهي بالاضافة إلى غاز ثاني اكسيد الكربون غاز المثيان وأكاسيد النيتروجين ومركبات الكلور والفلور العضوية (CFC- 11; CFC-12) وبخار الماء وغيرها.

اما نسبة مساهمة غازات البيت الزجاجي في تسخين كوكب الأرض خلال عقد الثمانينات كالتالي:

جدول (1-3): نسبة غازات البيت الزجاجي خلال الثمانينات

الغازات	النسبة المئوية
غاز ثاني اكسيد الكربون	61%
غاز الميثان CH_4	15%
اكاسيد النيتروجين	10%
مركبات الكلور والفلور العضوية	9%
بخار الماء	4%

وجميع هذه الغازات تمتص الاشعة تحت الحمراء المنعكسة من سطح الأرض، لذلك تعمل على شكل مصيدة لهذه الغازات.

ويلاحظ على المستوى العالمي اليوم زيادة نسبة غاز الميثان في الهواء بسبب تسرب هذا الغاز من ابار البترول ومناجم الفحم ومكآب النفايات ومحطات معالجة المياة العادمة والحفر الامتصاصية ومزارع تربية الابقار وتحلل المواد العضوية اللاهوائي وغير ذلك من المصادر. وعندما ينتقل غاز الميثان إلى طبقة السترا توسفير فإنه يتحلل إلى كربون وهيدروجين حيث تتحد ذرات الكربون مع الاكسجين لتكون غاز ثاني اكسيد الكربون اما الهيدروجين فيتحد مع الاكسجين ليكون غاز الماء الذي لا يتواجد بطبيعته في طبقة الستراتوسفير الا بكميات قليلة جدا، وبذلك يتكون غازان من غازات البيت الزجاجي. وفي المناطق الباردة جداً يتحول بخار الماء إلى بلورات صغيرة من الجليد مكونا بذلك السحب الستراتوسفيرية واثناء تنقل هذه البلورات الجليدية في طبقة الستراتوسفير فانها تجمع على سطحها ذرات الكلورين، الفلورين الناتجة عن مركبات الكلورفلور العضوية المتكسرة وبالتالي تزيد من سرعة التفاعلات الكيميائية واستنزاف حزام الاوزون، لا سيما ان كثيراً من التفاعلات تحدث بصورة اسرع عند تفاعلها على سطوح صلبة.

وقد تنبأت اللجنة الدولية للمناخ انه إذا بقيت انبعاثات غازات البيت الزجاجي على ما عليه اليوم، فان معدل ارتفاع درجات الحرارة العالمية ستكون ما بين 1.5-4.5°م خلال القرن الحالي. ونظراً للشكوك المتعلقة بحجم ومعدل وتوقيت وتوزيع حالات ارتفاع درجات الحرارة في المستقبل، فانه من الصعب توقع حجم الاضرار البيئية المترتبة عليها بالرغم من استخدام احدث برامج الحاسب الالكتروني، هذا وقد اقترح وزراء دول الاتحاد الاوروبي عام 1991 ضريبة الكربون اعتباراً من عام 2000 وذلك للحد من انطلاق غاز ثاني اكسيد الكربون وتحسين كفاءة

الاستفادة من الطاقة كما وقّع العالم سنة 1992 اتفاقية حماية المناخ العالمي وذلك للحد من انبعاث غازات البيت الزجاجي.

ب) الاضرار البيئية المتوقعة من الاخلال بدورة الكربون:

1. انصهار كميات كبيرة من جليد القطبين الشمالي والجنوبي مما يسبب في ارتفاع منسوب البحار وتغيير نسبة الاملاح المذابة فيها واغراق العديد من المدن الساحلية والقضاء على دلتات الانهار وسهول الفيضانات بالاضافة إلى القضاء على قسم كبير من المياة الجوفية العذبة.
2. امكانية اختلال الانظمة الانتاجية الزراعية في العالم بسبب زيادة كمية الامطار في بعض المناطق، في حين قد تتأثر مناطق اخرى بالجفاف والتصحّر، وهذا يعني ان تغيير نظام سقوط الامطار يؤدي إلى الحد من تنوّع المحاصيل الزراعية على شكل يؤدي إلى حدوث نقص في الغذاء أو تفاقم النقص الموجود أصلاً.
3. امكانية انتقال الامراض مثل مرض الملاريا(Malaria) إلى مناطق لا تعرف هذه الامراض حالياً بسبب زيادة كمية مياة الأمطار وتكوين مناطق رطبة.
4. امكانية التأثير في صحة الإنسان من خلال ضربة الحرارة (Heat Stroke) والكرب الحراري(Heat Stress) ، اللذان قد يؤديان إلى الوفاة، خصوصاً الاطفال وكبار السن والمصابين بالامراض القلبية والتنفسية.
5. امكانية تعرض التنوع الحيوي (Biodiversity) للخطر بسبب فقد مواطن الكائنات الحية من غابات ومناطق رطبة بسبب الجفاف.

ويتضح مما سبق أنه يجب المحافظة على النظم البيئية بالتوفير في استهلاك طاقة الوقود الحفري ورفع كفاءة الاستفادة منه وايجاد مصادر بديلة للطاقة مثل الطاقة الشمسية والرياح وعدم استعمال الطاقة النووية كبديل بسبب التلوث الاشعاعي، كذلك لابد من منع ازالة الغابات الاستوائية، نظرا لان ازالة هذه الغابات تساهم في زيادة نسبة غاز ثاني اكسيد الكربون في الهواء.

الأسباب المؤدية للحد من زيادة نسبة غاز ثاني اكسيد الكربون في الهواء:

أ) امتصاص التربة والغلاف المائي لقسم كبير من غاز ثاني اكسيد الكربون، ولكن لا يمكن للتربة أو الغلاف المائي ان تمتص هذا الغاز بعد وصولهما إلى درجة التشبع.

ب) عدم تحلل جميع المواد العضوية في فترة قصيرة من الزمن بل تحولها إلى مواد عضوية (الدبال Humus) تتحلل ببطيء، أو البقاء دون تحلل كما يحدث لقسم كبير من المواد العضوية الموجودة في المستنقعات على شكل الخث (Peat) وهو نسيج نباتي نصف متفحّم يتكون بتحلل النباتات تحللاً جزئياً في الماء، أو ترسب المواد العضوية في طبقات عميقة تمنع عملية تحللها.

ج) وجود الطحالب الخضراء التي تقوم بربط كميات كبيرة من المواد العضوية وقسم كبير منها يترسب داخل البحار والمحيطات ولا يتحلل.

د) التلوث بالغبار في الطبقات العليا من الغلاف الغازي والتي تقوم بعكس قسم كبير من الاشعاع الشمسي، وبالتالي تقلل من كمية الاشعاع الواردة على سطح الكرة الارضية. وهذا يعني ان كمية الاشعة التي تصل إلى سطح الأرض اليوم هي أقل من كمية الاشعة الشمسية التي كانت تصل قبل مئة عام تقريباً.

ومن الجدير بالذكر ايضا ان هناك امكانية تعرض كوكب الأرض لعصر جليدي جديد في حالة نشوب حرب نووية كونية، حيث سينتج عن ذلك انفجارات وحرائق هائلة ستحدث دخاناً وغباراً سديمياً في الغلاف الغازي يمنع وصول الاشعة الشمسية إلى سطح الأرض لفترة زمنية طويلة وبالتالي يحدث الانجماد على كوكب الأرض، وتسمى هذه الحالة بالشتاء النووي (Nuclear Winter).

دورة الاكسجين The Oxygen Cycle

يوجد الاكسجين في الهواء بنسبة 21%، وهذه نسبة تكفي حاجة الكائنات الحية الهوائية على اليابسة، كما ان قسماً من الاكسجين يكون مذابا في المياة لضمان حياة الكائنات الحية المائية، علماً ان احتياجات الكائنات الحية المائية للاكسجين تختلف حسب نوعها.

وترتبط دورة الاكسجين بدورة الكربون إذ تقوم الكائنات الحية الهوائية بتنفس الاكسجين واطلاق غاز ثاني اكسيد الكربون الذي تستعمله النباتات الخضراء في عملية التمثيل الضوئي وبذلك تغلق الدورة.

ويبين الشكل (5-3) دورة الاكسجين، والذي يلعب دورا مهما في البيئة، فهو عنصر مهم في حياة الكائنات الحية الهوائية وله اهمية كبيرة في بناء طبقة الاوزون (Ozone Layer) في الغلاف الغازي (الستراتوسفير Stratosphere) الذي يحمي الكائنات الحية على سطح الأرض من اضرار الاشعة فوق البنفسجية (Ultraviolet Radiation) وذلك بامتصاص حوالي 99% من هذه الاشعة، وتصنّف الاشعة فوق البنفسجية إلى ثلاثة أنواع:

أ) الاشعة فوق البنفسجية (أ) UV-A,320-400nm : وهي اشعة ذات طاقة قليلة نسبياً والاقل خطراً على صحة وسلامة الإنسان والكائنات الحية.

ب) الاشعة فوق البنفسجية (ب) UV-B, 280-320nm : وهي اشعة ذات طاقة اعلى وتشكل خطراً كبيراً على صحة الإنسان وسلامته، وهنا يقوم حزام الاوزون بامتصاص القسم الاعظم منها، ويصل قسم بسيط من هذه الاشعة إلى سطح الأرض، كما ان لهذه الاشعة تأثيراً ايجابياً على جسم الإنسان إذ تكوّن فيتامين - د (Vitamin-D) ولكنها خطيرة جداً إذا تعرض الإنسان لها لفترة طويلة.

ج) الاشعة فوق البنفسجية (ج) UV-C,100-280 nm: وهي اشعة ذات طاقة عالية جداً وخطرة جداً على صحة الإنسان وسلامته، ويتم امتصاص هذه الاشعة من قبل حزام الاوزون والغلاف الغازي كلياً.

والاوزون عبارة عن غاز يتكون من ثلاث ذرات من الاكسجين وهو شديد الاكسدة وذو رائحة نفاذة ويميل لونه إلى الازرق وهو الغاز الوحيد في الجو الذي يمنع وصول الاشعة فوق البنفسجية إلى الارض، ويتكون غاز الاوزون في طبقة الستراتوسفير بواسطة تفاعلات كيميائية ضوئية معقدة:

$$O_2 \xrightarrow[135-176nm]{UV - Light} O + O \qquad \text{(Atomic Oxygen)}$$

$$O + O_2 \xrightarrow{UV - Light} O_3\,(g) \qquad \text{(Ozone Molecule)}$$

ويمتص غاز الاوزون بدورة الاشعة فوق البنفسجية حيث يتحلل إلى الاكسجين واكسجين ذري حسب المعادلة التالية:

$$O_3(g) \xrightarrow[200-300nm]{UV - Light} O_2 + O$$

وبالتالي يحدث توازن طبيعي مستمر في طبقة الاوزون في الجو.

أ) تأثير الإنسان في دورة الاكسجين:

يقوم الإنسان بانشطته المختلفة بتحطيم حزام الاوزون الواقي بواسطة التفجيرات النووية والطائرات العسكرية النفاثة التي تصل إلى حزام الاوزون والمواد الكيميائية المختلفة مثل اكاسيد النيتروجين والكلوروفورم وميثيل البروميد الذي يستعمل في تطهير التربة الزراعية ومركبات الكلور والفلور العضوية (Chloro Flouro Carbon= CFCs) والتي تسمى تجاريا الفريون (Fereons)، وتعد مركبات (CFCs) اشهر المركبات الكيميائية الهامة على المستوى العالمي، وهي غازات تصنع من خلال ربط ذرات الكلورين والفلورين بذرات الكربون، واهم غازين هما (CFC-11 , CFC-12) تراي كلوروفلورو ميثين وداي كلورو داي فلوروميثين، وتمتاز هذه الغازات بانها ثابتة كيميائيا (Stable) أي تبقى فعالة لفترة طويلة من الزمن تقدر بنحو (70-100) سنة، اضافة إلى انها لا تحترق وغير سامة وبالتالي تعتبر مثالية للاغراض الصناعية، وتستخدم هذه المركبات في مجالات عديدة مثل غازات التبريد في الثلاجات واجهزة الهيدروليك في الشاحنات وبعض الصناعات البلاستيكية وكمواد عازلة (Styrofoam) ومواد اطفاء الحرائق وكغازات طاردة في علب الرذاذ، وفي منتصف الثمانينات كان انتاج العالم من (CFCs) اكثر من مليون طن سنويا، وتختلف مركبات (CFCs) عن معظم المواد الكيميائية بانها لا تحلل في طبقة التروبوسفير وانما تصعد إلى طبقة الستراتوسفير خلال فترة زمنية تتراوح ما بين (6-8) سنوات حيث تتعرض للاشعة فوق البنفسجية التي تحولها إلى غازات نشطة تدمر حزام الاوزون حسب التفاعلات التالية:

$$CF_2CL_2 \xrightarrow{\text{UV - Light}} CF_2CL + CL \quad \text{(Activated Ion)}$$

$$CL + O_3 \xrightarrow{\text{UV - Light}} CLO + O_2 \quad \text{(Chlorine Oxide)}$$

$$CLO + O \xrightarrow{\text{UV - Light}} CL + O_2 \quad \text{(Activated Ion)}$$

ونظراً لتسرب كميات هائلة من مركبات (CFCs) إلى البيئة فان الاضرار بحزام الاوزون ستبقى حتى لو توقفت فوراً جميع استعمالات هذه المواد، إلا أن هذه المواد تبقى فعالة فترة زمنية طويلة.

ونظراً لاهمية دور مركبات (CFCs) في اضمحلال حزام الاوزون فقد تضافرت الجهود الدولية لحماية هذا الحزام وتم اعتماد عدة اتفاقيات لهذه الغاية كاتفاقية فيينا سنة 1985، وبروتوكدل مونتريال سنة 1987 وانشاء صندوق مونتريال الدولي وكذلك تعديل لندن على بروتوكول مونتريال، وسنة 1992 (تعديل كوبنهاجن)، واللذان يتضمنان قضايا مهمة كاستمرار صندوق مونتريال واعتماد جداول زمنية جديدة للتخلص التدريجي من المواد المستنزفة لحزام الاوزون.

ب) اضرار اضمحلال حزام الاوزون

هناك العديد من الاضرار المتوقعة من جراء اضمحلال حزام الاوزون وبالتالي وصول الاشعة فوق البنفسجية إلى سطح كوكب الأرض والتي من اهمها:

1- احداث اضرار لصحة وسلامة الإنسان، حيث ان الاشعة الشمسية من المتطلبات الاساسية للحياة على كوكب الأرض، ولكن للاشعة فوق البنفسجية طاقة عالية تحدث الاضرار بصحة وسلامة الإنسان، ومن اهم الاضرار الصحية المتوقعة ما يلي:

أ) سرطان الجلد، عندما يتعرض الإنسان لفترة طويلة لاشعة الشمس، وتتأثر المادة الوراثية (الحامض النووي الريبوزي منقوص الاكسجين DNA= (Deoxyribonucleic Acid) جداً بالاشعة فوق البنفسجية حيث تموت الخلايا وتتحول إلى خلايا سرطانية، وكذلك فان ذوي البشرة البيضاء اكثر تعرضاً لسرطان الجلد من ذوي البشرة الداكنة، ومن اشهر انواع سرطان الجلد المنتشرة في العالم الحرشفي وسرطان الخلية القاعدية (Squamous and Basal Cell Carcinoma).

وهذان النوعان من السرطان نادراً ما يؤديان إلى الوفاة، اما النوع الثالث من سرطان الجلد فهو الميلانوما (Melanoma) وهو شديد الخطورة إذ يمثل حوالي40% فقط من جميع انواع سرطان الجلد ولكنه المسؤول عن وفاة حوالي 65% من جميع الوفيات بسرطان الجلد.

ب) التأثير السلبي في نظام المناعة، مما يقلل من مقاومة الجسم للكائنات الحية المسببة للامراض (Pathogenic Organism) وتجعلة اكثر تعرضاً للامراض المعدية كما تنخفض قدرة الجسم على مكافحة الاورام، لذلك هناك تشابه كبير مع مرض الايدز الذي تسببه فيروسات الايدز.

ج) تعكر مياه العينين (Cataract) وهي اعتام يصيب عدسة العين، ويمكن معالجتها بالاستئصال، ولكن إذا تركت دون معالجة فقد ينتج عنها العمى.

د) اسمرار البشرة وترهلها وتجلدها وتجعدها، وقد عرفت هذه المشكلات منذ فترة زمنية طويلة عند الاشخاص اللذين ياخذون الحمامات الشمسية على الشواطيء وصالونات التجميل "لتعريض انفسهم للاشعة فوق البنفسجية،وذلك للحصول على اللون البرونزي المرغوب".

2- الحد من الانتاج الزراعي، لا تزال المعلومات حول تأثير الاشعة فوق البنفسجية في الحياة النباتية والحيوانية محدودة. ولكن تشير الفحوصات لاكثر من 200 نوع من مختلف النباتات (ومعظمها من المحاصيل الاقتصادية) إلى ان 70% منها حساسة لاشعة (ب) فوق البنفسجية، وتؤثر هذه الاشعة في تقليل التركيب الضوئي والمجموع الورقي. وبالتالي تحد من الانتاج الزراعي، ومن الجدير بالذكر ان هناك اختلافاً واضحاً في درجة التأثر بين انواع النباتات المختلفة.

3- الحد من انتاج الغذاء من البحار، حيث تتضرر الهوائم النباتية (Phytoplankton) والحيوانية (Zooplankton) من جراء تعرضها للاشعة فوق البنفسجية.

وتشير الدراسات التي اجريت على الدياتومات (طحالب مجهرية Diatoms) إلى حدوث انخفاضات في الكتلة الحية والتمثيل الضوئي بسبب الاشعة فوق البنفسجية (ب) كما تتأثر الهوائم الحيوانية ايضا سلبياً بهذه الاشعة، ومن البديهي انه إذا حصل خلل في بداية السلسلة الغذائية فان هذا الخلل سيؤثر في كامل السلاسل والشبكات الغذائية في النظام البيئي.

4- المساهمة في مشكلة تسخين كوكب الارض، إذ ان اضمحلال حزام الاوزون يزيد من كمية الاشعة التي تصل إلى سطح الأرض.

5- زيادة حدة مشكلة تلوث الهواء في المدن، إذ ان تدمير حزام الاوزون سيزيد من كمية الاشعة فوق البنفسجية في طبقة التروبوسفير في الغلاف الجوي. وتساهم الاشعة فوق البنفسجية في احداث مشكلة الضباب الكيميائي في المدن (Photochemical Smog) ومما لا شك فيه ان مسؤولية حماية حزام الاوزون تقع بالدرجة الأولى على الدول الصناعية التي تساهم انشطتها المختلفة بتحطيم هذا الحزام الواقي، ولا سيما ان المسؤولية القانونية تعود دائما على المسبب ويمكن لجيمع الدول ان تساهم في حماية حزام الاوزون من خلال الاجراءات التالية:

1. منع تصينع واستيراد المواد الضارة بحزام الاوزون على المستوى العالمي.

2. منع تصنيع عبوات الرذاذ المحتوية على مركبات (CFCs) كغاز طارد، واستعمال نظم اخرى.

3. الحد من انبعاث المواد الضارة بحزام الاوزون عن طريق اعادة الاستفادة منها (تدوير Recycling)، ويتم اليوم اعادة وتدوير حوالي 90% من المذيبات في الصناعات الالكترونية في الدول الصناعية. كما يتم استرجاع كميات كبيرة من المواد الضارة بحزام الاوزون من الثلاجات والاجهزة الهالكة.

4. البحث عن مواد بديلة لتلك الضارة بحزام الاوزون، وعلى سبيل المثال طورت شركة (Petroferm) مذيبا يسمى (Bio Act EC-7) يصنع من قشور الليمون والبرتقال كبديل لمواد (CFCs) المستعملة كمذيبات.

5. هدرجة مركبات (ك ف س CFCs) للتقليل من قدرتها على استنزاف حزام الاوزون.

6. وقف استعمال ميثيل البروميد في تطهير التربة الزراعية واستبدال هذه الطريقة بطريقة التطهير الشمسي.

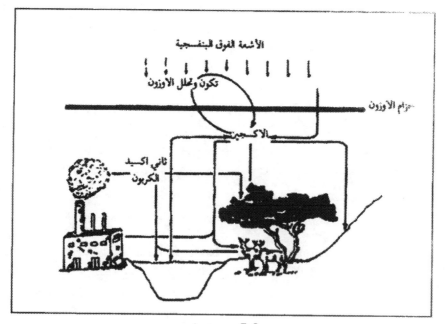

شكل (5-3): دورة الأكسجين

دورة النيتروجين The Nitrogen Cycle

يشكل غاز النيتروجين حوالي78% من الهواء الجاف، وهو غاز خامل (لا يتفاعل مع عناصر اخرى) عديم النفع لمعظم الكائنات الحية، وللاستفادة من النيتروجين المتوفر في الغلاف الغازي بكميات كبيرة لابد من تحويله إلى مركبات نيتروجينية تستطيع الكائنات الحية الاستفادة منها، وتسمى عملية التحويل هذه تثبيت النيتروجين (Nitrogen Fixation). يدخل النيتروجين في تركيب المركبات العضوية مثل البروتين (Protein)، اليوريا (Urea)، الببتايد (Peptide) والمركبات غير العضوية من أمونيا (Ammonia) وامونيوم (Ammonium) ونتريت (Nitrite) ونترات (Nitrate).

أ) طرق تثبيت النيتروجين الجوي

يتم تثبيت النيتروجين الجوي الخامل بطريقتين:

1- التثبيت البيولوجي Biological Fixation: أو ما يسمى بالتثبيت الحيوي (Biofixation) حيث تعيش في التربة والمياة بعض انواع البكتيريا والطحالب والتي تدعى مثبتات النيتروجين لقدرتها على تحويل غاز النيتروجين الجوي الخامل (N2 gas) إلى مركبات تستطيع النباتات الخضراء الاستفادة منها مثل النترات (NO3) الذي يعد اهم مصدر نيتروجيني للنبات على الاطلاق وذلك لسهولة امتصاصة، وتعيش هذه الطحالب والبكتيريا (والكائنات الحية الدقيقة) بتكافل مع النباتات والتربة والمياه.

ومن اهم المثبتات الحيوية للنيتروجين مجاميع الكائنات الدقيقة التالية:

أ- كائنات حية تعيش حرة في التربة والمياة (Free living Bacteria) حيث تعيش عدة انواع من البكتيريا والطحالب بشكل حر وتقوم بتثبيت النيتروجين، من اهمها ازوتوبكتر Azotobacter (وهي هوائية) وكلوستريديوم Clostridium (لاهوائية) وكفاءة هذه الانواع في التثبيت اقل من الانواع التي تعيش في تكافل مع النباتات الخضراء، إذ توفر هذه الانواع 5-10 كغم من النيتروجين في السنة لكل هكتار تقريبا.

ب- انواع الطحالب الخضراء المزرقة مثل Claothria, Anabaena, Nostoc.

جـ- البكتيريا تكافلية المعيشة Symbiotic Bacteria مثل Rhizobium والتي تعيش في العقد الجذرية Nodules لبعض النباتات مثل عائلة البقوليات Leguminosa حيث تقوم النبتة بتزويد البكتيريا بعناصر الغذاء المختلفة وتقو م البكتيريا بتثبيت غاز النيتروجين الخامل وتحويله

إلى نترات يستفيد منها النبات. وتعد البكتيريا التكافلية ذات كفاءة عالية في تثبيت النيتروجين مقارنة بالكائنات الدقيقة الاخرى حيث تضيف هذه العملية حوالي 600 كغم نيتروجين في السنة لكل هكتار.

د- **البكتيريا الزهرية** Purple Bacteria والتي تقوم بعملية التمثيل الضوئي مثل Rhodospirillum وكذلك انواع من بكتيريا التربة.

هـ- **انواع من الفطريات البسيطة والتي تدعى اكتينومايسيت** (Actinomycetes) والتي تعيش في التربة على جذور انواع من النباتات غير البقولية (Nonlegumes) ويوجد العديد من الابحاث التي تحاول تطوير حياة تكافلية بين الانواع المثبتة للنيتروجين والمحاصيل المختلفة مثل القمح، وفي حالة نجاح هذه المحاولات ستنخفض حاجة الإنسان إلى الاسمدة الكيميائية (النيتروجينية) وسيزداد معها انتاج الغذاء في العالم ويقل التلوث واستنزاف مصادر الثروة.

2- **التثبيت الجوي Atmospheric Fixation**: أو ما يدعى بالتثبيت الفيزيائي Physical Fixatiom وهي عملية فيزيائية تنتج عن التأثير المؤين للبرق على غاز N_2 الذي يتحد مع الاكسجين بفعل طاقة البرق الكهربائية مكونة النترات NO_3 التي تسقط مع مياة الامطار على التربة أو على المياة السطحية، وتتوقف الكمية المثبتة بواسطة التثبيت الجوي على الظروف المناخية، وتتراوح عموما بين 15-20 كغم نيتروجين في السنة لكل هكتار.

ب) تمعدن وربط مركبات النيتروجين

N-Mineralization and N- Immobilization

تبدأ دورة النيتروجين عندما تقوم النبتة الخضراء بامتصاص النيتروجين المثبت على شكل ايونان النترات السالبة NO^-_3 أو ايونات الامونيوم الموجبه NH^+_4 واحيانا الأمونيا NH_3 بواسطة شعيرات الجذور حيث تستعملها في بناء الاحماض الامينية ثم البروتينات على الشكل التالي:

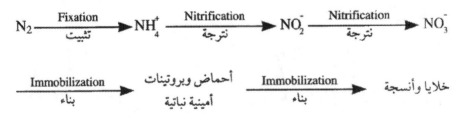

وتستمد المستهلكات مركبات النيتروجين على شكل بروتينات حسب موقعها من السلسلة الغذائية، وبعد موت الكائنات الحية تقوم المحللات بتحليلها، ويطلق على عملية تحليل المركبات العضوية النيتروجينية (البروتينات مثلا) إلى مركبات نيتروجين غير عضوى (NH^+_4 , NH_3) التمعدن (N-Mineralization) . وهذه العملية مهمة في تزويد النباتات بهذه الايونات النيتروجينية، وتعتمد البكتيريا في عملية التمعدن على درجات حرارة مناسبة وتهوية ورطوبة جيدة. كما توجد عملية معاكسة للتمعدن وهي ربط أو تحويل ايونات الامونيوم والنترات غير العضوية إلى مركبات عوضية مثل البروتينات ومن ثم إلى خلايا وانسجة في الكائنات الحية (N-Immobilization).

تبدأ عملية التمعدن بالنشدرة (Ammonification) حيث تشارك انواع مختلفة من الكائنات الحية الدقيقة الهوائية وغير الهوائية في انتاج غاز الامونيا:

$$R\text{-}NH_2 + H_2O \longrightarrow NH_3 + R - OH$$

ويتفاعل غاز الامونيا مع الماء مكونا هيدروكسيد الامونيوم

$$NH_3 + H_2O \longrightarrow NH_4OH \text{ (Ammonium Hydroxide)}$$

وحسب الرقم الهيدروجيني للوسط الذي تتحلل فيه المواد العضوية النيتروجينية ينتج امونيوم NH4 وامونيا NH_3 بنسب مختلفة، فاذا كان الوسط حامضيا كانت نسبة الامونيوم اعلى، وإذا كان الوسط قاعديا كانت نسبة الامونيا اعلى، ويوضح الشكل (6-3) علاقة الرقم الهيدروجيني مع تركيز أيونات الامونيوم والامونيا في المياة أو في محلول التربة.

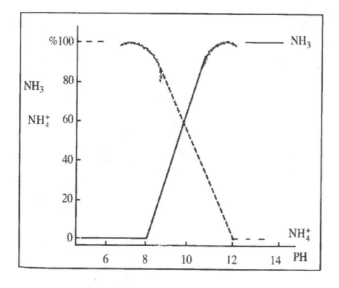

شكل (6-3): علاقة الرقم الهيدروجيني مع تركيز ايونات الامونيوم والامونيا في الميـاة أو في محلول التربة

ويتاكسد الامونيوم في الوسط الذي يتواجد فيه الاكسجين بتركيزات كافية إلى نترات حسب معادلات النترجة (Nitrification) التالية:

$$\text{a-}\quad 2NH_4^+ + 3O_2 \xrightarrow[\text{Chemoautotroph}]{\text{Nitrosomonas}} 2\,NO_2^- + 2H_2O + 4H^+ + \text{Energy}$$

$$\text{b-}\quad 2NO_2^- + O_2 \xrightarrow[\text{Chemoautotroph}]{\text{Nitrobacter}} 2\,NO_3^- + \text{Energy}$$

وتكون سرعة تأكسد ايونات النتريت إلى نترات اكبر من سرعة اكسدة أيونات الامونيوم، لذلك في الاغلب ان تركيزات ايونات الامونيوم اعلى من تركيزات ايونات النتريت.

الشروط التي تتحكم في سرعة عملية النترجة:

- تواجد ايونات الامونيوم، فاذا كانت تركيزات ايونات الامونيوم قليلة كانت عملية النترجة محدودة،والعكس صحيح.

- توفر التهوية الجيدة يساهم في الاسراع في عملية النترجة.

- توفر رقم هيدروجيني متعادل يساهم في سرعة عملية النترجة.

- توفر درجات حرارة دافئة وحتى 40°C تساعد على زيادة سرعة النترجة.

ان التحكم في عملية النترجة مهم جدا في البيئة حيث تفقد ايونات النترات من التربة بالغسيل (Leaching) والزنترة-عكس النترجة (Denitrification) لذلك تستعمل مواد مانعة للنترجة في الزراعة (Nitrification Inhibitors) للحد من عملية النترجة، ومن اهم هذه المواد (N-Serve and Terrazole). وتقل فاعلية هذه المواد في التربة مع الزمن بسبب التطاير والامتصاص والغسل والتحلل في التربة.

وفي الظروف اللاهوائية تختزل النترات من قبل بعض انواع الكائنات الحية، حسب المعادلة:

$$NO_3^- \xrightarrow{\text{Peseudomonas}} NO_2^- \xrightarrow{\text{Peseudomonas}} NO \begin{cases} NH_2OH \dashrightarrow NH_3 \\ N_2O \dashrightarrow N_2 \end{cases}$$

وتسمى عملية الاختزال البيولوجية هذه الزنترة (Denitrification)، وبهذه العملية تغلق دورة النيتروجين، بالاضافة إلى عملية الزنترة تقوم الحرائق والبراكين باعادة غاز النيتروجين إلى الغلاف الغازي.

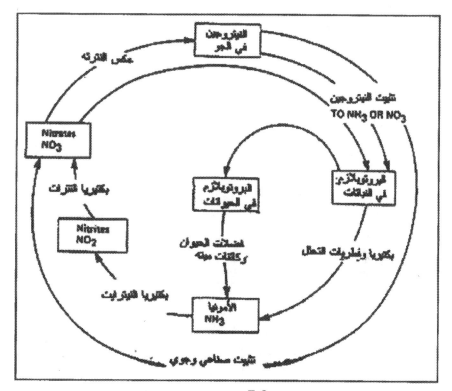

شكل (3-7) : دورة النيتروجين.

ج) فقدان النيتروجين من التربة

يحدث فقدان النيتروجين من التربة من خلال:

1- غسل النترات (Leaching of Nitrate): عن طريق غسل التربة بمياه الامطار أو مياة الري حيث تنتقل إلى المياة السطحية والجوفية، وربما تعود النترات إلى الدورة من جديد إذا تغذت الطيور والاسماك على كائنات استفادت من هذه النترات، وإذا لم تمتص النترات من قبل الطافيات المائية (Phytoplankton) أو أية نباتات مائية اخرى فانها تفقد تدريجيا داخل رواسب عميقة ولا تعود إلى الدخول في الدورة الا بعد كشف الطبقة الجيولوجية التي تحتوي على هذه الرواسب.

2- تطاير الامونيا (Ammonia Volatilization): تفقد الامونيا من سطح التربة مباشرة بواسطة التطاير عند اضافة الاسمدة الحاوية على الامونيوم إلى الترب القاعدية، ويزداد هذا التطاير بارتفاع درجة الحرارة كما ان استعمال اليوريا (Urea) على سطح التربة

لتسميد الاعشاب يؤدي إلى تنشيط انزيم (Urease) وبالتالي تحلل اليوريا وتتطاير الامونيا.

3- تثبيت الامونيوم (Ammonium Fixation) : تقوم معادلة الطين مثل (Vermiculite) بربط الامونيوم بحيث لا تستطيع النبات الاستفادة منه، غير ان وجود أيون البوتاسيوم (K^+) بتركيز ات عالية تقلل من كمية الأمونيوم المثبتة، نظرا لكون قطر البوتاس يساوي قطر الامونيوم ولذلك ينافس على الموقع.

د) تأثير الإنسان على دورة النيتروجين

يدخل الإنسان من خلال انشطته المختلفة مصادر نيتروجينية جديدة إلى دورة النيتروجين مثل:

1- الملوثات الهوائية وخاصة الناتجة عن حرق الوقود الحفري حيث ينتج كميات كبيرة من اكاسيد النيتروجين تصل إلى حوالي 50 كغم نيتروجين سنويا للهكتار في المناطق الصناعية، وهذا ما يساهم في زيادة حدة مشكلة الامطار الحامضية (Acidic Rains).

2- الانتاج الزراعي المكثّف (Intensive Agriculture) لسد حاجة العالم من الغذاء وهذا يعني اضافة كميات كبيرة من الاسمدة النيتروجينية المصنعة للتربة قد يزيد عن 100 كغم سنويا لكل هكتار. حيث تقوم الاسمدة النيتروجينية بتلويث البيئة مرتين وتستنزف كميات كبيرة من الطاقة، وغالبا ما يترتب على استعمالات هذه الاسمدة في الزراعة تلوث المياة السطحية والجوفية وهذا يعود لسرعة ذوبان هذه الاسمدة في المياه لذلك تطورت صناعة أسمدة نيتروجينية تذوب تدريجياً في المياه وذلك لرفع كفاءة استفادة النباتات من هذه الاسمدة وايضاً للحد من التلوث البيئي واستنزاف الطاقة.

3- اضافة كميات كبيرة من المركبات النيتروجينية من المياة العادمة المعالجة وغير المعالجة إلى التربة ومصادر المياه.

وقد نتج عن تدخل الإنسان في دورة النيتروجين من خلال الانشطة المتعددة زيادة حدة مشكلة الامطار الحامضية وتلوث مصادر المياة الجوفية والسطحية بالنترات.

الدورة الرسوبية The Sedimentary Cycle

يمكن اعتبار الدورات الرسوبية غير مكتملة، لان بعض المواد المكونة لها تنتهي داخل صخور رسوبية تخرج منها العناصر ببطء ومن ثم يصعب استئناف الدورة في حين تدور دورات الماء والكربون والاكسجين بسهولة، ولذلك فهي اكثر اكتمالا. ومن اهم الدورات الرسوبية ما يلي:

دورة الفسفور The Phosphorus Cycle

تعتبر درورة الفسفور من اهم الدورات الرسوبية وذلك لاهمية الفسفور في تركيب المادة الحية بروتوبلازما (Protoplasma) والمادة الوراثية (DNA)، واغشية الخلايا Cell membranes ، وحاملات الطاقة (ATP, ADP, AMP) ، ويدخل في تركيب العظام والاسنان واصداف الحيوانات المختلفة، ويكون على شكل غير ذائب في الماء نسبياً (فوسفات الكالسيوم والحديد) وقد يتحول إلى اشكال ذائبة بواسطة حامض النيتريك (HNO_3)الذي يتكون في الطبيعة بعملية النترتة.

إن دورة الفسفور (شكل 8-3) من الدورات الرسوبية البطيئة الدوران حيث يختزن جزءاً كبيراً منه في الصخور التي تشكل قطب التخزين الرئيسي في الدورة وقد يعود الفسفور للدورة عن طريق عمليات التعرية وتفتت الصخور ويمكن لجزء ان يخرج من باطن الارض لسطحها بواسطة البراكين. ويُحتجز الفسفور ايضا في عظام الكائنات الحية إلى ان يتحلل بعد موتها.

ويتوفر الفوسفور للمنتجات (النباتات والطحالب وغيرها)على شكل فوسفات) ويتم امتصاصة ليدخل في التفاعلات والتراكيب الحيوية. ومع تدرج السلسلة الغذائية تتناول المستهلكات الأولى الفسفور من المنتجات لتنقلة بدورها لكثير من الحيوانات عبر السلسلة الغذائية، وبعد موت المنتجات والمستهلكات يبدأ تأثير السلسلة الرميّة (المحلّلات) حيث يتحلل الفسفور لمواده الأولية ويعاد للتربة من جديد.

وقد يبقى الفسفور في الطبقات العليا من التربة، ولكن مع انجراف التربة بواسطة الانهار والسيول خصوصا عند تدهور الغطاء النباتي يُحجز الفوسفات على هيئة رواسب بحرية عميقة ولا يعود إلى المستودعات الأرضية الا عند حدوث تصدعات في الارض بعد فترة طويلة من الزمن. وتقوم المنتجات المائية باخذ الفسفور المذاب في الماء وتشكيلة في خلاياها، ومن ثم المستهلكات البرية (مثل الطيور والإنسان). وتستخدم فضلات الكائنات الحية المحتوية على الفوسفات في الزراعة وبالتالي تكون كمية الفسفور المفقودة في النظام البيئي المتوازن قليلة جداً.

وهناك مصدر حديث للفسفور الا وهو تعدين الفوسفات واستعمالة في الزراعة كاسمدة كيميائية أو طبيعية في المنظفات الكيميائية، والمصدر الاخير هو الاكثر اهمية بيئياً حيث تدخل المنظفات شبكات مياة الصرف ثم تنطلق بعد ذلك في القنوات والبحيرات والمصبات، وكثيرا ما تكون فضلات المنظفات من الوفرة في القنوات بحيث تسبب رغوة شديدة في مصبات المياة. ويؤدي الفوسفات المذاب في الماء بتراكيز معينة إلى زيادة الكتلة الحيوية من طحالب وهوائم مائية، وبالتالي تحدث المنظفات ظاهرة الاثراء الغذائي (Eutrophication) وقد تحدث تلوثاً في مياة البرك والبحيرات، حيث ان تحلل هذه الطحالب الكثيفة عند موتها يحتاج كميات كبيرة من

الاكسجين، مما يؤدي إلى القضاء على الكائنات الاخرى بسبب نقص الاكسجين، وهذا النقص يؤدي إلى انقلاب عملية التحلل الهوائي إلى عملية التحلل اللاهوائي الذي ينتج عنه غازات سامة وروائح كريهة، مثل غاز المثيان والامونيا.

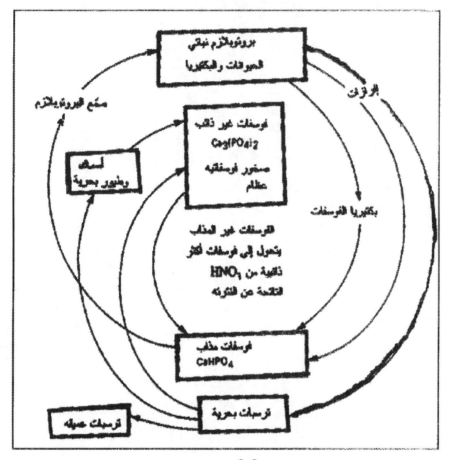

شكل (3-8): دورة الفوسفور

تأثير الإنسان في دورة الفسفور

يقوم الإنسان في الوقت الحاضر بتعدين الفوسفات من الصخور الفوسفاتية (Apatite) لتصنيع الاسمدة الفوسفاتية والمنظفات الكيميائية والمبيدات وغير ذلك من الاستعمالات وبالتالي ادخالها إلى دورة الفسفور، مما يزيد من سرعة الدورة واستهلاك المخزون الفوسفاتي، إذ يعتقد ان هذا المخزون سينضب قبل نهائية القرن الحادي والعشرين. وتكون مركبات الفسفور على شكل عضوي مثل فضلات الإنسان والحيوان وعلى شكل غير عضوي مثل الاسمدة الفوسفاتية والمنظفات الكيميائية.

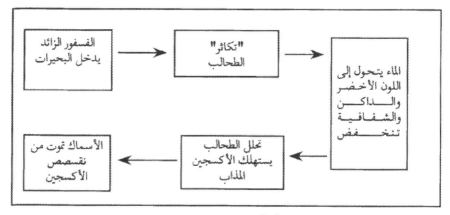

شكل (3-9): سلسلة أحداث الفسفور

تدخل كميات من الفسفور بواسطة المياه العادمة (المعالجة وغير المعالجة) وانجراف التربة وغير ذلك من الطرق إلى مصادر المياه السطحية بحيث يؤدي ذلك إلى حدوث عملية الاثراء الغذائي(Eutrophication) -كما ذكر سابقا- وتؤدي الفوسفات المذابة في الماء ولو بتركيزات قليلة (0.3 جزء من المليون) إلى زيادة الكتلة الحية من الطحالب والنباتات المائية الخضراء وتسمى هذه الحالة ازدهار الطحالب (Algal Bloom) والتي عند موتها تترسب وتبدأ بالتحلل مستهلكة الاكسجين المذاب في الماء مما يؤدي إلى استهلاك الاكسجين والقضاء على الكائنات الحية الهوائية وانقلاب عملية التحلل الهوائية إلى عملية تحلل لا هوائية ينتج عنها الغازات السامة والروائح الكريهة مثل غاز كبريتيد الهيدروجين بالاضافة إلى سموم بعض انواع الطحالب (Toxic Cyanobacteria= blue- green algae).

ويمكن حماية المياه من مشكلة الاثراء الغذائي بالطرق التالية:

1- ترشيد استهلاك المنظفات الكيميائية الحاوية على الفسفور، ومن الجدير بالذكر ان العالم لا يزال يبحث عن مادة بديلة للفسفور ليستعملها في صناعة المنظفات الكيميائية.

2- حماية التربة من الانجراف لمنع وصولها إلى مصادر المياه السطحية مع الاسمدة الفوسفاتية.

3- معالجة المياه العادمة بالمرحلة الثالثة لازالة اكبر قدر ممكن من الفسفور الموجود في المياه العادمة المعالجة.

4- ضخ الاكسجين للمياة عند الحاجة، وخاصة في فصل الصيف، لرفع تركيز الاكسجين المذاب في المياه، ويمكن استعمال طاقة الرياح كمصدر للطاقة.

5- ازالة الرسوبيات الحاوية على المواد العضوية المستنزفة للاكسجين المذاب في المياة.

دورة الكبريت Sulphur Cycle

تكمن اهمية الكبريت في كونه عنصراً اساسياً في بناء العديد من البروتينات، ويستخدم في تنشيط بعض الانزيمات وفي تفاعلات ازالة المواد السامة في الجسم.

وفي الطبيعة يوجد على شكل كبير يتيدالهيدروجين (H_2S) والكبريت العنصري (S) والكبريتات $(SO_4)^{-2}$ ويأتي الكبريت من مصادر متعددة منها:

1. تحلل المواد العضوية في التربة بواسطة البكتيريا حيث يتكون كبريتيد الهيدروجين الذي يتأكسد لاحقا ليتحول إلى الكبريت (مثل كبريتات الامونيوم) بواسطة البكتيريا المؤكسدة للكبريت.

2. التعرية الجوية لبعض الصخور المحتوية على الكبريت.

3. البراكين حيث تنطلق غازات الكبريت من باطن الارض.

4. التلوث الصناعي، حيث تنطلق غازات الكبريت(SO_2) من المصانع ووسائل النقل والتدفئة إلى الغلاف الغازي ويسقط مع مياة الامطار على شكل قطرات من حامض الكبريتيك (H_2SO_4) المخفف، مكونا ما يسمى بالامطار الحامضية (Acidic Rains)، والتي اصبحت مشكلة بيئية في بعض المناطق حيث تؤثر على الغطاء النباتي البري، وقد تصل الامطار الحامضية إلى البرك، والبحيرات لتؤثر على حياة الاسماك والكائنات المائية.

وتبدأ دورة الكبريت (شكل 3-10) بان تأخذ المنتجات الكبريت من التربة على شكل ايونات الكبريتات $(SO_4)^{-2}$ وتستخدمة في صناعة البروتينات ومواد حيوية اخرى ومن ثم تتغذى الحيوانات على المنتجات فتستفيد من عنصر الكبريت. وعند موت الكائنات الحية يتم تحلل المواد العضوية اما هوائيا أو لاهوائيا، وفي الظروف اللاهوائية التي قد تكون ناتجة عن ظاهرة الاثراء الغذائي آنفة الذكر (في المصبات الملوثة والمستنقعات) ينتج غاز كبريتيد الهيدروجين (H_2S) الذي يلوث البيئة لاسباب اهمها التأثير السام على الكائنات الحية، والرائحة الكريهة في مياة الشرب، واحداث الاضرار بالاسمنت والمعادن واصباغ المنازل عن طريق الاكسدة.

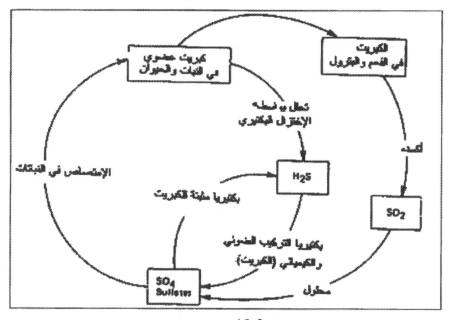

SO4

شكل (**10-3**) : دورة الكبريت

وفي الظروف الهوائية يتحلل الكبريت العضوي (في النباتات والحيوانات) إلى (H2S) حيث يتم اكسدته إلى الكبريتات (SO4)-2) بواسطة البكتيريا المؤكسدة للكبريت (Thiobacillus) لتحصل على الطاقة. ويعاد استخدام (SO4)-2) من جديد من قبل المنتجات وهكذا، وقد تعود الظروف اللاهوائية فيتم اختزال الكبريتات بواسطة البكتيريا المختزلة للكبريت (Sporovibrio) كما يلي:

$$H_2S \underset{\text{Sporovibrio لا هوائي}}{\overset{\text{Thiobacillus هوائي}}{\rightleftarrows}} SO^{-2}_4$$

وتقوم البكتيريا المؤكسدة للكبريت ايضا باكسدة الكبريت العضوي للحصول على الطاقة في عملية البناء الكيميائي (Chemoautotrophic) وينتج عن ذلك حامض الكبريتيك.

$$2S + 2H_2O + 3O_2 \xrightarrow{\text{Thiobacillus}} 2H_2SO_4$$

ويقوم حامض الكبريتيك بتفكيك الصخور واذابة وترسيب العناصر الغذائية ومن ثم توفيرها في التربة لتستفيد منها النباتات، وتعتبر البكتيريا المؤكسدة للكبريت اكثر الكائنات الحية تحملاً لدرجة الحموضة. وفي بعض الاحيان يمكن لكبريتيد الهيدروجين ان يتراكم بالهدم السريع للبروتينات، ففي البحر الاسود وتحت عمق 150 متر تكون تراكيز كبريتيد الهيدروجين وحامض الكبريتيك من الارتفاع بحيث تستبعد كل اشكال الحياة فيما عدا بكتيريا الكبريت. كما ان هناك جزء من الكبريت يحتجز في الفحم والنفط وينطلق على هيئة ثاني اكسيد الكبريت عند حرق هذه المواد.

وتستطيع بكتريا الكبريت ان تتحمل وسطا حامضيا يتراوح ما بين PH0.5-1 وبذلك تكون اكثر الكائنات الحية تحملا للوسط الحامضي، علما ان المدى الامثل لتوفير نمو ونشاط جيد لبكتيريا الكبريت هو وسط حامضي يتراوح ما بين PH 2-3، كما ان حامض الكبريتيك يلعب دوراً هاماً بتوفير العناصر الغذائية للنباتات عن طريق إذابتها مثل اذابة الفوسفات من الصخور الحاوية على معدن الابتايت (Apatite) صعبة الذوبان.

واخيرا... يمكن القول بان اهمية معرفة هذه العناصر ودوراتها في الطبيعة تؤكد العلاقة بين تفاعلاتها والعوامل الحية وغير الحية من ناحية وتبين كيفية حدوث التلوث بهذه العناصر من ناحية اخرى.

الفصل الرابع

نوعية البيئة وإدارتها

لم تظهر مشكلة التلوث على المستوى العالمي بصورة ملحة إلا في الستينات من القرن العشرين، وقد أصبحت اليوم في مقدمة المشكلات العالمية التي تهدد البشرية بالفناء فهي تؤدي إلى إفساد خصائص النظام البيئي. إذ أن تلوث المياه والهواء يؤديان إلى تلوث غذاء الإنسان مما يعني تهديداً لحياتة على هذا الكوكب.

لقد بدأت المشكلة عندما بدأ الإنسان باستغلال خامات البيئة لصالحه، وازدادت مع بداية عصر الصناعات الضخمة وتفاقمت مع الاستخدام الجائر للموارد الطبيعية.

لكن حدة مشكلة التلوث لم تظهر بشكل واضح إلا بعد الحرب العالمية الثانية، حيث بدأت المدن الصناعية الضخمة تعاني منها معاناة واضحة، ففي عام 1952 في لندن أدى تراكم الضباب الدخاني لمدة خمسة أيام إلى وفاة 4000 شخص. مما دفع الحكومة لتشكيل لجنة لدراسة تلوث الهواء، وفي عام 1956 أصدرت قانون سمي "قانون الهواء النظيف" للسيطرة على تلوث الهواء.

وفي النصف الثاني من القرن العشرين عُرف نوع جديد من التلوث هو "التلوث الضوضائي" وقد صدر أول قانون لضبط التلوث الضوضائي في بريطانيا عام 1960، وقد صدرت في بريطانيا ما بين 1972-1974م تشريعات عامة لضبط التلوث بصورة عامة، وما لبث أن صدرت تشريعات مماثلة في العديد من دول العالم وبخاصة الصناعية منها.

ويمكن اعتبار مشكلتي التلوث واستنزاف المصادر الطبيعية من أهم مشاكل البيئة الرئيسة في هذا العصر. حيث كانت النظم البيئية الطبيعية في الماضي قادرة على استيعاب الملوثات في الهواء والماء والتربة، أما في هذا العصر فقد أصبحت النظم البيئية الطبيعية ومع كل أسف غير قادرة على استيعاب الملوثات والتخلص منها، لذا وجب علينا العمل وبكل الوسائل وباتجاهين:

الأول: لتقليل مصادر التلوث، كاستخدام مصادر الطاقة الطبيعية، .... الخ.

الثاني: مساعدة النظم البيئية كزراعة الأشجار، ووقف الزحف الصحراوي، ...الخ.

يمثل الإنسان العنصر الأساسي في كل النظم البيئية، نظراً لما يتميز به من امكانات وقدرات عقلية تجعله متمكن من البيئة وموجهاً لنظمها.

فاستغلال الإنسان لثروات الطبيعية بدأ منذ أقدم العصور، وسنوياً تزداد حاجات البشرية من البترول والفحم والمعادن، ...الخ. وفي السنوات الأخيرة زادت العمليات الإنتاجية الصناعية وهذا يتطلب استخدام مصادر الطاقة كالفحم الحجري، البترول، ...الخ.

وكما نلاحظ فإن الإنسان يعمل للسيطرة على الطبيعة بشكل شبة تام، وهذه السيطرة أمنت للبشرية امكانية الاستفادة من موارد الطبيعية بشكل أكبر وأفضل، كذلك المحافظة على الطبيعية بحيث تبقى العلاقة بين الإنسان والطبيعة في صورة متطورة، تضمن عدم استنزاف المصادر الطبيعة بهدف ضمان استمرار الحياة البشرية على كوكبنا الأرضي.

إن أهم أسباب التلوث في المناطق الحضرية هو انتشار عدد هائل ومتزايد من المصانع والمنشآت الإنتاجية، وما يرافق ذلك من استخدام متزايد للفحم الحجري، البترول، ... الخ وكذلك كثرة استخدام السيارات ووسائط النقل المختلفة لذلك يوجد تفكير جدي باستخدام الطاقة الكهربائة أو الشمسية، والغاز الطبيعي كبديل لمصادر الطاقة الأخرى بهدف حماية البيئة من التلوث والتقليل من الإصابة بالأمراض كما إن التقليل من التلوث له فعلاً إيجابياً في زيادة إنتاجية الإنسان والحيوان والنبات.

نوعية البيئة Quality of Environment:

يوجد ارتباط بين مكونات النظام البيئي بعضها ببعض حسب قوانين محدودة. بحيث تحقق التوازن البيئي، وإن أي اخلال يطرأ على عنصر أو مجموعة من العناصر التي يتكون منها النظام البيئي يترتب علية ظهور مشكلات بيئية.

ويُعد الإنسان من أهم العوامل التي تؤدي إلى الاخلال بالتوازن البيئي. لذا يجب على الإنسان التغيير من أساليب استثمارة للمواد البيئية. بحيث يأخذ بعين الاعتبار الآثار البيئية لأي نشاط أو مشروع على الوسط البيئي. من خلال دراسات حول تقييم الآثار البيئية للمشروع. بواسطة فريق متكامل من الاختصاصيين يقومون بدراسة الوسط البيئي مثل البدء بعملية الاستثمار ثم تقييم آثار المشروع في الوسط البيئي.

مكونات البيئة الطبيعية هي:

أ- البيئة الجغرافية والمناخية:

ولا يُستهان بآثارها على الإنسان، فلها أثر بالغ في حياته، ومن تلك العوامل (الحر الشديد وضربة الشمس والجفاف في الصحاري والرمال والاشعاعات والثلوج والصقيع والمناخ القطبي الثلجي والأمطار والرياح والفيضانات والزلازل والعواصف والظلام والضياء والأوزون وتوفر المياه أو قلتها وغير ذلك).

فالمناخ يؤثر على الصحة، ففي بعض البلدان نجد أن العواصف الرملية تزيد من انتشار أمراض العيون.

ب- البيئة الحياتية البيولوجية:

وتشمل المملكتين الحيوانية والنباتية، وتؤثر مكونات الكائنات الحية هذه في العوامل والوسائط الناقلة للأمراض وتؤثر في الصناعة وفي إمداد الإنسان بالطعام.

ج- البيئة البشرية:

وتشمل البيئة الاجتماعية والاقتصادية، وهي المحور الأساسي للعلاقات الاجتماعية والثقافية بين الأفراد والمجتمعات. وتتضمن البيئة الاجتماعية كثافة السكان وتوزيعهم والعادات والتقاليد والأعراف والنُّظم الاجتماعية كما تتضمن النُّظم الاقتصادية والسياسية والأخلاقية والعائلية والفعاليات الاجتماعية وكل ما يتعلق بالثقافة والتربية والسلوك الصحي واتباع طرق الوقاية من الأمراض.

د- البيئة الاصطناعية :

هي تلك البيئة التي يُكيّفها الإنسان لنفسه لتأمين متطلباته الحياتية واشباع رغباته، مبتدءاً من الإنسان البدائي الذي اتخذ الكهف ملجأ له ثم احترف الزراعة، ثم انتقل إلى مجتمع الريف المتطور ثم إلى المجتمع الصناعي الحديث.

مفهوم التلوث Concept of Pollution

نتيجة الانفجار السكاني واستنزاف المصادر الطبيعية، والتضخم في الإنتاج الزراعي والصناعي وتدني مستوى التخطيط الاقليمي وعدم اتباع الطرق الملائمة والكافية في معالجة مصادر التلوث ظهرت مشكلة التلوث البيئي.

وحسب قانون البيئة الأردني لعام 1995 يعرف التلوث بأنه: وجود مادة أو مواد غريبة في أي مكون من مكونات البيئة ويجعلها غير صالحة للاستعمال أو يحد من استعمالها. إذ تعني كلمة التلوث إضافة أية مواد إلى عناصر البيئة، أو زيادة محتواها من أية مادة، أي اختلاف في تركيب البيئة الطبيعية والذي يهدد حياة الكائنات الحية من نبات وحيوان وإنسان.

فإذا اختلفت نسب غازات الجو أو جاوزت الرطوبة فيه، بزيادة تركيز بعضهما على حساب البعض الأخر سُمي ذلك تلوثاً هوائياً، وإذا تسربت الاشعاعات أو أي مصدر آخر للتلوث إلى مياه الأنهار والبحار وأصبحت تعرض الإنسان والحيوان والنبات إلى المخاطر الصحية سُمي ذلك تلوثاً مائياً. وإذا تلوثت الأرض بالنفايات والمواد الضارة سُمي ذلك بالتلوث الأرضي.

ويمكن تصنيف التلوث بطريقة أخرى إلى التلوث الحي حيث يكون التلوث بالميكروبات، والتلوث غير الحي ويكون إذا تلوثت البيئة بالمعادن أو عوادم الطاقة، أي بالمواد غير الحيه.

ج- تقسيم الملوثات

هناك العديد من المحاور التي بموجبها تقسم الملوثات مثل طبيعة الملوث (كيميائي، فيزيائي، حيوي) أو تواجده (ماء، تربة، هواء) ولكن ما نميل إليه هو تقسيمها على حسب طبيعة الملوث.

1. الملوثات الفيزيائية:

أ- التلوث بالمواد المشعة:

- الأشعة تحت الحمراء وفوق البنفسجية.
- أشعة الموجات القصيرة (الميكروويف).
- أشعة التلفزيون.
- أشعة إكس.
- الأشعة النووية.

ب- التلوث الضوضائي (المطارات- المحركات- المصانع).

ج- التلوث الحراري (محطات تحلية المياه).

2. الملوثات الكيميائية

أ. الغازات:

- أكاسيد الكربون.
- أكاسيد الكبريت.
- كبريتيد الهيدروجين.
- فلوريد الهيدروجين.
- أكاسيد النيتروجين.
- الهيدروكربونات (النفط).

ب. المعادن الثقيلة:

- الزئبق (صناعة الزئبق والمبيدات الفطرية).
- الرصاص (عوادم السيارات- الدهانات والطباعة).

- الكادميوم (التعدين - أنابيب تمديد المياه).

- وغيرها من المعادن.

ج. الجسيمات الكيميائية:

- ذرات الفحم.

- الألياف الصناعية.

د. المبيدات:

- حشرية.

- فطرية.

- عشبية.

هـ المنظفات

3. الملوثات الأحيائية:

- الفيروسات.

- البكتيريا.

- الفطريات.

- بعض الأوليات.

طرق الكشف عن الملوثات:

هناك العديد من الطرق التي يتم بها الكشف عن الملوثات، وتختلف من ملوث إلى آخر، ومن تركيز إلى آخر حسب طبيعة ونوع الملوث، إلا أنه لا بد للباحث قبل البدء في إجراء الكشف عن الملوث أن يعرف الطريقة الصحيحة لأخذ العينات حتى يتم القياس بشكل جيد وعلمي. فطريقة أخذ العينة تعتبر إحدى الركائز الأساسية التي تحدد نجاح تحقيق الهدف من التحليل إذ أن أخذ عينة تمثل حقيقة كل ما يراد تحليله تشكل أحياناً صعوبة كبيرة بسبب عدم تجانس بعض المواد بحيث يختلف تركيز بعض المكونات اختلافاً كبيراً في الأجزاء المختلفة.

س: ما هو الفرق بين الكاشف Indicator والمبيّن Monitor ؟

يدل مصطلح indicator على قدرة الكائن الحي ليدل ببساطة على وجود أو غياب أي عامل خاص بالتلوث (وجود أو غياب). أما مصطلح monitor فيدل على وجود التلوث ومقداره.

أهم طرق الكشف عن الملوثات

أ- الملوثات الإشعاعية:

- الطريقة الفوتوغرافية (تأثر الأفلام بالإشعاع).
- الطرق الفلورونسية.
- عداد جايجر.
- عداد الإيماض scintillation counter.

ب- ملوثات المياه:

- مجموعة البكتيريا المعروفة ب coliform bacteria.
- قياس تركيز المواد العضوية الكربونية.
- قياس الأكسجين الذائب في الماء.

ج- ملوثات الهواء:

- الطرق اللونية colormeter .
- طرق الامتصاص الذري أو الانبعاث الذري.
- الطرق الكروموتوجرافية الغازية.
- طرق التحليل الإشعاعي.
- طرق التألق الكيميائي chemiluminescence methods.
- طرق الترسيب precipitation methods.

أنواع التلوث Types of Pollution:

1- التلوث الهوائي.

2- التلوث المائي.

3-التلوث بالضجيج.

4- التلوث الإشعاعي.

5- التلوث الحراري.

6- التلوث بالمبيدات.

فالتلوث هو وجود أو القاء أي مادة لا تنسجم مع عناصر المحيط الحيوي مما قد يسبب حدوث تغيرات في النظام البيئي، ويؤدّي إلى ضرر أو مرض أو خلل. ومن الأمثلة على ذلك تلوث الهواء بالغازات والأبخرة الصادرة عن المصانع، والسيارات، ...الخ.

فالتلوث بمفهومه العام يعني انحراف فيزيائي أو كيميائي أو أحيائي لأجزاء المحيط الحيوي من هواء وماء وتربة بسبب تعرضها للعناصر والمركبات المختلفة والناتجة من النشاط الصناعي والزراعي والسكاني وبذلك يصبح الجزء الملّوث غير ملائم للحياة الطبيعية.

وباختصار فإن التلوث هو كل تغير ناتج عن تدخل البشر في النظم البيئية والذي يسبب ضرراً بشكل مباشر أو غير مباشر للكائنات الحية.

وللتلوث تعاريف متعدّدة من أهمها:

1- هو وضع المواد في غير أماكنها الطبيعية الاعتيادية أو أنه تلوث البيئة المقصود أو غير المقصود بالفضلات.

2- هو الموضع غير الصحيح للمواد أو أي شيء يطرح في البيئة مسبباً انحطاطاً في الخصائص البيئية.

3- تعريف هولستروبورتوز، حيث يقول أن التلوث يُعرف من خلال تعريف الملوث Pollutant، فالملوث هو مادة أو أثر يؤدي إلى تغير في معدل نمو الأنواع في البيئة يتعارض مع سلسلة الطعام، بإدخال سموم فيها، أو يتعارض مع الصحة، أو الراحة أو قيم المجتمع.

4- تعريف T. J. Mdoughin حيث يقول أن التلوث عبارة عن الفضلات التي يطرحها الإنسان إلى البيئة المحيطة به والتي تسبب أذى للإنسان وما يحيط به بشكل مباشر أو غير مباشر.

5- المادة الملّوثة هي المادة التي تغير البيئة عكسياً أما بتغير سرعة نمو بعض الأصناف الحية أو تتداخل مع سلسلة الغذاء أو أن تكون مادة سامة أو تؤثر على الصحة والراحة واللياقة،....الخ.

تعريف الملوثات Definition of pollutants:

تعرف بأنها المواد أو الميكروبات أو الطاقة التي تلحق أذى بالإنسان وتسبب له مضار صحية، أو قد تؤدي إلى موته.

والملوثات أنواع يمكن تصنيفها إلى ثلاث مجموعات:

1- ملوثات عضوية قابلة للتحلل حيث تتحلل في الطبيعة إلى موادها الأولية مثل الدهون والبروتينات والكربوهيدرات.

2- ملوثات لا يمكن للكائنات الحية في الطبيعية إن تحللها مثل المعادن الثقيلة كالرصاص، والمبيدات الحشرية، البلاستيك، وغير ذلك.

3- ملوثات فيزيائية تشمل الملوثات الإشعاعية والحرارية والضجيج.

تدخل المادة الملوثة للبيئة عن طرائق مختلفة كالمجاري أو الفضلات الأخرى، أو بسبب الحوادث والحرائق والانفجارات أو كنواتج لبعض العمليات الصناعية أو من خلال بعض الفعاليات الأخرى للإنسان وأحياناً يكون التلوث بشكل تأثيرات غير مادية مثل الطاقة والحرارة أو الاهتزاز، إذ ينطبق عليها أوصاف المادة الملوثة لكونها تؤثر على خصائص البيئة وتسبب انحطاط في خصائص البيئة.

إذ تصبح البيئة ملوثة عندما يدخل في تركيبها عنصر جديد ضار لم يكن موجوداً من قبل، أو تختل نسبة وجود أحد ا لعناصر التي تتكون منها، مثال: زيادة نسبة أكاسيد الكربون في الجو يؤدي إلى تلوث الهواء وأيضاً نقص نسبة الأكسجين في المياه هو تلوث للماء.

للتلوث مصادر عديدة وأهمها:

1- المياه العادمة من المصانع والمنازل والأرضي الزراعية.

2- دخان المصانع والغازات التي تنتج عن وسائط النقل كالسيارات،...الخ

3- تلوث مياه البحار بغرق ناقلات النفط الخام.

4- الزيادة أو الانفجار السكاني والتضخم الصناعي والزراعي.

5- عدم اتباع طرائق صحيحة لمنع التلوث.

للتلوث تأثيرات سلبية على البيئة أهمها:

1- على صحة الإنسان: مثل تأثير بعض المواد الكيميائية، والغازات السامة في الهواء أو الغذاء أو الماء.

2- على نمو النبات والحيوان والغطاء الأخضر والتربة ومصادر المياه.

3- على النواحي الجمالية للطبيعة كالدخان والأبخرة والغبار والضوضاء والفضلات الصلبة.

4- المخاطر الناجمة عن تأثيرات التلوث البعيدة المدى، والتي لا يمكن ملاحظتها بفترة زمنية بسيطة بل يمتصها الجسم الحي ويظهر أثرها بشكل تراكمي مع مرور الزمن كتأثير المواد المسرطنة والمواد المشعة، والضوضاء والمعادن الثقيلة.

إن أفضل الطرق للحد من مشكلة التلوث هي التقليل من انبعاث الملوثات من مصادرها "درهم وقاية خير من قنطار علاج".

للحد من انبعاث الملوثات المختلفة هناك عدة طرق أهمها:

1- الحد من الانفجار السكاني العالمي، والتنظيم الاستراتيجي للسكان.

2- الحد من إنتاج النفايات وإعادة الاستفادة منها وتدويرها.

3- الحد من استهلاك الطاقة والبحث عن مصادر متجددة ذات آثار بيئية أقل.

4- رفع كفاءة الأجهزة المستخدمة في إنتاج الطاقة والبحث عن وسائل حديثة للطاقة المستدامه.

التلوث بالنفايات الصلبة: Solid Waste Pollution

حيث تعاني المجتمعات المحلية، والمدنية من تفاقم مشكلة النفايات الصلبة، وتعرف هذه النفايات بأنها المخلفات التي يتركها الإنسان خلال فعالياته اليومية المختلفة من ورق وأكياس نايلون وعبوات كرتونية وزجاجية ومعدنية، إضافة إلى المخلفات الغذائية.

إن مشكلة النفايات الصلبة هي المشكلة الرئيسة التي تحظى باهتمام إدارة المجالس البلدية جميعها وخاصة في المدن وذلك بسبب ضيق رقعة الأرض، وكمية وحجم النفايات الصلبة الهائل، وتشويه جماليات البيئة، والتبعات السلبية على الصحة العامة.

وفي المناطق الريفية تمثل المخلفات الزراعية من مخلفات التربة، والمواشي والدواجن، ...الخ تلوث بيئياً يستحق الاهتمام.

إدارة النفايات الصلبة Solid Waste Management

لقد أدى ازدياد عدد السكان وارتفاع مستوى المعيشة والتقدم الصناعي والزراعي وعدم اتباع الطرق الملائمة في جمع النفايات الصلبة إلى زيادة كمية النفايات بشكل هائل وبالتالي تلوث البيئة، واستنزاف المصادر الطبيعية، وقد أصبحت اليوم إدارة النفايات الصلبة في جميع دول العالم من الأمور الهامة للمحافظة على الصحة والسلامة العامة.

النفايات الصلبة في الأردن: كانت تقع أماكن التخلص من النفايات الصلبة حتى نهاية الخمسينات أما في وسط القرية أو في مواقع بعيدة عنها ولم تُسبب هذه المواضيع مكاره صحية للأسباب التالية:

1- قلة الكثافة السكانية في ذلك الوقت.

2- قلة كمية النفايات الصلبة بسبب تدني دخل الفرد وعدم توفير الكثير من السلع.

3-ندرة المواد العضوية في النفايات والتي ينتج عن تعفنها رائحة كريهة وللحدد من مشكلة النفايات الصلبة وإدارتها السليمة لا بد من تحقيق الأهداف التالية:

أ- إعادة الاستفادة من القسم الأكبر من النفايات Recycling مثل إعادة استخدام الورق والنفايات العضوية والبلاستيك.

ب- تقليل حجم أو كمية النفايات عن طريق تصنيع السلع التي تخدم لفترة طويلة من الزمن.

جـ- سن القوانين الخاصة للحد من التلوث بالنفايات الصلبة.

د- رفع كفاءة عمليات الجمع والنقل والفرز وتخزين النفايات.

هـ- استعمال الطرق الحديثة والمناسبة في معالجة النفايات الصلبة.

وتهدف إدارة النفايات الصلبة إلى إزالة المواد المعفنة من المناطق السكنية والصناعية لمنع انتشار الأوبئة والأمراض. وتتضمن إدارة النفايات الصلبة جمع ونقل ومعالجة النفايات والتخلص منها بأعلى كفاءة وأقل تكلفة.

النفايات Wastes:

تُعرف بأنها مواد تلقيها أو تولدها الكائنات الحية في النظام البيئي الطبيعي وهذا النظام يتعامل معها على أساس أنها مصادر تستخدم بكفاءة وفاعلية ويعاد استخدامها ضمن دورة واضحة.

يتعامل النظام البيئي مع نفايات الكائنات الحية باستثناء النفايات التي يطرحها الإنسان بكفاءة عالية، أما النفايات التي يطرحها الإنسان فيجد النظام البيئي نفسه عاجزاً عن التخلص منها بسبب تراكم هذه النفايات لأنها تحتاج لفترة زمنية طويلة للتحليل إضافة إلى أن بعض هذه النفايات مواد سامة مثل المنظفات والمبيدات الحشرية حتى أن بعضها وبكميات قليلة يقضي على أعداد كبيرة من الكائنات الحية ومن هذه النفايات التي يدخل في تركيبها المواد الهيدروكربونية المكلورة مثل DDT. وتعد المواد البلاستيكية مركبات مصنعة يصعب تحليلها باستثناء أنواع قليلة منها ويعود سبب عدم قدرة الكائنات الحية على التخلص من هذه المواد البلاستيكية إلى حاجتها إلى مجموعة من الأنزيمات ولكل أنزيم عمل معين لتحطيم رابطة معينة.

إضافة إلى أن النفايات التي يلقيها الإنسان تحتوي على العناصر الثقيلة الملوثة للبيئة مثل الزئبق - الكادميوم - الرصاص التي تسمم الكائنات الحية إذا وصل تركيزها إلى نسبة معينة وترجع سُميتها إلى ارتباط هذه العناصر مع الأنزيمات وبالتالي تقلل قدرة الجسم على تكوين مركبات ناقلة للأكسجين ومركبات ضرورية للتنفس الخلوي وأخرى حيوية كثيرة.

تعريف النفايات الصلبة:

هي المواد القابلة للنقل والتي يرغب مالكها بالتخلص منها بحيث يكون جمعها ونقلها ومعالجتها من مصلحة المجتمع.

وبينت دراسات منظمة الصحة العالمية أن إنتاج النفايات الصلبة في دول العالم المختلفة يتراوح ما بين 0.4 كغم / شخص / يوم، في دول العالم الفقيرة. 2.5 كغم / شخص /يوم، في دول العالم الغنية. وتعد النفايات الصلبة من أهم الأسباب في تلوث الأراضي الطبيعية والمياه السطحية والجوفية، وهي سبب رئيسي في تكاثر الحشرات والقوارض وانتشار الأمراض في المجتمعات، وخاصة في البلدان الجافة وشبه الجافة كالأردن.

مصادر النفايات الصلبة:

تصنّف النفايات الصلبة حسب مصدرها إلى:

1- النفايات الصلبة المنزلية:

يقصد بالنفايات الصلبة المنزلية المخلفات الناجمة عن المنازل والمطاعم والفنادق وغيرها، وهذه النفايات عبارة عن مواد معروفة مثل فضلات الطعام والورق والزجاج والبلاستيك ويضاف للنفايات الصلبة المنزلية النفايات الصلبة الصناعية والتي تكون مكوناتها مشابهة لمكونات النفايات الصلبة المنزلية ويمكن جمعها ونقلها ومعالجتها مع النفايات الصلبة المنزلية دون أن تشكل خطراً على الصحة.

ويجب التخلص من النفايات الصلبة المنزلية بسرعة وذلك لوجود مواد عضوية تتعفن بسرعة وتتصاعد منها روائح كريهة وتسبب تكاثر الحشرات.

2- النفايات الصلبة الصناعية:

تتعدد الأنشطة الصناعية في الدول، وينتج عنها مخلفات وفضلات مثل النفايات الصلبة الصناعية والمياه العادمة والملوثات الغازية والملوثات الاشعاعية والحرارية والضجيج.

ويمكن للصناعة المتطورة أن تقلل من كمية النفايات الصلبة الناتجة عنها وذلك عن طريق إعادة الاستفادة بأكبر قدر ممكن من النفايات واتباع الطرق الحديثة في التصنيع مما يؤدي إلى توفير استهلاك مصادر الثروة والطاقة ورفع الجدوى الاقتصادية للصناعة وهناك العديد من الكوارث الناتجة عن عدم التخلص السليم للنفايات الصناعية وبالتالي يؤدي إلى تلوث البيئة وتعرض صحة الإنسان للخطر. وهناك عدة أسباب أدت إلى مثل هذه المشاكل:

أ- سرعة التقدم الصناعي التي لم يواكبها بنفس السرعة تطوير الطرائق السليمة للتخلص من النفايات الصناعية.

ب- قلة الوعي والمسؤولية وعدم التقيد بالتشريعات لدى بعض أصحاب الصناعة.

ج- التقدم في تقنية معالجة المياه العادمة الصناعية والغازات العادمة الصناعية وبالتالي فصل كميات كبيرة من المواد الصلبة السامة وعدم التخلص منها بعد ذلك.

د- عدم وجود تشريعات تُحمل أصحاب الصناعة مسؤولية تحمل كلفة جمع ونقل ومعالجة النفايات الصلبة.

وينتج عن بعض الصناعات مثل الصناعات الكيميائية وتصنيع المعادن ومحطات توليد الطاقة الكهربائية بالطاقة النووية نفايات صلبة خطيرة على صحة وسلامة الإنسان والبيئة. وهناك عدة تصنيفات للنفايات الصلبة الخطرة ومن أبرزها التصنيف التالي:

مواد متفجرة، مواد مساعدة على الاشتعال، مواد سريعة الاشتعال، مواد سامة، مواد حامضية وقاعدية، مواد مشعة.

وحسب هذا التصنيف تجمع وتنقل وتعالج هذه النفايات بأعلى كفاءة ممكنة مثل الحرق والتخلص من السمية والتغليف والطمر تحت ظروف وفي مواقع خاصة تتضمن عدم تسرب هذه المواد إلى عناصر البيئة.

إن مشكلة التخلص من النفايات الخطرة تعتبر من أهم المشكلات البيئية في الدول الصناعية حالياً. ويعود ذلك إلى أن العديد من الدول الصناعية أصبحت غير قادرة على التخلص من هذه النفايات بسبب الكلفة الباهظة والخطورة العالية. ومن هذا المنطلق نجد أن العديد من الدول

الصناعية على أتم الاستعداد لدفع مبالغ طائلة لدول العالم النامي التي توافق على التخلص من هذه النفايات في أراضيها "دول العالم الثالث".

وقد وقعت الحكومة الأردنية اتفاقية بازل سنة 1989 للتحكم بنقل النفايات عبر الحدود وأعلنت أن الأراضي الأردنية منطقة محظورة أمام النفايات الخطرة الأجنبية وأيضاً منطقة السواحل منطقة محظورة أمام النفايات، كما تقوم الحكومة بالتخلص من النفايات الخطرة الناتجة محلياً في عدة مناطق مخصصة لهذا الغرض.

3- النفايات الصلبة الزراعية:

تشمل النفايات الصلبة الزراعية جميع النفايات أو المخلفات الناتجة عن جميع الأنشطة الزراعية النباتية والحيوانية ونفايات المسالخ ومن أهم هذه النفايات افرازات الحيوانات >الغائط< وجيف الحيوانات وبقايا الأعلاف. ومخلفات حصاد النبات.

ولا تشكل هذه النفايات الزراعية مشكلة بيئية إذا ما اعيدت إلى دورتها الطبيعية. ويتم ذلك بالوسائل التالية:

أ- استخدام جيف الحيوانات في صناعة الأعلاف.

ب- استعمال مخلفات الحيوانات بعد معالجتها بطريقة التحليل الحيوي في تسميد التربة الزراعية نظراً لاحتوائها على تركيزات جيدة من المغذيات النباتية.

ج- استعمال بعض المخلفات النباتية في الصناعة كالمواد المتبقية بعد الحصاد والتي تحتوي نسبة عالية من مادة السليلوز وتستعمل هذه المخلفات في صناعة الورق. وفي حظائر الحيوانات، وكذلك كمصدر للطاقة عندما يتم ضغطها بأشكال وأحجام خاصة توضع بعد ذلك في المرجل لحرقها والحصول على الطاقة الحرارية.

4- النفايات الناجمة عن معالجة المياه العادمة "الحمأة":

يقصد بالحمأة المواد الصلبة العضوية وغير العضوية الممزوجة بنسبة عالية من المياه تنتج عن معالجة المياه العادمة في محطات المعالجة وتزداد أهمية الحمأة في العالم يوماً بعد يوم بسبب انتشار محطات معالجة المياه العادمة للحد من مشكلة تلوث المياه.

وفي الأردن يوجد العديد من محطات معالجة المياه العادمة المنزلية والصناعية منتشرة في معظم المناطق.

حيث جاءت بعض البعثات إلى الأردن لدراسة امكانية الاستفادة من الحمأة الناتجة عن المياه العادمة المنزلية، مثل استعمالها في زراعة الشعير والقمح واعلاف الحيوانات.

5- نفايات التعدين:

يقصد بنفايات التعدين الاتربة الناتجة عن حفريات المناجم فوق سطح الأرض أوداخلها، وتعتمد خطورتها على نوعية المواد الموجودة في هذه الاتربة، ومن الأمثلة على ذلك؛ في الأردن أتربة شركة الفوسفات في حال وجود مواد سامة في أتربة المناجم "خصوصاً في حالة عدم اتخاذ الإجراءات المناسبة لمنع انتقال المواد السامة" فإن ذلك يؤدي إلى تلوث مصادر المياه والتربة والسلاسل الغذائية.

حيث تطالب معظم دول العالم شركات التعدين بإعادة منطقة التعدين إلى وضع قريب من الوضع الذي كان سائداً قبل التعدين من حيث إعادة زراعة النباتات الطبيعية.

إن عمليات التعدين تضر في البيئة للأسباب التالية:

1- التأثير السلبي في التربة وبالتالي في الكائنات الحية النباتية والحيوانية.

2- عند تواجد التعدين تحت مستوى منسوب المياه الجوفية فإن ذلك يؤدي إلى تسرب هذه المياه وبالتالي هدرها وتدميرها.

3- في حالة تخزين الأتربة الناتجة عن عمليات التعدين بشكل غير سليم فإن ذلك يؤدي إلى المشكلات البيئة مثل:

تلوث الهواء بالأتربة والغبار، إعطاء المنطقة منظراً غير حضاري ونقل الأتربة والغبار بواسطة مياه الأمطار إلى المجاري العامة وقنوات الري والسدود مما يؤدي إلى التقليل من السعة التخزينية للسدود.

جمع النفايات الصلبة:

تعد عمليات جمع النفايات الصلبة بأنواعها المختلفة أول خطوة في إدارة النفايات الصلبة. وتعد علمية النقل والجمع مهمة للمحافظة على الصحة والسلامة العامة وتوجد عدة أساليب بجمع النفايات الصلبة وهي:

1- طريقة التفريغ المباشر: حيث يتم تفريغ الحاوية في عربة النقل.

2- طريقة تبديل الحاوية المعبأة بالنفايات بحاوية خالية.

فرز النفايات في المنزل / الأحياء أو محطة الفرز:

1. يمكن فرز النفايات لمكونات مختلفة قابلة للتدوير وإعادة الاستخدام

2. أجزاء كثيرة من النفايات تعتبر مصادر مفيدة:

- الزجاج يمكن إعادة استخدامه
- البلاستيك يمكن إعادة استخدامه
- المعادن والورق
- المواد العضوية يمكن أن تستخدم في صناعة السماد
- مخلفات البناء يمكن أن تستخدم لأغراض مفيدة

معالجة النفايات الصلبة والتخلص منها:

هناك عدة طرق لمعالجة النفايات الصلبة:

1- الطريقة العشوائية:

وفي هذه الطريقة يتم نقل النفايات الصلبة خارج حدود البلديات إلى مواضع يتم تحديدها عشوائياً وتطرح النفايات على سطح التربة ويسكب عليها في بعض الأحيان >الكاز< لحرقها. ويترتب على ذلك احتراق طبقة رقيقة جداً من النفايات أما الطبقات السفلى فلا تتأثر بعملية الحرق ومن ثم تصبح بيئات مثالية لتكاثر الحشرات والقوارض والحيوانات الضالة وللتخلص من المكاره الصحية يتم رش أماكن تجمع النفايات بالمبيدات الحشرية وبكميات هائلة مما يؤدي إلى تلوث البيئة وتكوين مناعة عند الحشرات.

2- الطمر الصحي:

كانت ولا تزال طريقة طمر النفايات تستعمل في كثير من مناطق العالم دون أخذ الاحتياطات اللازمة لحماية عناصر البيئة.

وتطبق هذه الطريقة بأسلوبين هما:

أ- طريقة الخندق: تحفر الخنادق المنفصلة عن بعضها حيث توضع فيها النفايات وترص ثم تغطى بالتراب الذي استخراج خلال عمليات الحفر. ومن ايجابيات هذه الطريقة توفر الأتربة اللازمة للتغطية.

ب- طريقة المساحة: تحفر مساحة معنية ثم تملأ بالنفايات وترص ثم تغطى في نهاية اليوم بعد الانتهاء من العمل وتتطلب هذه الطريقة مساحة أقل من طريقة الخندق للتخلص من نفس الحجم من النفايات الصلبة.

خصائص موقع الطمر الصحي:

1. يتشكل قاع المكب من طبقات غير منفذة من المواد البلاستيكية القوية أو/و التربة الطينية الغير منفذة.

2. يتم طمر النفايات ثم تغطيتها بشكل يومي بالتربة لمنع انتشارها ولتخفيف الروائح والقوارض.

3. يتم استخراج الغاز العضوي وحرقه أو الاستفادة منه.

4. يتم إدارة الموقع بطريقة صحيحة ومنتظمة.

5. يتم اختيار الموقع بدقة.

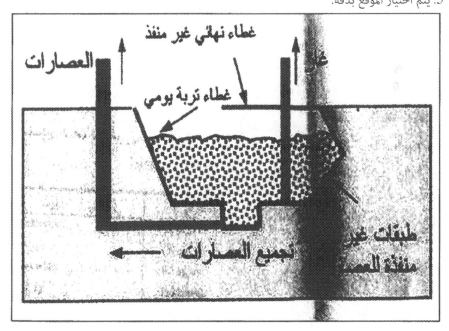

شكل (4-1): إختيار موقع الطمر الصحي

3- حرق النفايات الصلبة:

تهدف عملية حرق النفايات إلى تقليل حجم النفايات والتخلص من الأوبئة وتحاول محارق النفايات في الوقت الحاضر تحقيق بعض الأهداف مثل:

أ- تقليل حجم النفايات إلى أقل قدر ممكن عن طريق عمليات الجمع والفرز والتخزين.

ب- تقليل حجم الملوثات الهوائية إلى أقل قدر ممكن عن طريق تركيب المصافي اللازمة.

جـ- تحويل الطاقة الحرارية الكافية في النفايات إلى طاقة يستفاد منها في عدة مجالات مثل توليد الكهرباء لسد حاجة محطة الحرق وتوليد بخار الماء لتغذية شبكة التدفئة المركزية للمدينة التي تتواجد فيها محطة حرق النفايات.

جدول (4-1): الإنبعاثات الناتجة عن المحارق بدون إستخدام وبإستخدام أجهزة السيطرة

الملوث	التركيز	التركيز بوجود أجهزة سيطرة
Hydrogen chloride كلوريد الهيدروجين	75 mg/m3 (50 ppmdv)	430 ppmdv
Carbon monoxide أول أكسيد الكربون	57 mg/m3 (50 ppmdv)	150 ppmdv
ديوكسين Dioxins and furans	75 ng/m3	250 ng/m3
غبار Pirticulate matter	20 mg/m3	6,300 mg/m3
ثاني أكسيد الكبريت Sulfur dioxide	260 mg/m3	400 mg/m3
أكاسيد النيتروجين oxides of nitrogen	400 mg/m3	260 mg/m3
هيدروكربون عطري PAHs*	5 µg/m3	70 µg/m3
فينولات ثنائية مكلورة PCBs*	1 µg/m3	3 µg/m3
فينولات مكلورة Pentachlorophenol	1 µg/m3	2.7 µg/m3
رصاص Lead	50 µg/m3	34,000 µg/m3
كادميوم Cadmium	100 µg/m3	1,500 µg/m3
زئبق Mercury	200 µg/m3	320 µg/m3
زرنيخ Aresenic	1 µg/m3	130 µg/m3
كروم Chromium	10 µg/m3	2,000 µg/m3

* PAHs = Polyaromatic Hydrocarbons

** PCBs = Polychlorinated biphenyls

4- إعادة الاستفادة من النفايات:

غالباً ما تقوم المصانع بالتخلص من جميع المواد الناتجة عن عملية التصنيع إلا أنه وجد أن بعض النفايات الصناعية يمكن الاستفادة منها في صناعات أخرى.

لذا انشأت الدول الصناعية أسواقاً تدعى أسواق النفايات لنجاح فكرة تصريف وإعادة استعمال قسم لا بأس به من النفايات الصناعية وتتلخص هذه العملية بأن تقوم المصانع بتزويد سوق النفايات بالمعلومات عن نوعية وكمية المواد المراد التخلص منها ومن ثم تقوم السوق بنشر هذه المعلومات في المحلات المختصة وبارسال دوريات على المصانع التي يمكن أن تستفيد من هذه المواد.

وهناك عدة فوائد بيئية واقتصادية ناتجة عن إعادة استعمال النفايات مثل الحد من استهلاك الطاقة وتقليل كمية النفايات والحد من التلوث البيئي وأخطاره.

أهم مشكلات التعامل مع المخلفات الصلبة:

1- إن الاثار الحيوية والطبيعية والكيميائية للمخلفات الصلبة تؤدي إلى أخطار صحية بالغة، حيث أن ما يتم جمعة هو 50% من هذه المخلفات، بينما يظل الباقي في الشوارع، ... الخ.

2- يوجد ارتباط بين الأمراض المعدية وتراكم المخلفات الصلبة، حيث تنتشر هذه الأمراض بواسطة الحشرات والقوارض، ... الخ. فالمؤشرات الصحية تفرض وبشدة وجوب التدخل لحماية الصحة العامة والبيئة من جميع أسباب التلوث، بما فيها جمع المخلفات الصلبة والتخلص منها.

3- إن أسباب إهمال جمع المخلفات الصلبة والتخلص منها سببه الرئيسي قصور الاعتمادات المالية، ونقص العمالة المدربة، والإدارة الفاهمة الحازمة، وشيوع المسؤولية بين جهات متعددة، وعدم وجود مقالب صحية تدار بطريقة سليمة. وفيما يأتي الشروط الواجب توافرها في المقالب الصحية:

أ- أن يكون المقلب على بعد لا يقل عن كيلو متراً واحد من أقرب منطقة سكنية، إذا كانت تحت الريح، أو مسافة أكبر إذا كانت فوق الريح.

ب- أن يتم عزل المخلفات الصلبة في المقلب عن الجو بشكل دائم وذلك بتغطيتها يومياً بطبقة من الأتربة أو الرغويات.

ج- أن يكون المقلب تحت الرقابة الصحية، لمنع تكاثر الحشرات والقوارض، وأن يجهز المقلب بوسائل الإطفاء المناسبة، لمواجهة الحرائق التي قد تحدث.

د- ضرورة التعامل وبأسلوب خاص مع المخلفات الخطرة، والتي يجب معالجتها والتخلص منها منفصلة، لتأثيرها الضار على الإنسان والبيئة، مثل مخلفات المستشفيات، والمذيبات ومستخلصات الزيوت المعدنية، والمواد غير العضوية كالأحماض والقلويات وحسب المواصفات العالمية المعتمدة.

أهم المشكلات الاقتصادية الناتجة عن التعامل مع المخلفات الصلبة:

1- يوجد معوقات لتسويق منتجات عمليات إعادة التدوير.

2- عدم المشاركة الشعبية في عمليات تصنيف النفايات المنزلية.

3- المخاطر المحتملة لبعض أنواع المخلفات الصلبة المنزلية، التي لا تلقى الاهتمام والوعي الكافي من السكان.

4- الاهتمام المتزايد بمخلفات القطاعات الإنتاجية الشديدة الخطورة.

جدول رقم (4-2): خصائص النفايات الصلبة في الأردن [1]

الرقم	مكونات النفايات الصلبة	النسبة %
1	المواد العضوية (خضراوات ومواد قابلة للتحلل).	71.5
2	الورق والكرتون	15.2
3	مواد بلاستيكية	2.4
4	مواد معدنية	2.1
5	مواد زجاجية	1.95
6	مواد أخرى	6.85
0	المجموع	100%

(1) المؤسسة العامة لحماية البيئة / عمان، الأردن.

إعادة تدوير النفايات Recycling:

أن إعادة استخدام مكونات المخلفات الصلبة في مختلف مراحل التعامل مع النفايات قد بدأ في عدد من الصناعات مثل الورق والكرتون والبلاستيك وعبوات الألمونيوم والزجاج والحديد والنحاس، وقد قامت العديد من الجهات المسؤولة والجامعات الأردنية بتوزيع الحاويات لتجميع الورق والكرتون لإعادة استخدامه.

كما أن إعادة تدوير المواد العضوية وهي ذات النسب الأعلى من مكونات النفايات الصلبة لتحويلها إلى سماد عضوي "ذبال" الذي يساهم بالإضافة إلى كونه سماد نباتي عضوي في تحسين خواص التربة.

حيث يجري فرز النفايات من مصادرها ليجري معالجتها بالأسلوب الأمثل، مما يعني توفير المواد الأولية بأقل التكاليف.

إن أفضل معالجة لكافة النفايات لابد وأن تعتمد على معرفة دقيقة بمكونات هذه النفايات. ولابد أن تخضع إلى معايير يجب مراعاتها في اختيار انسب طرق المعالجة للنفايات- الصلبة، ومن أهم هذه المعايير:

1- صلاحية التكنولوجيا في التعامل مع المخلفات الصلبة ويرتبط ذلك بنوعية وكمية الفضلات .

2- الاعتبارات البيئية فيما يتعلق بتخفيض حدة التلوث واختيار المواقع المناسبة.

3- المردود الاقتصادي بحيث أن اعتماد الأسلوب لا يحقق خسارة كبيرة.

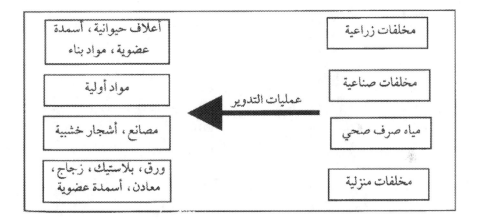

شكل (4-2): عمليات التدوير في البيئة

شكل (3-4) الدليل اللوني لأوعية النفايات

الرقم	نوع النفايات	اللون	نوع الوعاء
1	شديدة العدوى	أحمر	كيس/ عبوة بلاستيك
2	المعدية – الحادة – أجزاء الجسم	أصفر	كيس/ عبوة بلاستيك
3	الكيماوية	بني	كيس/ عبوة بلاستيك
4	العلاج الكيماوي	أزرق	كيس/ عبوة بلاستيك
5	نفايات طبية غير خطرة	أسود	كيس/ عبوة بلاستيك
6	المشعة	المصارف الخاصة وفقا لتعليمات وزارة الصحة	

أهم الطرق والأساليب المستخدمة في المعالجة :

أولاً: إعادة تدوير النفايات العضوية

إن عملية الكمر تعد من أقدم الطرق المعروفة، حيث تترك المخلفات لإعادة الاستخدام، بشكل مكمورة لمدة لا تقل عن 15 يوم على درجة °55م. فللتخمر اللاهوائي ميزة خاصة، وذلك أنه بالإضافة إلى الحصول على سماد متخمر جاهز للاستعمال، فإنه يتم توليد كميات جيدة من الطاقة بحرق غاز الميثان، وهذه طريقة اقتصادية، سليمة للبيئة، مع إنتاج طاقة وسماد للتربة.

ثانياً: إعادة تدوير المخلفات الصلبة (طريقة أورفا)

طريقة أورفا العلمية لإنتاج الأسمدة العضوية، والمواد غير العضوية، تعمل بأحدث التقنيات، ولها كفاءة عالية في الاستفادة من الألياف العضوية كمواد أساسية لصناعة السماد العضوي أو طوب البناء، والاستفادة من المواد غير العضوية كمواد أساسية لصناعة طوب البناء، ثم يجري نقل مخلفات الألياف والقمامة الزائدة عن حاجة التصنيع إلى مقلب صحي، لاستخراج غاز الميثان، ومن سلبيات هذه الطريقة التكاليف العالية.

خطوات طريقة أورفا لإعادة تدوير المخلفات الصلبة:

أ- بعد وصول الشاحنات من محطات التجميع، يجري تفريغ للقمامة من الحاويات في حوض أو خندق، ثم تنقل القمامة بواسطة سير جلد (حزام)، حيث يقوم العمال بفصل (فرز) القماش، البلاستيك، الزجاج، المعادن، الورق، ... الخ.

ب- تنتقل المخلفات الصلبة بواسطة ونش متحرك إلى المفارم، لتقطيعها إلى قطع صغيرة، تنقل إلى سير مغناطيسي كهربائي، لفصل المعادن التي تنقل بواسطة حزام آلي متحرك إلى مكبس للبالات، وتفصل المواد الخفيفة كالورق والكرتون...الخ بطريقة آلية.

ج- تغذي المواد الثقيلة في طاحونة مطرقية، بينما تمر المواد الخفيفة خلال طاحونة قاطعة، لتقطيعها إلى الأحجام المطلوبة، ثم تجمع المواد الثقيلة والخفيفة في مجفف خاص للتجفيف والتعقيم، والتجفيف بواسطة غرف احتراق داخلي، تعمل بالوقود.

د- تواجه نواتج التجفيف كالأبخرة والغازات والروائح بواسطة هوايات (طروح) آلية، لتنظيف الهواء والغازات، ليتم حرق النواتج في درجة 650-750 ^{0}م، ثم يطرد الهواء النظيف بواسطة مبادل حراري.

هـ- تصبح المواد الجافة ثابتة تكنولوجياً بعد تدوير الدهون والأحماض، ...الخ لتنقل بعدها المواد الجافة إلى وحدة الفصل الثلاثية لتدرج آلياً إلى خشن ومتوسط وناعم، لتغذي الأجزاء الثلاثة وحدة الفصل المتعرجة، حيث يتم فصلها إلى ألياف عضوية، وحبيبات غير عضوية، تدفع كل منها إلى صوامع للتخزين، حيث يعاد استخدام الحبيبات غير العضوية في صناعة الطوب.

و- يصنع من الألياف العضوية العديد من المنتجات. كالأسمدة العضوية، مواسير للري، أقراص وقود، خشب حُبيبي قابل للتشكيل، ... الخ.

جدول (4-4): الملوثات الموجودة في الرماد المتبقي والمتطاير الناتج عن حرق نفايات المدن

المركب	مدى التركيز	
	الرماد المتبقي	الرماد المتطاير
مركبات عضوية Organic -		
ديوكسين Dioxins	ND-0.16 ng/g	0.7-1,040 ng/g
فيوران Furans	ND	1.4-373 ng/g
هيدروكربون عطري PAHs	0.23-968 ng/g	18-5,640 ng/g
مركبات غير عضوية Inorganic -		
كادميوم Cadmium	ND - 18 µg/g	23-1,080 µg/g
كروم Chromium	984 - 3,170 µg/g	86-1,070 µg/g
رصاص Lead	1,000-9,900 µg/g	1.400-26,000 µg/g
زئبق Mercury	2.1-3.4 µg/g	8.0-54 µg/g
خارصين Zinc	1,300-5,210 µg/g	4,700-70,000 µg/g

أجزاء بالمليون بالحجم الجاف Note: ppmdv = parts per million dry volume

غير مكتشف ND: not detected

ثالثاً: إعادة تدوير مواد البناء

إن مخلفات البناء تمثل جزءاً رئيساً من مخلفات القطاعات الإنتاجية، ومن خلال فصل الطبقات المتعددة كالأخشاب، المواد العازلة، الحجارة .. الخ يمكن الانتفاع منها بشكل أفضل، دون دفن المواد المتبقية في المقالب الصحية.

النفايات الخطرة في الأردن:

نظراً لنمو الحركة الصناعية والزراعية والطبية في المملكة، وتزايد أعداد المنشآت الحيوية في العقود الأخيرة، نتج عن ذلك كله أنواع مختلفة من المخلفات الخطرة، وبعض هذه المنشآت لم تكن لها القدرة على معالجة أو تخزين كميات كبيرة من هذه النفايات حيث أصبح بعضها يلقي بمخلفاته الخطرة والسامة بشتى أنواعها في مكاب النفايات المنزلية أو تصريفها في شبكات الصرف

الصحي أو أماكن أخرى مجهولة، وبالتأكيد مثل هذه الممارسات تشكل تهديداً واضحاً على البيئة بكافة عناصرها وعلى الصحة العامة، كل ذلك دعا حكومة المملكة الأردنية الهاشمية إلى التوقيع على اتفاقية (بازل) الخاصة بالتحكم بنقل النفايات الضارة والخطرة عبر الحدود وإدارتها عام 1989م. حيث قامت الحكومة بإعلان أراضي المملكة محضورة لدخول أي نفايات بموجب قرار دولة رئيس الوزراء عام 1990، وتم ابلاغ الأمانة العامة لاتفاقية بازل بذلك لابلاغ أطراف الاتفاقية.

أصناف النفايات الخطرة في الأردن:

1- مخلفات المياه ومزائج ملوثة بزيوت عادمة على شكل مستحلبات ورواسب.

2- مخلفات مهلجنة مثل مركبات ثنائي البنزين.

3- مخلفات المحاليل والمذيبات.

4- مخلفات كيماوية عضوية مثل دهانات، متبقيات المذيبات العضوية.

5-مخلفات تحوي مركبات زئبقية.

6- مخلفات المبيدات والكيماويات الزراعية.

7- مخلفات كيماوية غير عضوية تحوي معادن ثقيلة.

8- النفايات الكيماوية الأخرى ومخلفات الأدوية المنتهية الصلاحية والمستلزمات التالفة.

9- النفايات المشعة مثل مخلفات النظائر المشعة التالفة والمنتهية الصلاحية.

لذا جرى اختيار موقع لانشاء مكب لمعالجة النفايات الخطرة والسامة في الأردن بعد اجراء دراسة متخصصة حيث أن هذا الموقع مخصص لاستقبال وإدارة النفايات الصناعية الخطرة عن طريق:

1- استخدام طرق المعالجة لتقليل مخاطر النفايات وبالتالي تقليل خطورتها على البيئة، ومن هذه الأساليب: المعالجة الكيميائية أو الفيزيائة أو الحرارية أو البيولوجية.

2- التخلص من مخلفات المعالجة أو المواد التي لا يمكن معالجتها بأسلوب طمر صحيح بحيث يؤثر على الطبقات الجيولوجية للتربة.

الأساليب الواجب اتباعها للتحكم بتوليد النفايات الخطرة:

1- محاولة تقليل حجم النفايات المتولدة في المنزل والمدرسة من خلال إعادة استخدام ما يمكن الاستفادة منه من ورق وكرتون، بلاستيك، زجاج، ألمنيوم.

2- فصل النفايات العضوية، النفايات الزراعية والحدائق.

3- فصل النفايات الخطرة، مثل بقايا الأدوية، ومخلفات العبوات الكيميائية.

بعض التعاريف الهامة

1- النفايات الخطرة Hazardous: هي أي مواد لا يمكن التخلص منها في مواقع طرح النفايات العامة أو شبكات الصرف الصحي وذلك بسبب خواصها الخطرة وآثارها الضارة بالبيئة وبسلامة الكائنات الحية، وتحتاج إلى وسائل خاصة للتعامل معها والتخلص منها.

2- المواد الضارة Harmful: هي أي مادة سواء كانت بسيطة أو مركبة أو نفايات أي منها سواء كانت طبيعية أو مصنعة والتي تشكل ضرراً على البيئة أو أي من عناصرها أو على سلامة الكائنات الحية.

3- المواد المحظورة Banned: هي أي مادة بسيطة أو مركبة يتم حظرها بموجب التشريعات النافذة المفعول أو بمقتضى الاتفاقيات الدولية والاقليمية التي تكون الدولة طرفاً فيها وذلك بسبب آثارها السلبية على الصحة العامة أو عناصر البيئة.

4- المواد المقيدة Restricted: هي المواد المقيد استعمالها لأسباب صحية أو بيئية إلا ما يصرح باستخدامه في أغراض محددة.

5- النفايات الطبية Medical: هي النفايات التي تحتوي كلياً أو جزئياً على أنسجة الجسم، دم، أو أي سائل جسم أخر، عقاقير أو أية مواد صيدلانيه مثل مواد العناية بالجروح أو أية نفايات ناتجة عن أية مؤسسه طبية تعنى بالأبحاث والدراسات الطبية، والتي تشكل خطورة في حال التعرض لها بالإصابة بأمراض مختلفة.

6- النفايات المشعة Radioactive: هي تلك النفايات الناتجة عن عمليات التصوير الإشعاعي والمعالجة السينية لمرضى السرطان أو مواد مشعة غير مستخدمة إما لانخفاض فعاليتها أو لأسباب أخرى تنتج عن استخدامات المواد النووية في مراكز البحث العلمي أو أي مواد تتلوث بوجودها.

مياه الشرب Drinking Water:

المياه الصالحة للشرب المستخدمة للاستعمالات المنزلية والصناعات الغذائية والثلج، ويشترط خلوها من بكتيريا القولون المقاومة للحرارة ومن الجراثيم والفيروسات المعوية الممرضة وأن تخلو من جميع أطوار الحيوانات الأولية الممرضة ومن جميع أطوار الديدان المعوية الممرضة، ومن الكائنات الحية الطليقة ومن الفطريات.

وإن تكون ذات طعم مستساغ لمعظم الناس، ورائحة مقبولة لمعظم الناس، ولون طبيعي غير عكر.

جدول (5-4): الخواص التي لها تأثير على مدى استساغة مياه الشرب

الرقم	الخاصية	الرمز	الحد الأقصى المسموح به* مغ / لتر	الحد المسموح به* مغ/ لتر
1-	الرقم الهيدروجيني	pH	6.5 - 5 (وحدة)	
2-	المواد الصلبة الذائبة الكلية	T. D. S.	500	1500
3-	العسر الكلي	T. H	100	500
4-	المنظفات الكيمياوية**	L. A. S (MBAS)	0.2	0.5
5-	الأمونيوم**	NH_4	0.5	-
6-	الألمنيوم	Al	0.1	0.2
7-	المنغنيز	Mn	0.1	0.5
8-	الحديد	Fe	0.3	1
9-	النحاس	Cu	1	1.5
10-	الخارصين	Zn	3	5
11-	الصوديوم	Na	200	400
12-	الكلورايد	Cl	200	500
13-	الكبريتات	SO_4	200	500

* في حالة عدم وجود مورد أفضل.

** يعتبر مؤشر تلوث.

جدول (6-4): حدود تراكيز المواد الكيميائية التي لها تأثير على صحة الإنسان

اسم المادة الكيميائية	الرمز	الحد الأقصى مغ / لتر
الزرنيخ	As	0.01
الباريوم	Ba	0.7
الرصاص	Pb	0.01
السيلينيوم	Se	0.01
البورون	B	0.3
الكادميوم	Cd	0.003
الكروم	Cr	0.05
السيانيد	CN	0.07
الزئبق	Hg	0.002
الفضة	Ag	0.1
النيكل	Ni	0.02
الأنتيمون	Sb	0.005
الفلورايد	F	1.5
النيترايت	NO_2	2
النيترات	NO_3	*50
مجموع هالوجينات الميثان	*** TTHM	150 ميكرو غرام/ لتر **

* في حالة عدم وجود مورد أفضل يسمح بحد أقصى 70 مغ / لتر.

** الحد الأقصى للتراكيز في نهاية شبكة التوزيع.

*** تشمل المركبات التالية: كلوروفورم، بروموفورم، بروموداي كلوروميثان، داي بروموكلورميثان.

المواد المشعة Radioactive Materials:

يجب أن لا تزيد المواد المشعة في المياه على الحدود الموضحة في الجدول (4-7).

جدول (4-7) : حدود المواد المشعة

اسم المادة	الحد الأقصى
مشعات ألفا	0.1 بيكوريل*/لتر
مشعات بيتا	1 بيكوريل/لتر

الملوثات العضوية Organic Pollutants:

يجب أن لا تزيد نسبة الملوثات العضوية في مياه الشرب على الحدود المبينة في الجدول (4-8).

جدول (4-8): حدود الملوثات العضوية في مياه الشرب

اسم المادة	الحد الأقصى المسموح به** (مغ/لتر)
باراثيون	0.035
أندرين	0.0002
لندين	0.004
ميثوكسي كلور	0.1
توكسافين	0.005
الملاثيون	0.19
برمثرين	0.002
دايمثيويت	0.02
ديازينون	0.02
هكساكلورو سايكلوهكسان BHC	0.04
المواد العضوية الكلوروفينوكسية	
2,4 - D	0.1
2,4,5 - TP	0.01

* على أن لا يزيد المجموع الكلي للمبيدات عن **0.1** مغ/لتر

يجب أن لا تزيد نسبة الملوثات العضوية الأخرى غير المذكورة في جدول (8-4) عن الحدود المسموح بها المعتمدة من قبل منظمة الصحة العالمية.

بعض التشريعات الأردنية المتعلقة بحماية مصادر المياه من التلوث:

إن أعلى عقوبة نصت عليها المادة 458 تصل إلى ثلاث سنوات وغرامه لا تزيد على خمسين ديناراً لمن أقدم على تلويث نبع أو ماء يشرب منه الغير.

أما المادة 457 والتي عاقبت بالحبس لمدة سنة وغرامة لا تزيد عن عشرين ديناراً فكانت لمن سكب أو رمى في المياه العمومية سوائل مواد ضارة بالصحة أو الراحة العامة أو مانعة من حسن الانتفاع بهذه المياه.

إنّ الغرامات الواردة في هذه المواد غرامات زهيدة جداً بالإضافة إلى تدني وتلاشي قيمتها بفعل التغييرات الاقتصادية والمالية ونسب التضخم، حتى أن هذه الغرامات تكون في كثير من الأحيان أرخص على أصحاب المصانع (الذين يلقون موادهم الضارة بالصحة العامة والمانعة لحسن الانتفاع بهذه المياه) من تكلفة نقل هذه المواد الضارة أو التخلص منها بالطرق السليمة.

أما عقوبة السجن فكان من الممكن أن تكون رادعه لو طبقت في أي فقرة من الفقرات السابقة على من تنطبق عليهم هذه المادة.

بعض الاحصاءات المتعلقة بالمياه

إن خمس منسوب الأنهار التي تحمل كل سنة 40 ألف كلم^3 من المياه العذبة إلى المحيطات والبحار فإنها بالكاد تكفي لسد حاجات سكان الأرض.

98%من المياه الأرضية مالحة، أي أن % 2 من المياه حلوه منها 29 مليون كلم^3 يتألف منها الجليد القطبي، مع استحالة الوصول إليه، فالذي يبقي في متناول اليد مياه الأنهار والبحيرات (350 ألف كلم^3)، والمياه الجوفية (4 ملايين كلم^3) علماً بأن التجديد الطبيعي لها محدود، ومن الأمطار (13 ألف كلم^3).

وبالنسبة للاستخدام السيء (التبذير) للمياه وخاصة في المنازل: 1% مياه الشرب، 3% للطبخ، 13% لغسيل الثياب، 13% لجلي الأواني، 30% للمراحيض، وللحمام التواليت، 40% أضف إلى ذلك ري الحدائق المنزلية، وغسيل السيارات.

يحصل الناس على الماء عادة من المصادر التالية:

1- بركة.

2- نهر.

3- ينبوع.

4- بئر أو مضخة تسحب المياه الجوفية.

5- مستودع (ماء مطر).

وقد يكون الأسلوب الذي يتبعه الناس للحصول على الماء هو رفعة من المصدر مباشرة، أو قد يأتي الماء خلال المواسير إلى صنبور عام أو ماسورة عامة قائمة في القرية أو إلى توصيلات منزلية مستقلة.

الماء المستمد من بركة:

إذا لم يوجد مكان آخر للحصول على الماء يجب أن يرفع الناس الماء من النهر قبل وصوله إلى القرية ويغلونه أو يرشحونه أو يطهرونه قبل شربه، ويجب ألا يستحموا في النهر أو يغسلوا ملابسهم فيه إلا حيثما يغادر القرية، وألا يدعوا الحيوانات تشرب الماء من مكان أبعد في مجرى النهر.

الماء المستمد من الينبوع:

إن ماء الينابيع نظيف عادة، ولكن هذا ليس صحيحاً إلا إذا توفرت للينبوع الحماية المناسبة.

وتتم الحماية المناسبة للينبوع عندما يوجد ما يلي:

1- سور يحيط بالينبوع من جميع الجهات وبوابة مغلقة دائماً ولا تفتح إلا عندما يريد شخص الحصول على الماء.

2- مصرف يحيط بالينبوع لتصريف الماء.

3- جدار من الحجر المثبت بالأسمنت بارتفاع نصف المتر حول الينبوع.

4- ماسورة نافذة من هذا الجدار، ويؤخذ الماء من هذه الماسورة.

5- غطاء فوق الينبوع لمنع الحيوانات والطيور والحشرات والأقذار.

الماء المستمد من بئر: إن ماء البئر نظيف عادة، ولكن هذا لا يكون صحيحاً إلا إذا توفرت للبئر الحماية المناسبة. تتوفر للبئر الحماية المناسبة إذا تحقق ما يلي:

1- أن يكون البئر على بعد 20 متراً على الأقل عن أي مرحاض أو كومة نفايات، وفي مكان مرتفع عنهما.

2- أن يكون عمقها 3 أمتار على الأقل.

3- أن تكون مبطنة من الداخل بالأحجار المثبتة.

4- أن يوجد جدار حجري حول البئر بارتفاع لا يقل عن نصف المتر.

5- أن يكون للبئر غطاء متحرك ومضخة يدوية إن أمكن، أو وسيلة بسيطة أخرى لرفع الماء.

6- أن يوجد مصرف لتصريف ماء المطر.

7- ألا يدع الناس الأقذار تسقط في البئر وألا يغتسلوا فيها.

8- أن يمكن لأي ماء ينسكب أن يصرف بعيداً عن البئر.

يكون الماء المستودع المطري نظيفاً إذا تحقق ما يأتي:

1- أن يدخل الماء المستودع خلال مرشح لمنع أوراق الشجر والأقذار والحشرات من دخول المستودع.

2- أن يُغطي المستودع لتجنب الأقذار والحشرات.

3- أن يُغطي المستودع وينظف عند بدء موسم الأمطار.

4- أن يؤخذ الماء من المستودع أما عن طريق صنبور وإما بواسطة مضخة يدوية.

ينقل الناس الماء من البئر أو الينبوع في وعاء ويخزنونه في المنزل ويمكن أن يبقى الماء نظيفاً إذا روعي في الوعاء ما يلي:

1- المحافظة على نظافته.

2- تنظيفه وشطفه قبل ملئه.

3- استخدامه للماء النظيف فقط.

4- بقاؤه مغطى بغطاء أو بقطعة من القماش النظيف.

5- يمنع وضع الأيدي أو الكؤوس أو المغارف القذرة في الماء، وتستخدم كأس بيد طويلة لأخذ الماء من الوعاء.

ترشيح الماء: إن ترشيح الماء لا يطهره، كما يفعل الغليان، ولكنه طريقة بسيطة لإزالة بعض الجراثيم المسببة للمرض وبعض الديدان فالترشيح يجعل الماء أقل خطراً.

كلورة الماء: يمكن تنقية الماء وجعله مأموناً للشرب بإضافة مطهر، كالكلور إليه.

مصادر المياه في الأردن.

(1) مصادر المياه السطحية: يبلغ المجموع الكلي لمصادر المياه السطحية المتوفرة في الأردن 600 مليون متر مكعب، منها (404) مليون متر مكعب من أراضي المملكة (فيضانات، تصريف أساسي وينابيع، ومياه الصرف الصحي المعالجة) و (96) مليون متر مكعب من خارج الأراضي الأردنية وهي المياه القادمة من سوريا والمحوله من نهر اليرموك إلى قناه الملك عبد الله.

(2) مصادر المياه الجوفية: تعتبر المياه الجوفية المصدر الرئيسي للمياه في الأردن وخاصة لاستخدامات مياه الشرب ويبلغ مجموع المياه الجوفية (407) مليون متر مكعب وهي نوعان:

أ- مياه جوفية متجددة: مثل آبار الأزرق وعمان والزرقاء وعوجان والرصيفة وتبلغ كميتها السنوية (264) مليون متر مكعب مياه جوفية متاحة للاستخدام.

ب-مياه جوفية غير متجددة:- تعتبر بحوالي (143) مليون متر مكعب. منها 125 مليون متر مكعب في حوض الديسي و18 مليون متر مكعب في حوض الجفر. أما مياه الصرف الصحي المعالجة: وهي المياه المكررة الناتجة عن محطات التنقية وتستخدم لأغراض الري فقط (تقع كميتها ضمن المياه السطحية).

إن استنزاف المياه، الاستهلاك الزائد عن الحد، يستمر في إحداث ضرر حاد لمواطن الحيوانات والنباتات والبيئة التحتية والأنظمة البيئية، كما أن تلويث المياه السطحية والجوفية بالمخصبات الزراعية كثيراً ما يحولها إلى مصادر عديمة الجدوى. وهذا كله سيؤثر على صحة الإنسان ويحدث عجز في الثروة الحيوانية والنباتية. وستعطل الأنظمة البيئية بكاملها، وانخفاضاً حاداً في التنوع الحيوي وهذا كله يتطلب زيادة الاهتمام بمشاريع تخفيف تلوث المياه. لهذا كله ولغيره من الأسباب يجب أن تتم إدارة الأنظمة البيئية (الغابات، الأنهار، الأراضي، البحيرات، ... الخ) بهدف حفظ قدرة الأنظمة البيئية على الاستمرار في امداد الجنس البشري بالسلع والخدمات، إذ يجب أن يتعلم الناس طرائق الاهتمام بمصادر المياه، بحيث تركز إدارات المياه على تأمين

احتياجات القطاعات المختلفة من المياه مع حفظ وصون المصادر الطبيعية، وتوزيع مصادر المياه بشكل أكثر عدالة مما يقلل النزاعات. إذا أنه يجب تفضيل الأسباب طويلة الأجل على المنافع قصيرة الأجل. والاعتماد على الامكانيات المحلية والتكيف وفقاً للظروف المحلية، كي نضمن الامداد بالسلع والخدمات التي توفرها المياه والأنظمة البيئية المرتبطة بها.

إن الاتحاد الدولي لحماية الطبيعة IUCN يناشد صانعي القرار بالعمل على تطوير استراتيجية للتغير والبدء بانجاز كل ما هو ضروري لإحداث التغير وفق الأولويات الآتية:

1- العناية بحماية وإصلاح مياه الشرب والأنظمة البيئية المرتبطة بها.

2- تخطيط وإدارة جميع الأراضي واستعمالات المياه داخل أحواض الأنهار للمحافظة على النظام البيئي السائد.

3- مساعدة الجماعات المحلية على تطوير آلية لاستعمالات المياه بشكل مسؤول وعادل لجميع مكونات النظام البيئي.

4- خلق إرادة سياسية، لبناء التعاون الناجح على حماية واستعمال المياه والأنظمة المرتبطة بها على أساس من المشاركة لتجنب النزاعات والحروب المدمرة.

5- نشر الوعي بالحاجة إلى حماية النظام البيئي والاستعمال الأمثل للماء والمصادر الطبيعية من خلال الحفز على التغير في السلوك والتدريب والتثقيف المبرمج.

6- تطوير وحفظ وتبادل المعرفة والمعلومات حول الدور الذي تلعبه المياه النقية غير الملوثة بالمحافظة على النظام البيئي، لذلك كله لابد من حماية مصادر المياه من التلوث وتوفير بيئة صحية وإدارتها بشكل سليم ومستدام.

تواجه الأنواع في العالم أزمة لم يسبق لها مثيل، إن السرعة التي تفقد فيها تُنذر بالخطر، والانقراض يبدو أيضاً في ازدياد، على أن شدة التهديد تختلف من مكان لآخر ولعل أهم الأسباب هي التلوث، حوادث الطقس الاستثنائية، والأمراض، تضاؤل الصحة الوراثية، وتضاؤل النجاح في التناسل، التغيرات التي يقوم بها الإنسان على نطاق واسع على سطح الأرض، تزايد الطلب على المصادر الطبيعية مما سبب دمار مواطن الأنواع الحيواني والنباتي، كذلك التغير المناخي، الفقر، الحرائق، الرعي الجائر... إلخ.

هناك جهود لصون الأنواع وحققت بعض النجاحات، وتُستعاد الأنواع ببطء، من خلال برامج منظمة بعناية ومن خلال الإنتاج المستدام ويعاد التوطين لبعض الأنواع مثل المها العربي في الأردن، وهناك محاولات قليلة لمواجهة القوى الأساسية المؤثرة في فقدان الأنواع.

وعلينا أن نتعاون في إيجاد وتوثيق ودعم رسالة الاتحاد الدولي لحماية الطبيعية ذات النقاط الآتية:

1- يمكن للشعوب أن توجه اهتمامها إلى انقراض الأنواع.

2- حماية الطبيعة واجب مستمر والمشاريع المؤقتة غير كافية.

3- لحفظ الطبيعة من التلوث يجب أن تكون الاقتصاديات أداة لهذا الحفظ وليست سيداً مسيطراً.

4- الاتجاه السائد في حقل نشاط البيئة بحاجة لأن يستبدل نوع المشاريع التي تعتمد على المنح.

5- الرقابة العالمية على الأرض تتطلب إدارة النظام البيئي. إذ أننا لا نملك إلا كوكباً واحداً، وهبة بيئية واحدة.

ترشيد استهلاك المياه في الأردن:

ترشيد استهلاك المياه يعني تقليل كمية المياه اللازمة ولكن ليس على حساب الحاجات الصحية والبيئية للناس لقد كان ينظر إلى ترشيد استهلاك المياه في الماضي على أنه إجراء يتخذ فقط وقت حدوث الجفاف، أما اليوم فقد تحول إلى إجراءات مدروسة ذات جدوى اقتصادية كما هو الحال في توفير الطاقة وتزداد الحاجة له عندما يعاني البلد من نقص وشح في كميات المياه كما هو الحال في الأردن.

طرق ترشيد استهلاك المياه:

1- اكتشاف تسرب المياه ومعالجتة فوراً

الإصلاح الشامل لأجهزة المياه في المنزل وفحص العدادات واكتشاف التسرب في الشبكة الخارجية ومعالجته. أما التسرب الداخلي للشبكة فيمكنك اكتشافه وذلك بإغلاق جميع الحنفيات في المنزل لمدة يوم واحد على الأقل ومراقبة مستوى سطح الماء في الخزان حيث يدل هبوط مستوى الماء على وجود تسرب في الشبكة ويزداد التسرب بزيادة سرعة هبوط سطح الماء في الخزان أما بالنسبة للتسرب المكشوف خارج المنزل فيجب إبلاغ سلطة المياه فور اكتشافه.

منع التسرب الناتج عن عطل في (عوامة) الخزان والذي يؤدي إلى فيضان المياه من الخزان إلى السطح مما ينتج عنه هدر كميات كبيرة من المياه دون فائدة والملاحظة الأخرى هي ترك الخزان

مفتوحاً مما يعرضه إلى التلوث وبالتالي تلوث مياهه التي يتناولها سكان هذا المنزل. لذا يجب علينا صيانة العوامة والخزان باستمرار وإغلاق بابه بإحكام.

2- استخدام الدوش وليس البانيو

إن استخدام الدوش عند الاستحمام يستهلك تقريباً (20 لتر) بينما يستهلك البانيو ما يزيد عن (140 لتراً) وإذا عرفت أن معدل حصة المواطن الأردني من المياه في اليوم لا تتجاوز (90 لتراً) لكافة الاستخدامات بما فيها الحديقة المنزلية فإنه يتوجب على كل مواطن أن لا يستخدم البانيو إطلاقاً بل عليه أن يستخدم الدوش ولمدة لا تزيد عن دقيقتين في كل مرة.

3- إعادة استعمال المياه في المساجد والمدارس

إعادة استعمال مياه الوضوء في المساجد وكذلك مياه المشارب في المدارس في ري المزروعات، وقد تم فعلاً الاستفادة من مياه الوضوء في مسجد الملك عبد الـلـه بن الحسين في عمان ومدرسة الملكة زين الشرف في العقبة لري الحدائق في كل منهما، حيث تم تزويد المسجد بخزانات تحت الأرض مزودة بمضخات أتوماتيكية تعمل على ضخ مياه الوضوء القادمة لهذه الخزانات بشكل أتوماتيكي لري المزروعات الموجودة في ساحة المسجد وتنظيف الأدوات الصحية وقد تم خلال هذا المشروع توفير (5متر مكعب) يومياً من مياه الوضوء، ونفس الشيء يتم في مدرسة الملكة زين الشرف في العقبة لقد زودت المدرسة بنظام ري بالتنقيط إن العقبة نادراً ما يسقط بها أمطار في الشتاء ويبلغ معدل السقوط للامطار السنوي أقل من (50 ملم) وهي تستخدم مياه الشرب من حوض الديسي عبر أنابيب لهذه الغاية، ومن الجدير بالذكر أن هذه المشاريع تم القيام بها تحت إشراف جمعية البيئة الأردنية من خلال مشروع التوعية المائي.

4- زجاجة في خزان النياجرا

حث الناس الذين يستخدمون خزانات تنظيف دورة المياه (النياجرا) التي تستهلك حوالي (12 لتر) في كل ضغطه إلى وضع زجاجة مملوءة بالماء سعة لتر في الخزان لتقليل هذه الكمية إلى (11 لتر) في كل مرة والوصول إلى استعمال خزانات النماذج التي تستهلك (6 لترات).

5- استخدام كأس عند تنظيف الأسنان

في حالة استخدام هذه الطريقة والتعود عليها فإنك سوف توفر كميات كبيرة من المياه دون أن تشعر إنك غالباً ما تترك الحنفية أثناء تنظيف الأسنان وبذلك فإنك تهدر كميات غير قليلة من المياه.

6- عدم استخدام خرطوم المياه عند غسل السيارة

عدم استخدام خرطوم المياه عند غسيل السيارة لأن الخرطوم يهدر كميات كبيرة من المياه دون فائدة (يستهلك الخرطوم حوالي 300 لتر في كل مرة) إن استخدام وعاء لهذا الغرض هي الطريقة الأمثل وتؤدي في كثير من الأحيان إلى نفس النتيجة.

7- عدم ترك الحنفية مفتوحة أثناء القيام بعمل ما

هذه الرسالة موجهة بالدرجة الأولى إلى ربات البيوت وإلى الخادمة في المنزل (إن وجدت) بعدم ترك الحنفية مفتوحة والانشغال بعمل آخر لأن ذلك سوف يؤدي إلى هدر كميات كبيرة من المياه.

8- حملا ت التوعية

القيام بحملات التوعية الإعلامية الواسعة النطاق في المدارس والجامعات وأجهزة الإعلام من أجل زيادة الوعي بالمشكلة المائية التي يعاني منها الأردن وتعريف الناس بأساليب ترشيد استهلاك المياه وقد قامت جمعية البيئة الأردنية بالتعاون مع وزارة المياه والري بالفعل بتصوير برامج وثائقية تعليمية حول استخدام أدوات ترشيد استهلاك المياه والعديد من البرامج التلفزيونية التي لها علاقة بترشيد استهلاك الماء والمحافظة عليه. بالإضافة إلى مطبوعات الجمعية المختلفة التي تحث على ترشيد استهلاك المياه ومنع التلوث ومنها الملصقات والبوسترات وقصص الأطفال والندوات وحلقات العمل والمهرجانات والحملات وغيرها.

جمع حصاد مياه الأمطار بالطرق الآتية:

1- حصاد المياه من على سطح المنزل.

2- حصاد المياه باستعمال طريقة (المصاطب).

3- حصاد المياه من على البيوت البلاستيكية.

4- حصاد المياه من الأماكن المفتوحة.

جدول (4-9): خصائص أجهزة ترشيد استهلاك المياه التي تم تجريتها في الأردن.

نوع الجهاز	أسلوب العمل	الايجابيات	السلبيات	لوازم التركيب	الاستهلاك (معدل التدفق)	السعر التقريبي للجهاز الواحد في الأسواق المحلية
1- جهاز ترشيد استهلاك المياه يتم تركيبه على الخلاطات والحنفيات ذوات السن الداخلي والخارجي.	- يتم تركيب الجهاز بكل سهولة على مخرج الحنفية (أو الخلاط) ذات السن الداخلي أو الخارجي حيث يتم خلط الهواء مع الماء فتتكون فقاعات هوائية لتبدو كمية المياه المتدفقة أكبر من كمية المياه الفعلية.	- استهلاك أقل للمياه دون التأثير على الأداء. - مياه متدفقة ذات ملمس ناعم ومظهر متناسق دون أي رذاذ. - سهولة التركيب. - أسعار معقولة.	- غير قابل للتركيب على الحنفيات التي ليس لها سن إلا باستخدام وصلة خاصة. - ضرورة توفر ضغط في شبكة المياه لا يقل عن (1) بار (10 متر ارتفاع). - ضرورة توفر مياه نظيفة بدون شوائب أو فلتر خاص. - بحاجة إلى صيانة دورية.	- مفتاح خاص لتركيب الجهاز. - وصلة خاصة لتركيب الجهاز على الحنفيات التي ليس لها سن.	6-9 لتر/ دقيقة	5-7.5دينار
2- جهاز استهلاك المياه يتم تركيبه على الخلاطات والحنفيات ذوات السن الداخلي والخاري وقابل للغلق بمفتاح خاص.	- يتم تركيب الجهاز على مخرج الحنفية (أو الخلاط) بواسطة مفتاح خاص مصمم لغلق الجهاز بحيث يصبح غير قابل للفك ألا باستخدام هذا المفتاح. ويتم تركيبه في الأماكن العامة المعرضة لسوء الاستخدام من قبل الجمهور كالفنادق والمستشفيات	يمتاز بنفس الايجابيات الواردة أعلاه بالإضافة أنه غير قابل للفك عند سوء الاستخدام.	تنطبق عليه السلبيات المذكورة أعلاه إضافة إلى أن سعره أعلى.	مفتاح خاص مصمم لغلق وفك الجهاز عن الحنفيات والخلاطات.	6-9 لتر/ دقيقة	6-8.5دينار

	وغيرها . ويعمل الجهاز بنفس أسلوب الجهاز رقم (1) أعلاه .					
3- جهاز ترشيد استهلاك المياه يتم تركيبه على الحنفية أو الخلاط مع خرطوم مرن . أو مع وصلة ذات رأس متحرك لكافة الاتجاهات .	- يتم تركيبه على مخرج الحنفية (أو الخلاط) ذات السن الخارجي أو باستخدام وصلة خاصة للحنفيات ذات السن الداخلي ويستعمل بشكل واسع في المطابخ والمختبرات لإعطاء حرية أكبر للمستخدم في تغيير اتجاه تدفق الماء ويعمل بنفس أسلوب الجهازين (1) و (2) السابقين .	نفس ايجابيات الجهازين (1) و (2) السابقين مضافاً إليها ما يتميز به هذا الجهاز من مرونة الحركة .	نفس سلبيات الجهازين (1)و (2) السابقين. - سعره أعلى قليلاً منهما . - يحتاج إلى وصلة خاصة للتركيب على السن الداخلي مما يرفع الكلفة .	وصلة خاصة لتركيب الجهاز على الحنفية (أو الخلاط) ذات السن الداخلي .	6-9 لتر / دقيقة	7.5-8 دينار

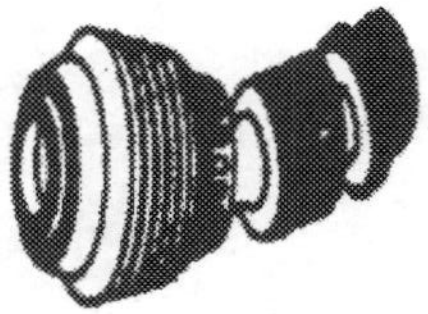

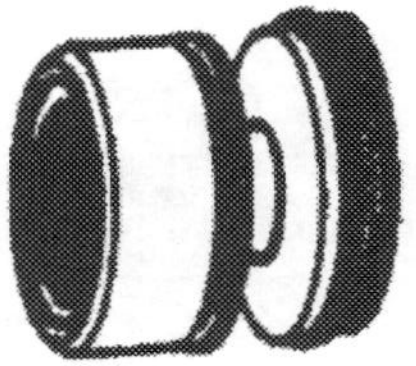

4- جهاز ترشيد استهلاك المياه يتم تركيبه على رشاش الحمام (الدوش) 	- يتم تركيبه في نقطة الاتصال ما بين رأس الدوش والخرطوم المرن كما يمكن تركيبه على خط المياه المزود للحنفيات التي ليس لها سن ليعمل على تخفيض تدفق المياه من الدوش أو الحنفية.	- استهلاك أقل للمياه. - توفير في استخدام الطاقة في الحمامات. - أسعاره أقل.	- تركيبه أصعب قليلاً من تركيب الأجهزة السابقة. - يحتاج إلى نفس الظروف التشغيلية. - يؤثر على أداء الدوش التقليدي	- يحتاج إلي مفتاح مواسير عند تركيبه على الدوش. - عند تركيبه على الحنفيات قد تحتاج المواسير إلى قص وتسنين وحفر.	8-10 لتر / دقيقة	5 دنانير
5- جهاز ترشيد استهلاك المياه / رشاش حمام رأس دوش ثابت أو رأس دوش متحرك.	-رأس دوش مصمم لترشيد استهلاك المياه ذاتياً ويتم تركيبه كاملاً على الخرطوم المرن. والنوع المتحرك منه يعمل على تسهيل الحركة إلى كافة الاتجاهات.	-نفس ايجابيات الجهاز (4) أعلاه باستثناء السعر إضافة إلى أن تركيبه أسهل. - رأس الدوش المتحرك يعمل على تسهيل الحركة.	- نفس سلبيات الجهاز (4) أعلاه دون التأثير على الأداء. - أسعاره أعلى من جهاز رقم (4).	مفتاح مواسير عادي فقط.	8-10 لتر / دقيقة	11 دينار للثابت، 14 دينار للمتحرك

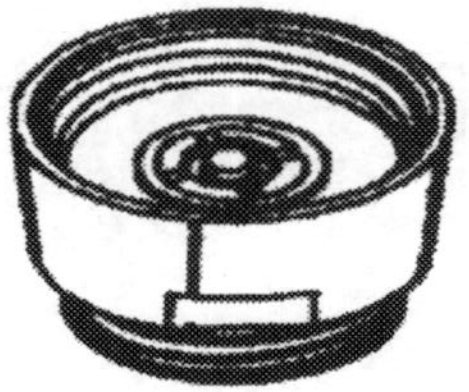

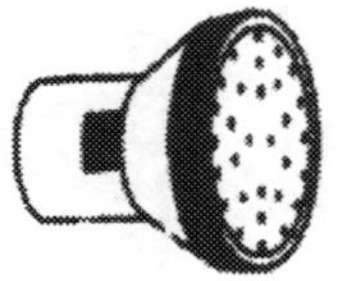

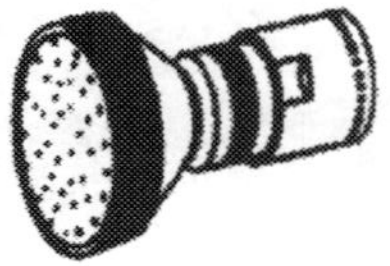

6- جهاز ترشيد استهلاك المياه يتم تركيبه داخل خزان مياه النياجرا البورسلين أو المعدنية .	- يتم تركيب هذا الجهاز حول قصبة النياجرا البورسلين أو داخل القصبة من الجهة العلوية للنياجرا المعدنية ويؤدي إلى إضافة ثقل زائد على القصبة مما يزيد من سرعة حركتها إلى أسفل لإغلاق فتحة تصريف الماء في النياجرا قبل افراغها من محتوياتها ويحفظ بذلك كمية من الماء داخل النياجرا .	-يخفض كمية المياه المستهلكة عند كل استعمال . - يمكن تصنيعه محلياً بأسعار مخفضة . - لا يحتاج إلى ظروف تشغيلية خاصة كضغط الماء والفلتر وغيرها . - سهل التركيب .	- يصلح لأنواع النياجرا التي يوجد لها قصبة فقط . - تختلف فعاليته من صندوق نياجرا إلى آخر تبعاً لطول القصبة . - النياجرا المصنعة محلياً هي الأنسب لاستخدام هذا الجهاز .	لا يحتاج إلى أية لوازم .	يخفض 30٪ من استهلاك النياجرا عند كل استعمال .	المستورد 6 دنانير المصنع محلياً 3-2.5 دينار
7- منظم تصريف مياه المباول المكشوفة يغلق ذاتياً .	- يتم تركيبه على المباول المكشوفة في الأماكن العامة كالفنادق والمستشفيات وغيرها ويعمل بواسطة ضغط كبسة مفتاح التصريف لتندفع المياه إلى المبولة ثم يغلق المفتاح ذاتياً بعد تدفق كمية محدودة من المياه .	- يحافظ على تدفق كمية مياه محددة عند كل استعمال . - لا يحتاج إلى ظروف تشغيلية خاصة . - ينصح به عند إنشاء أبنية جديدة .	- يحتاج تركيبه إلى طاقم أدوات صحية كما وقد يحتاج أحياناً إلى إجراء حفريات إضافية للوصول إلى خط التزويد للمياه إلى المبولة .	- توصيلات مع خطوط المياه للمبولة .	3-2 لتر لكل استعمال .	39 دينار

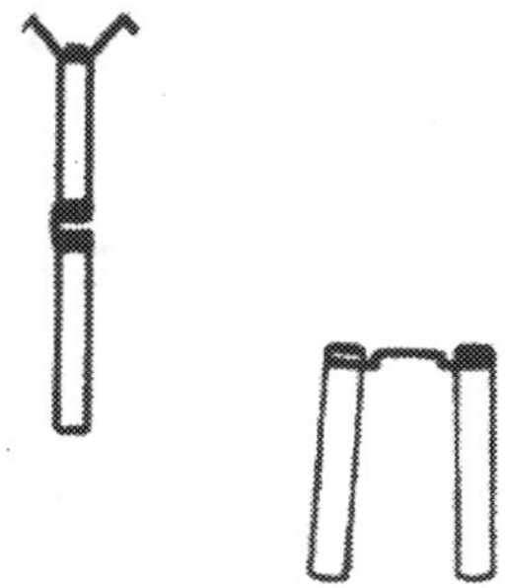

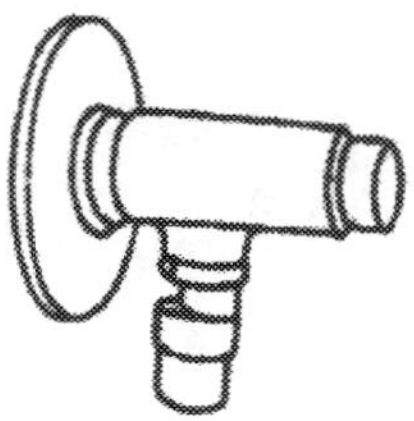

جدول (4-10): أجهزة ترشيد استهلاك المياه غير متوفرة محلياً وينصح باستيرادها وتجربتها.

8- اجهزة ترشيد استهلاك المياه يتم تركيبها داخل النياجرا. 	- تخفض كمية المياه المستهلكة عند استعمال النياجرا تبعاً لحجمها وأسلوب عمل كل منها يختلف عن الآخر: أ- قواطع تقسيم خزان مياه النياجرا Toilet Tank Dams With Patented Seal ب- محول دورة تعبئة خزان مياه النياجرا Toilet Fill Cycle Diverter ج- كرة التواليت المرنة قصيرة المدى The Short Flush Toilet Flapper د- كيس ازاحة خزان مياه النياجرا Toilet Tank Bank With Patented Air Lock And Fill	- يخفض كمية المياه المستعملة. - سهل التركيب والاستعمال. - لا يحتاج إلى ظروف تشغيلية خاصة. - أسعاره معقولة في أسواق الولايات المتحدة.	- أسعاره مرتفعة نسبياً. - عدم توفره في الأسواق المحلية. - عدم تجربته محلياً.	لا يحتاج إلى أية لوازم.	كمية الترشيد عند كل استعمال تتراوح ما بين 3-10 لتر.	
9- أجهزة ترشيد استهلاك المياه عبارة عن وحدة صحية كاملة تعمل بواسطة نظام شفط الهواء (Vacum) أو نظام ضغط الهواء (Air Pressure) 	وحدة صحية كاملة مصممة لترشيد استهلاك المياه بواسطة نظام تفريغ إضافي Vacum لإعطاء قوة شفط أكبر لسحب محتويات التواليت بفعالية أفضل أو بواسطة نظام ضغط هواء إضافي باستخدام ضاغطة هوائية Compressor تدار بالكهرباء وتعمل بدورها على أعطاء قوة دفع أكبر لتفريغ محتويات التواليت.	- يقلل من استهلاك المياه بدرجة كبيرة. - أكثر فعالية من أي نظام اخر. - ينصح به عند انشاء، أبنية حديثة متطورة.	- أكثر تعقيداً في التركيب والصيانة والتشغيل. - يحتاج إلى مصدر كهربائي ثابت. - أسعاره مرتفعة. - تترتب عليه كلفة تشغيلية من حيث أثمان الكهرباء ومصاريف الصيانة وغيرها.	-يحتاج إلى فريق فني متخصص ومعدات كهربائية وميكانيكية مختلفة.	كمية ترشيد المياه تصل لغاية 60٪ من الاستهلاك الأصلي.	

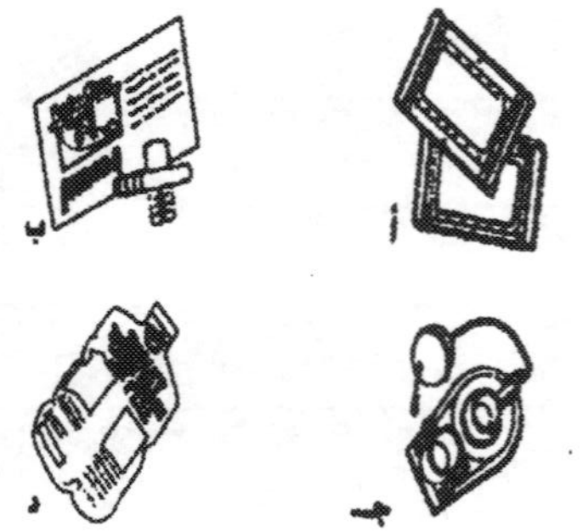

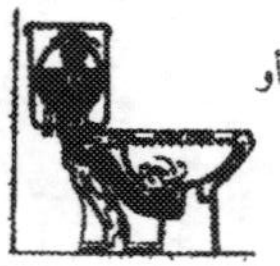

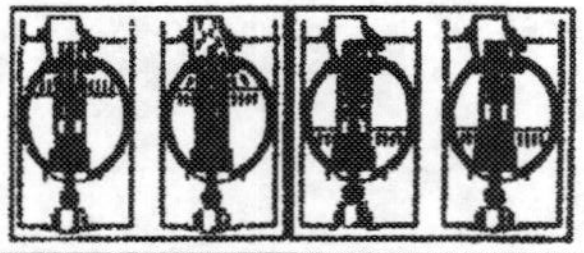

تلوث المياه Water Pollution

الماء مصدر للحياة لجميع الكائنات الحية، وقد تجمع الناس منذ القدم حول مصادر المياه، ولقد قامت الحضارات القديمة على ضفاف الأنهار، كما لوحظ أن هناك علاقة بين تلوث المياه وانتشار الأمراض، لذا عَمِدَ الإنسان على حسن اختيار موارد المياه، وفحصها حسياً ومخبرياً وكذلك تم وضع مواصفات ومعايير للماء الصالح للشرب، وهناك عمليات لتنقية المياه وتطهيرها.

أنواع تلوث المياه :

1- التلوث البيولوجي (الحيوي).

2- التلوث الصناعي (المصانع ، المستشفيات...الخ).

3- التلوث الإشعاعي (النووي).

4- التلوث الكيميائي (الأسمدة والمبيدات ....).

انظر جدول (4-8) لتوضيح تلوث المياه في بعض دول ا العالم.

جدول (4-11) : كميات تلوث المياه في بعض البلاد للعام 1993

كما توفرت للبنك الدولي للعام 1999

	ملوثات عضوية (كغم)				نسبة ما تطلقه الصناعات المختلفة							
	في اليوم		لكل عام		فلزات أولية	صناعة الورق	كيماويات	أغذية مشروبات	زجاج وسيراميك	أنسجة	خشب	مواد أخرى
	1980	1993	1980	1993	1993	1993	1993	1993	1993	1993	1993	1993
الصين	3358203	5339072	0.14	0.15	22.0	10.0	14.0	33.3	0.4	11.5	0.4	8.3
أمريكا	2742993	2477830	0.14	0.15	8.3	32.7	9.5	28.2	0.1	7.8	2.4	10.8
اليابان	1456016	2548021	0.14	0.14	909	22.0	8.8	36.5	0.2	7.9	1.9	12.8
الهند	1457474	1441293	0.21	0.20	15.6	8.1	7.3	50.9	0.2	12.9	0.3	4.8
ألمانيا	0000	1046176	00	0.12	15.6	15.3	15.1	27.9	0.2	6.4	2.0	17.6
البرازيل	866790	855432	0.16	0.17	10.4	13.5	9.1	45.8	0.3	11.5	3.0	6.4
بريطانيا	964510	680865	0.15	0.16	8.9	24.7	10.1	37.1	0.2	7.2	1.7	10.0
أوكرانيا	0000	666233	00	0.14	18.3	3.7	7.3	46.9	0.5	10.1	2.0	11.3
فرنسا	716285	609940	0.14	0.15	11.9	20.7	11.0	37.0	0.2	6.7	1.8	10.8
إندونيسيا	214010	537142	0.22	0.19	00	7.8	10.4	58.9	0.2	15.4	4.8	2.6
بولندا	580869	365580	0.14	0.16	13.4	6.6	7.7	48.4	0.3	12.5	2.4	8.7
كوريا ج	281900	358610	0.14	0.13	12.8	15.4	11.2	25.8	0.3	20.8	1.5	12.2
إيطاليا	442712	353906	0.13	0.13	17.0	16.1	10.5	25.8	0.3	16.1	2.1	12.1
أسبانيا	376253	318506	0.16	0.17	10.7	15.4	9.3	45.6	0.3	8.7	2.8	7.2
كندا	330241	300071	0.18	0.16	10.1	30.1	8.7	34.5	0.1	5.9	3.3	7.3
تايلند	214426	256930	0.22	0.16	6.3	7.6	6.8	46.4	0.3	26.4	1.9	4.3

1- التلوث البيولوجي (الحيوي) Biological

هل تعلم بأنه يموت يومياً حوالي 25 ألف شخص في العالم بسبب سوء الإدارة العملية للمياه. كما أن أكثر من ثلثي سكان العالم يعيشون بدون مياه نظيفة بسبب التلوث الحيوي الذي يؤدي إلى العديد من الأمراض كالإسهال الذي يقضي سنوياً على حوالي (5 ملايين طفل) دون سن الخامسة وكذلك مرض البلهارسيا الذي يقدر عدد المصابين به بحوالي (200 مليون شخص) نصفهم من افريقيا ويبلغ انتشار العدوى اقصاه في أوساط الأطفال الذين تتراوح أعمارهم ما بين (10-14عاماً) حيث يغتسل هؤلاء الأطفال ويستحمون في مياه قنوات أو برك تعيش فيها طفيليات لعدم توافر مياه نظيفة. ومن أهم الأمراض الأخرى:- الحمى التيفيه، الكوليرا، الإلتهابات المعوية، إلتهاب الكبد الألفي، شلل الأطفال .. وغيرها.

2- التلوث الصناعي Industrial

التلوث الصناعي ينتج عن إلقاء النفايات الصناعية والزراعية الصلبة والسائلة المحتوية على المعادن الثقيلة مثل الرصاص، الزئبق، الكادميوم، المبيدات الحشرية وغيرها في المياه السطحية والجوفية لذلك يجب أن نكون حذرين بعدم رمي بعض النفايات التي يظن البعض بأنها غير ضارة مثل البطاريات الجافة التي تحتوي على مواد سامة مثل المعادن الثقيلة والتي قد تتسبب بتلويث المياه الجوفية والسطحية وتكون أثارها الإصابة بالعديد من الأمراض مثل: التسمم، السرطان، أمراض الجهاز العصبي، أمراض القلب والدم وغيرها.

وللإقلال من تلوث البيئة بالمبيدات يجب مراعاة ما يلي:

1- استخدام أقل كمية ممكنة من المبيدات، وتحسين معدات استخدام المبيدات.

2- تحسين التركيبات الكيميائية للمبيدات.

3- استخدام مبيدات أكثر فاعلية.

4- استخدام الطرق غير الكيميائية لإبادة الحشرات الضارة.

تلوث المياه بالنفايات الطبية الخطرة

إن رمي النفايات بكافة أنواعها قد يودي إلى تلويث المياه بأشكال مختلفة (تلوث كيميائي أو تلوث حيوي أو الاثنين معاً) وقد تكون النتيجة أسوأ بكثير وآثارها قاتلة عندما تتلوث مصادر المياه بالنفايات الطبية التي تنتج عن مخلفات المستشفيات والمراكز الطبية وغيرها مثل (بقايا الأدوية والمعدات الطبية المستعملة وأحياناً بعض الأجزاء البشرية وغيرها) حيث تؤدي هذه المواد إلى تلوث مصادر مياه السطحية والجوفية لذلك يجب أن تعالج هذه النفايات بشكل منفصل وبطرق

خاصة دون خلطها مع النفايات المنزلية ومن هذه الطرق طمر النفايات في أماكن خاصة وبطرق هندسية وصحية مناسبة أو حرقها في أفران خاصة تحت درجات عالية جداً لإزالة سميتها.

أما إذا خُلطت هذه النفايات بالنفايات المنزلية فإن ذلك قد يلوث المياه والأحياء المائية كالأسماك وبالتالي تسمم الإنسان نتيجة تناوله لهذه الأسماك.

المحافظة على الماء من التلوث

لأهمية الماء في حياة الكائنات الحية كان لا بد من المحافظة عليه من الملوثات من خلال :

1. تأمين الماء النقي بشكل كافي : والتي منها:

- التحلية sweetening.
- المياه الجوفية (جيدة لقلقة الأملاح فيها).
- الأنهار والبحيرات بعد التنقية.

2. الإجراءات الضرورية لوقاية الماء من التلوث والتي منها:

- بناء المنشآت اللازمة لمعالجة المياه الصناعية الملوثة ومياه المخلفات البشرية السائلة.
- مراقبة المسطحات المائية المغلقة كالبحيرات مما يلوثها.
- إحاطة المناطق التي تستخرج منها المياه الجوفية وحمايتها.
- إحاطة الينابيع ببناء يحميها.
- إصدار القوانين التي تحدد المستويات المختلفة للتلوث.
- وضع المواصفات الخاصة التي يجب توفرها في المياه.
- المتابعة من خلال التحليل المستمر لعينات المياه.

طريقة معالجة المخلفات البشرية السائلة

1. المرحلة التمهيدية / وتشمل :

- المصافي / وهي لحجز المواد الكبيرة.
- أحواض حجز الرمل والأتربة والمواد غير العضوية والمعادن وغيرها.

2. المعالجة الابتدائية / مرحلة تهيئة لمرحلة المعالجة البيولوجية وهي عبارة عن ترسيب المواد العضوية وغير العضوية فيزيائياً وكيميائياً.

3. المعالجة البيولوجية / وتتم فيها أكسدة المواد العضوية من خلال نظامين

- المرشحات البيولوجية.
- عملية الحمأة المنشطة.

وتعتمد كليهما على تقليب الماء حتى يتم تأكسد المواد العضوية من خلال البكتيريا التي موجودة في تلك الأحواض.

4. الترسيب النهائي : ويتم فيها ترسيب ما يخرج من أحواض المعالجة البيولوجية وخاصة أيضاً كتل البكتيريا والتي قد تعاد إلى أحواض المعالجة البيولوجية مرة أخرى، وتصل فيها نسبة النقاء إلى 98%.

5. معالجة المخالفات السائلة بالكلور وهي لقتل البكتيريا التي قد تخرج مع الناتج النهائي وغيرها من الكائنات الدقيقة وهذا ما يسمى بالتعقيم.

إدارة المياه Water Management

إن توفير المياه النقية من العوامل الرئيسة المحددة للصحة. إذ أن صون الحياة على هذا الكوكب يتوقف على وجود توازن قوي حساس يهدده الآن النمو السكاني وتزايد استغلاله للموارد الطبيعية المحدودة بما يؤدي إلى تلوث الهواء والماء والأراضي.

إن كثير من البلدان تعاني من آثار تلوث مياهها الذي زادت من حدته حالات الجفاف ونفاذ مستودعات الماء الأرضية والتصحر، وتناقص في معدلات تساقط الأمطار.

وفي آسيا يقل نصيب الفرد من المياه عن نصف المتوسط السنوي العالمي والجريان السطحي بالقارة أقل ثباتاً منه في جميع الكتل الأرضية الرئيسة، بالإضافة إلى تخلف تطوير الموارد المائية بالقياس إلى الاحتياجات والامكانات. وكثير من الدول النامية تقترب من حالة الندرة الشديدة في المياه.

كذلك فإن تلوث امدادات المياه يمثل أخطاراً صحية ويزيد هذا التلوث من تكلفة مرافق معالجة المياه. وتسبب المياه الملوثة في التقليل من مصادر الأسماك، وأخطار صحية متعددة ويقلل من إنتاجية المحاصيل ومن قيمة الاستخدام الترويحي للمياه ومن جمالها.

فالمياه تتلوث بالأسمدة ومبيدات الآفات الصناعية والسكنية والرشح من مواقع تخزين النفايات وتصريفها.

فالمياه العذبة محدودة من حيث الكمية ونوعيتها آخذة في التدهور، ومن الضروري ايجاد سبل جديدة لحفظ المياه مع استخدام الوسائل المتاحة بمزيد من الكفاءة والشمولية. ومع تنمية امدادات المياه الجديدة ينبغي أن تراعي الآثار السلبية المحتملة على البيئة. فمن شأن عملية حفظ المياه وزيادة كفاءة استعمال المياه المنزلية والمياه العامة تقليل الحاجة إلى توفير منشآت وأنابيب مياه رئيسة كما أنها تخفض التكاليف الأخرى المرتبطة بتوفير امدادات المياه وتصريفها. وتزداد الكفاءة بتقليل الفاقد في شبكات التوزيع. وباستخدام تركيبات وأجهزة منزلية أكثر كفاءة. واعتماد تصميمات لتجميع المياه المنزلية المستعملة ومعالجتها واستخدامها في بعض الأغراض الزراعية.

أمثلة محلية على التلوث

مثال (1) تلوث المياه بسبب مكبات النفايات:

تشكل الفضلات العضوية أكثر من (50%) من مجموع النفايات في الأردن والمشكلة وجود سوء في إدارة هذه النفايات. وخير مثال على ذلك ما يحدث في مكب (الاكيدر) في محافظة المفرق القريب من الحدود السورية حيث يتم طرح النفايات بكافة أنواعها المنزلية والتجارية والصناعية بشكل مكشوف ودون معالجة وتبقى معرضة للجو المحيط. وتتسبب بتكاثر الذباب والحشرات الضارة والقوارض وينبعث منها روائح كريهة خاصة في فصل الصيف. ومما يزيد هذه المشكلة تعقيداً إلقاء المخلفات السائلة في هذه المكبات كالمخلفات الصناعية السائلة ومخلفات المسالخ والمستشفيات والمخلفات شبه السائلة مثل رواسب "الحمأة" الناتجة عن محطات التنقية وزيوت المشاحم بالإضافة إلى سوائل الحفر الامتصاصية والتي تنقل بالتنكات إلى تلك المواقع. إن إلقاء النفايات السائلة في المكبات يؤدي إلى زيادة رطوبة التربة وتصل إلى المياه الجوفية وتلوثها. وللأسف تعمد بعض البلديات أحياناً إلى رش هذه المكبات بالمبيدات الكيميائية الخطيرة للتخلص من الذباب والحشرات. إن هذه المبيدات وخاصة مادة (د. د. ت) لها المقدرة على البقاء لفترات طويلة في البيئة دون أن تتحلل فتكون النتيجة أكثر ضرراً على المصادر المائية.

مثال (2) تلوث سيل الزرقاء :

إن غسيل السيارات والخضروات بالمياه المعرضة لمياه المجاري (كالموجودة تحت جسر جرش) يعرض المواطنين إلى بعض المخاطر الصحية، لقد شوهد الكثير من طلاب وطالبات المدارس وبعض العائلات يلعبون بهذه المياه عند قيامهم بالرحلات في هذه المنطقة ولكن السؤال هنا ما هو مصدر هذه المياه وما طبيعة التلوث الذي تحتويه؟

قبل حوالي ثلاثين عاماً، كانت مياه سيل الزرقاء تستخدم للشرب والزراعة و عندما بدأ الأردن بالتطور في كافة المجالات وتزايد عدد سكانه بنسب كبيرة تم إنشاء محطة لتنقية مياه مجاري

عمان والزرقاء والرصيفة سميت باسم (محطة خربة السمرا) وهي موجودة في منطقة الهاشمية في محافظة الزرقاء وكانت هذه المحطة تعتبر من أفضل محطات التنقية في المنطقة وخلال عمل المحطة تم إلقاء المياه الخارجة منها في سيل الزرقاء فأصبحت مياه السيل غير صالحة للشرب بل استخدمت مياهها لأغراض الري في المناطق المحيطة بالمحطة وفي منطقة وادي الأردن قبل أن تصب مياهها في سد الملك طلال ومع التقدم وازدياد عدد السكان بشكل كبير ونتيجة الهجرات المتعاقبة أصبحت المحطة تستقبل مياهاً عادمة تفوق طاقتها التصميمية مما أدى إلى تقليل كفاءتها بشكل كبير، وأصبحت المحطة (غير مقبولة بيئياً) وأصبح سيل الزرقاء ملوث بمياه المجاري وقد ازدادت المشكلة عندما أصبحت المصانع الموجودة في منطقة الزرقاء تلقي بنفاياتها الكيميائية السائلة في سيل الزرقاء مما أدى إلى تلوث مياه السيل تلوثاً بيولوجياً وتلوثاً كيميائياً (صناعياً) وبما أن هذه المياه تذهب إلى سد الملك طلال فقد أصبحت مياه السد غير صالحة للزراعة بل "للزراعة المقيدة" فقط والمقصود بها تلك المزروعات التي تؤكل بعد الطبخ فقط وكذلك الاشجار غير المثمرة وهكذا نرى أن منطقة وادي الأردن والتي تعتبر سلة الغذاء للأردن قد تأثرت بشكل كبير نتيجة التلوث الذي حدث في سيل الزرقاء.

تأثيرات تلوث المياه:

إن تأثير تلوث المياه يعتمد على مجموعة من العوامل المختلفة والمتداخلة حامضية أو قلوية. والمياه ودرجة حرارتها ودرجة التخفيف والخلط والتأثيرات الكيميائية والحيوية ومعدل تدفق المياه والتأثيرات المتضافرة والمتضادة للمواد الملوثة مع وعلى بعضها بعضاً وتتدخل تعقيدات أخرى بالنسبة للمتطلبات الاقتصادية التي تربط معايير جودة المياه باستعمالاتها وتجديد مصادر المياه والحياة المائية والحياة البرية والزراعة والصناعة. أهم تأثيرات تلوث المياه ما يلي:

أ- الصحة البشرية:

أن المعلومات المعروفة قليلة جداً عن التأثيرات الممكنة على الصحة البشرية لمجموعة كبيرة غير محدودة من المركبات الكيميائية والتي تجد طريقها إلى مصادر مياه المجاري أو المياه العادمة للصناعة، المعالج منها وغير المعالج وعلى ذلك فمن المستحيل الاسراف في التفاؤل بمقدرة محطات معالجة المياه على مواجهة تزايد تلوث المياه بالكيماويات مع تزايد إعادة استعمال المياه وبالمستويات الحالية للتعرض وليس من المتوقع أن يكون لملوثات المياه تأثيرات حادة في صحة الإنسان باستثناء النترات التي يمكن أن تصيب الأطفال وتتسبب في وفاتهم وأقل من ذلك تحديد امكانية حدوث تأثيرات مزمنة ناتجة عن تعرض التركيز القليل من النترات خلال فترات طويلة.

ومن المواد التي قد يكون لها تأثيرات بعيدة المدى بعض المركبات المسببة للسرطان كالاسبستوس والسلينيوم فتناول كميات زائدة عن الحد من السلينيوم الواسع الانتشار في الطبيعة مرتبط بتلف الأسنان واضطرابات الجهاز الهضمي وتغير لون الجلد وتفيد الاحصائيات بأنه يمكن خفض معدل الوفيات نتيجة لتصلب شرايين القلب بواسطة عامل ما قد يكون موجوداً في الماء العسر أو مفقوداً في الماء اليسر. ولقد أوضحت الجهود التي بذلت حتى الآن أن زيادة الكروميوم في الكلى يمكن أن تسبب زيادة ضغط الدم في الحيوانات زيادة مفرطة.

وكلما أصبحت إعادة استعمال المياه أكثر شيوعاً ازدادت أهمية تحديد المواد الضارة وفصلها عند المصدر أو بمعالجة المياه وتحديد المواد التي قد تسبب ضرراً في المدى الطويل أوعند التعرض لها في تركيز قليل يتطلب معرفة أفضل وأعمق بالمركبات المعنية التي تدخل المياه الملوثة ويتطلب كذلك بحوثاً أكثر وأوفر.

الأمراض التي تنتقل بواسطة الماء:

1- أمراض بكتيرية: مثل الكوليرا والتيفوئيد والنزلات المعوية في الأطفال والكبار.

2- أمراض فيروسية: مثل شلل الأطفال والتهاب الكبد الوبائي.

3- أمراض طفيلية: مثل البلهارسيا.

4- تسوس الأسنان بسبب قلة الفلوريدات أو تبقع الأسنان لزيادة الفلوريدات في الماء.

5- تضخم الغدة الدرقية بسبب قلة اليود في الماء.

طرق انتقال الأمراض إلى الإنسان بواسطة الماء:

1- شرب المياه الملوثة.

2- الإستحمام أو الوضوء في المياه الملوثة.

3- استعمال المياه الملوثة في تحضير المأكولات أو غسل أواني الشرب أو الأكل.

4- ري المزروعات التي تؤكل طازجة بماء ملوث.

السيطرة على تلوث المياه:

أ- اللوائح القانونية:

لقد صدر العديد من اللوائح القانونية المتعلقة بتلوث المياه وأنشأت مؤسسات متخصصة لتطبيق هذه اللوائح وتقع هذه في المجموعات الرئيسية الآتية:

جمع فضلات المجاري ومعالجتها، التصريف إلى مصادر المياه كالأنهار والبحار والمواد المشعة.

المياه داخل البلاد: تعود أول لائحة قانونية حول تلوث المياه إلى عام 1847 والتي منع بموجبها تصريف الفضلات إلى مجاري المياه. لقد حصل اهتمام متزايد حول تلوث المياه خلال النصف الأخير من

القرن التاسع عشر ونتيجة لذلك صدرت العديد من اللوائح القانونية المهتمة بتلوث مياه الأنهار والبحار ومصادر المياه الأخرى وتعتبر بعض القوانين طرح المواد الممنوعة إلى المجاري المنزلية مخالفة يعاقب عليها وتشتمل هذه المواد على المياه التي تزيد درجة حرارتها عن $43°$م والمشتقات البترولية ويجب أن تقوم الجهات المسؤولة عن تصريف الفضلات بأعمالها دون تسبب أي إزعاج يذكر للعامة. وتوجد لوائح قانونية تحدد من تصريف الفضلات الصناعية إلى المجاري العامة وهذا الأمر يحدد منشأ إسالة المياه تبعاً لنوعها وكميتها وذلك بمثابة خط أمان لحماية أنظمة المجاري وعمليات المعالجة وتخدم بذلك عملية السيطرة على التلوث.

مياه البحار: تعرف الأمم المتحدة تلوث البحار بأنه إدخال المواد أو الطاقة من قبل الإنسان إلى البيئة البحرية بشكل مباشر أو غير مباشر مسبباً بذلك تأثيرات سلبية للموارد المائية الحية ومسبباً خطورة للصحة البشرية وتسبب إعاقة للفعاليات البحرية مثل صيد الأسماك وتغير المواصفات الاستخدامية لمياه البحر أو تقلل من مجالها وتهدف وجهة نظر الأمم المتحدة إلى الاستفادة من السعة الطبيعية للبيئة البحرية لتقبل وتحلل الملوثات عليه. لذا فإن السيطرة على تلوث المياه (البحار) يجب أن تأخذ بنظر الاعتبار هذا الوصف وأن تصاغ اللوائح القانونية طبقاً لذلك.

المواد المشعة: توجد لوائح قانونية خاصة بالسيطرة على الفضلات ذات المستوى الاشعاعي المنخفض وتعود هذه اللوائح في بريطانيا إلى عام 1460 إذ تقضي هذه القوانين بتسجيل كافة مستخدمي النظائر المشعة لدى الجهات المسؤولة لكي يسهل متابعتها وتسمح بعض القوانين بإلقاء الفضلات ذات المستوى الاشعاعي المنخفض بعد وضعها في حاويات محكمة الغلق ومبطنة بالكونكريت إلى أعماق البحار على أن يتم ذلك تحت إشراف الجهات المسؤولة ويتم ذلك عند مواقع محددة من البحار، حيث يتم تسجيل كميات المواد المطروحة ومواصفاتها بشكل دقيق إما بالنسبة للفضلات المشعة ذات المستوى الاشعاعي العالي والتي تنتجها محطات الطاقة النووية فإنه يقضي دفنها في مقابر خاصة في نفس الموقع تبعاً للقوانين السارية في الوقت الحاضر وهناك جهات مسؤولة في كل بلد للإشراف على هذه المقابر وإجراء الفحوصات والتحاليل الدورية.

ب- وسائل التطبيق:

تشرف على السيطرة على تلوث المياه عدة جهات ووكالات مسؤولة وهناك جهة رسمية في كل بلد تقوم بمهمة الإشراف والتنسيق بين هذه الجهات. وتعتمد هذه الجهات المسؤولة على لجان

استشارية تقنية تقوم بمساعدة الجهات المسؤولة بالنسبة لنوعية المياه وتصريف أطيان المجاري والمطهرات الصناعية والقابلية على التحليل البايولوجي واستعادة المياه وتحليلها أو التلوث النفطي، من ناحية أخرى فإن هذه الجهات المسؤولة تشجع دعم الأبحاث المتعلقة بتلوث المياه مثل دراسة الآثار التلوثية على الأسماك في البحار ودراسة سمية بعض المضافات المستخدمة عند إزالة البقع الزيتية وإيجاد طرق جديدة لإزالة الملوثات النفطية من البحار وعند السواحل.

جـ- تقدير التلوث:

إستناداً إلى نتائج التحليل نستطيع أن نقدر دون شك أهمية وخصائص التلوث لكن عندما يتعلق الأمر بتنقية خليط من المياه المستعمل في المدن وتلك المستعملة في الصناعة فإنه يصعب علينا تحديد كثافة التلوث الحقيقية.

فإذا استعملنا في هذه الحالة عوامل مناسبة كجهة مصب المياه أو وزن الإنتاج أو المواد المعدمة لاستطعنا أن نحسب ما يسمى >السكان المعادل< الذي يجب أن يضاف إلى سكان المدن المستعملين شبكة المجاري.

ونُعبر عن هذه القواسم ب "معادل-سكان" وبالامكان تحديدها استناداً إلى طلب المياه الصناعية للحاجة البيوكيميائية للأكسجين ولقد حدد (ك-اليمهوف) K. Imhoff في دليل النظافة كثافة التلوث بالغرام للشخص الواحد وفي اليوم الواحد.

فالرقم 54 غم للشخص الواحد وفي اليوم الواحد ما زال مقبولاً. وقد اقترح رفع هذا الرقم إلى 75 غم حيث تكون التجمعات السكنية كثيفة.

لقد اقترح (ليتمان ورد موللر) Lietmant and Riedmuller عام 1968 لمحطات التنقية القواعد الحسابية التالية:

عن الشخص الواحد وفي اليوم 200 ل من المياه المستعلمة 75 غم الحاجة البيوكيميائة للأوكسجين DBO، 110 غم من المواد المعلقة Materials en suspension MES.

المذاق والرائحة: يمكن لعدد من المواد الطبيعية والتي هي من صنع الإنسان إن تسبب تغير في مذاق ورائحة المياه ومجرد وجود آثار في بعض هذه المواد يكفي لإصدار حكم أن الماء ملوث.

وعادة بشكل فريق يطلق عليهTaste Panel يكون مدرب علمياً وعملياً لتذوق الماء والحكم على صلاحيته.

د- المكافحة ضد التلوث:

أولاً - تنقية المياه المنزلية المستعملة:

إن وسائل تنقية المياه المنزلية المستعملة، مثل مياه المجاري العامة هي محدودة تقريباً، أكانت تلك الوسائل قريبة من الشروط الطبيعية (أحواض التأكسد) أو معقدة (طبقات البكتيريا - الأوحال المنشطة،...الخ). والسبب يعود في الواقع إلى أن تركيب مياه المجاري معروفة جيداً ومنتظم بعكس تركيب السيول أو المياه الصناعية.

هذه التنقية الطبيعية يعود فضلها إلى الأعمال الحيوية للجسيمات الحيوانية ابتداءً من الميكروبات إلى الأجسام الأكثر تفوقاً، كما يعود إلى وجود النباتات وإلى عملية التخلق الضوئي.

1- أحواض التأكسد - التعبئة: تستعمل التنقية الطبيعية في أحواض التأكسد أو الترشيح المسمّاة أحياناً "البحيرات المالحة" (من البحيرات الموجودة في الولايات المتحدة) وتدعى هذه العملية بالتبخر.

2- حفرة التأكسد: مشتقة من >البحيرات المشبعّة بالهواء<.

3- الحفرة العفنة.

4- التأكسد التام أو >التهوية الطويلة الأمد<.

5- التهوية بوساطة التوربينات.

6- الطرق الفيزيو - كيميائية.

ثانياً- تنقية المياه الصناعية المرُسّبه:

نقاط رئيسية لمبدأ عملها:

1- فصل ملوثات المياه.

2- إعادة استعمال المياه.

3- استرجاع المواد الثانوية.

طرق تنقية المياه الصناعية المرسبة.

يمكن تنقية المياه الصناعية المرسبة بواسطة طرق كلاسيكية استعملت في تنقية مياه المجاري: وهي متصلة ومكملة مع بعضها البعض بوسائل عديدة، ومقيدة بمبدأ إعادة استعمال المياه. مبدأ الاسترجاع ومبدأ عدم الإتلاف، كما يمكن استخدام طرق التنقية المختلفة.

ثالثاً- المكافحة ضد التلوث ذات الطابع الجماعي والدولي:

إن الملوثات المسماة "جماعية" التي تهدد صحتنا، سعادتنا وحضارتنا هي:

- تلوث الأنهار الدولية.
- تلوث البحار والمحيطات.
- التلوث بالمحروقات.
- التلوث بالمطهرات الاصطناعية
- التلوث بالمواد المشعة.
- التلوث بالأملاح المعدنية، وبالمواد المستعملة ضد الأوبئة والمواد الكيميائية المستعملة في الزراعة.
- التلوث بالنفايات العائدة للتجمعات السكنية والصناعية الكبرى.

رابعاً- الأوجه الاقتصادية لمكافحة التلوث:

1- المساعدة الحكومية

إن المجموعات السكنية، تستفيد بشكل عام من التسليف والإعانات المالية التي تقدمها الدولة في ظروف متنوعة. وكذلك فإن المؤسسات الخاصة لم تكن مستبعدة عن هذه التسهيلات. فقانون المال الصادر في 30 كانون الأول 1965 (المادة 12) أقرّ بأن تخفيفاً استثنائياً للضرائب يصل إلى 50% يمنح المنشآت المقررة لتنقية المياه الصناعية، وأن هذه الإجراءات ما زالت سارية المفعول، إن القانون العام للضرائب يسمح بتخفيف نسبته 50% على سعر كلفة المنشآت، اعتباراً من السنة الأولى لإنتهائها.

2- تدخل الوكالات المالية للأحواض - العائدات

يمكننا الإيجاز عن كيفية تحصيل عائدات التلوث بما يلي:

العائدات الصافية أو الخام (أي العائدات عن كل اقتطاع وعن كل إتلاف لجودة المياه مع علاوة التنمية) وهي تلزم:

أولاً: كل شخص ذاتي أو معنوي، العامة أو الخاصة، غير المجموعات السكنية العامة، كما تلزم المؤسسات والصناعات للتصريف الغير خاضع لعائدات البلدية للصحة التي أنشئت تطبيقاً لقانون رقم 945 - 67 الصادر في 24 تشرين الأول 1967.

ثانياً: البلديات والقرى.

المياه العادمة الخارجة من المصانع:

هي تلك المياه الخارجة أو الناتجة من استعمال المياه في بعض أو كل مراحل التصنيع أو التنظيف أو التبريد أو غيرها سواء كانت معالجة أو غير معالجة.

الاشتراطات العامة للمياه العادمه الخارجة من المصانع:

يجب أن تتوفر الاشتراطات العامة التالية:

1- أن لا تؤثر المياه العادمة الخارجة من المصانع سلبياً على البيئة العامة لضمان المحافظة على صحة وسلامة الإنسان وبحيث لا تؤثر سلبياً على التنمية الاقتصادية والاجتماعية في المنطقة أو الحوض المائي الممكن أن يتأثر بهذا التلوث.

2- يحدد الاستعمال النهائي للمياه العادمة الصناعية الخواص أو الإرشادات التي يجب تطبيقها على نوعية هذه المياه الموضحة في الجدول رقم (4-9) مع ضمان عدم الاخلال بالتوازن البيئي في المنطقة المتأثرة به.

3- أن لا تؤثر المياه العادمة سلبياً على نوعية المياه الجوفية الواقعة في منطقة تصريف المياه العادمة الخارجة من المصانع أو الحوض المائي المتأثر بذلك.

4- أن لا تؤثر المياه العادمة سلبياً على نوعية المياه السطحية المستقبلة للمياه العادمة الخارجة من المصانع ولا تؤثر سلبياً على الحياة المائية.

5- في حالة إعادة استعمال المياه العادمة الصناعية لأي مرحلة من مراحل التصنيع (تبريد، تنظيف ... الخ) أو الري أن لا تؤثر سلبياً على صحة وسلامة العاملين في المصنع أو المستهلكين للمنتوجات.

6- في حالة إعادة استعمال المياه العادمة الصناعية لأغراض الري العامة تؤخذ بعين الاعتبار ارشادات منظمة الأغذية والزراعة وأمر الدفاع الخاص بالمياه العادمة والتعليمات الصادرة بموجبه إذا كانت مختلطة مع مياه الصرف الصحي الخاصة بالمصنع.

7- في حالة ربط المياه العادمة الصناعية بالشبكة العامة للصرف الصحي التابعة لسلطة المياه، أن تكون مطابقة لتعليمات الربط بشبكة الصرف الصحي وما يطرأ عليها من تعديلات.

جدول (**12-4**): خواص المياه العادمة الخارجة من المصانع

الخواص	إعادة الاستعمال لأغراض الري	التغذية الطبيعية المياه الجوفية	البحر	الصرف إلى سيول أنهار ووديان تجمعات مائية
	◆ الحد الأعلى المسموح به (ملغ / لتر (+))			
الاكسجين الممتص حيويا◆	–	50	-	50
الاكسجين الممتص كيماويا–	–	150	200	150
الاكسجين المذاب	1◆	1 ◆	5*	1◆
المواد الذائبة الكلية	2000 (2)	1500 (1)	-	3000 (1)
المواد العالقة الصلبة الكلية	100 (3)	-	-	50
الرقم الهيدروجيني	6,5 - 8,4	6,5 - 9,0	9.0-5.5	6,5 - 9,0
اللون	-	15	75	15
التغيير في درجة الحرارة	-	-	4	-
الزيوت والشحوم	5		10	15
الفينول	0,002	0,002	1	0,002
المنظفات الصناعية	-	15	-	25
النترات – نيتروجين	20	12 (4)	12	12 (4)
الامونيا	5	5	125	5
النيتروجين الكلي	50	-	-	-
الفوسفات – فوسفور	-	-	-	15
الكلورايد	250	500	-	500
الكبريتات	400	500	-	500
الفلورايد	-	1,5	-	1,5
البايكربونات	500	-	-	-
الصوديوم	-	400	-	-
المغنيسيوم	-	-	-	-
الكالسيوم	-	-	-	-
نسبة ادمصاص الصوديوم	9	-	-	–

5	-	0,3	5	الالمنيوم
0,05	0.01	0,05	0,1	الزرنيخ
1	-	1	(5) 1	البورون
0,1	0,3	0,05	0,1	الكروم الاجمالي
2	0,1	2	0,2	النحاس
1	2	1	5	الحديد
0,2	0,2	0,2	0,2	المنغنيز
0,2	0,02	0,1	0,2	النيكل
0,1	0,1	0,1	1,0	الرصاص
0,02	0,02	0,05	0,02	السيلينوم
0,01	0,07	0,02	0,01	الكادميوم
15	-	15	2	الخارصين
0,1	1,0	0,1	0,1	السيانيد
0,001	0,001	0,001	0,001	الزئبق
-	5000	-	-	عدد بكتيريا القولون الأكثر احتمالاً في 100 مم*
(6) 1000	-	(6) 1000	(6) 1000	عدد بكتيريا القولون البرازية الأكثر احتمالا في 100مم*
1<	-	-	1<	الديدان المعوية بيضة / لتر

(+) الوحدة ملغم/لتر ما لم يذكر خلاف ذلك ويعتمد المعدل الشهري ما عدا الخصائص الشديدة السمية.

(*) قيم الأكسجين المذاب هي الحد الأدنى.

(**) ويعتمد ذلك على نوعية المزروعات وكمية الإنتاج وطرق الري المعتمدة ونوعية التربة والمناخ والمياه الجوفية في تلك المنطقة.

(-) غير محدد ويعتمد في تحديده على الاشتراطات العامة والقياسية.

الطرق الشائعة لمعالجة مياه المجاري والتخلص منها:

1- التركيز: التركيز المنفصل، التركيز بالسقوط بالجاذبية، الطفو.

2- الهضم: البكتيريا الهوائية (التي تستخدم الاكسجين الحر)، البكتيريا غير الهوائية التي تستخدم الاكسجين الموجودة في المركبات الكيميائية.

3- إزالة المياه: التجفيف، البرك، الترشيح في جو مخلخل، الطرد المركزي.

4- التجفيف الساخن والحريق: التجفيف الساخن، الترميد، المجامر المتعددة، المواد الصلبة المميعة، الأكسدة الرطبة.

5- التخلص من الحمأة: الحفر الأرضية، استصلاح التربة، الإلقاء في البحر.

تلوث الهواء ومكافحته   Air Pollution

تلوث الهواء

أصبح تلوث في مقدمة الموضوعات التي تثير النقاش والجدل الحاد في مختلف الأوساط والدوائر وفيما بين المواطنين أنفسهم، فهو يشغل بال المشرعين الذين يسنون القوانين ورجال الأعمال ودافعي الضرائب الذين يتحملون العبء في النهاية، والعلماء والمهندسين الذين يستخلصون النفايات وكثيراً ما يكشف هذا النقاش عن ثغرات خطيرة في المعارف العلمية والتكنولوجية المطلوبة لتدعيم التحكم في البيئة الهوائية ولكن يقابل مواطن الجهل هذه ما هو متاح من الوسائل العملية والعلمية والتكنولوجية المستخدمة في الأقلال من تلوث الهواء وإن كان ذلك لم يتحقق بالدرجة المطلوبة في أي مكان حتى الآن.

الغلاف الجوي

يعمل الغلاف الجوي الذي يحيط بالكرة الأرضية على حماية الكائنات الحية الموجودة على سطح الأرض ولولا وجود هذا الغلاف الجوي ما كان يمكن لجميع صور الحياة التي نشهدها أن تستمر على سطح هذا الكوكب حيث يمدها بالاكسجين اللازم للتنفس وبدونه تموت جميع الكائنات بالاختناق خلال دقائق معدودة.

يتركب الهواء الجاف من مجموعة غازات تضم في معظمها النتروجين و الأكسجين إضافة إلى بعض الدقائق الصلبة أو السائلة المعلقة والتي توجد على ارتفاعات مختلفة.

جدول (4-13): المكونات الثابتة للهواء الجوي

التركيز p.p.m	النسبة الحجمية (هواء جاف)	المكونات
-	78.084	النيتروجين
-	20.946	الأكسجين
-	0.934	الأرغون
18.2	0.00182	النيون
5.24	0.000524	الهيليوم
1.5	0.000152	الميثان
1.14	0.000114	الكريبتون
0.5	0.00005	الهيدروجين

جدول (4-14): المكونات المتغيرة للهواء الجوي

التركيز p.p.m	النسبة الحجمية (هواء جاف)	المكونات
	0-3	بخار الماء
332	0.0332	ثاني أكسيد الكربون
100>	-	أول أكسيد الكربون
0-1	-	ثاني أكسيد الكبريت
0-0.2	-	ثاني أكسيد النيتروجين
0-10	-	الآزوت

وللغلاف الجوي أيضاً دوراً في تكييف مناخ الأرض وتوفير الجو الملائم في درجات الحرارة المناسبة والرياح المختلفة التي تساعده على تلطيف الجو. وكذلك في حماية الحياة على الأرض من كثير من مكونات الأشعة الشمسية الضارة حيث يتم تصفية هذه المكونات الواحدة تلو الأخرى فلا يصل إلا الأشعة النافعة للبيئة وما يعيش فيها.

ويتبادر إلى الذهن لأول وهلة أن طبقة الأوزون هي إحدى الطبقات المكونة للغلاف الجوي المحيط بالكرة الأرضية إلا أن الحقيقة تختلف عن ذلك حيث يتكون الغلاف الجوي من الهواء المحيط بالأرض. والأوزون هو إحدى أنواع الغازات المكونة للغلاف الجوي والذي يوجد بنسبة 0,00006% أما بالنسبة لأنواع الغازات الممزوجة في الغلاف الجوي النيتروجين بنسبة 78%، الاكسجين بنسبة 20.9% ، ثاني أكسيد الكربون بنسبة 0.03% والأرجون بنسبة 0.9%.

طبقات الغلاف الجوي

ينقسم الغلاف الجوي رأسياً إلى طبقات

1- الطبقة السفلية (التروبوسفير): تمتد هذه الطبقة من سطح الأرض حتى ارتفاع حوالي 18 كم عند خط الاستواء وحوالي 8 كم فوق القطبين الشمالي والجنوبي. وهي الطبقة التي يعيش فيها الإنسان وسائر الكائنات الأخرى من نبات وحيوان.

والتروبوبوز: اسم يطلق هذا الاسم على الطبقة الفاصلة بين التروبوسفير والطبقة التي تليه في الارتفاع.

2- الطبقة العليا (الستراتوسفير) : تمتد هذه الطبقة من مستوى التروبوبوز إلى ارتفاع يتراوح بين 50-55 كم فوق مستوى سطح البحر وهي خالية تماماً من التقلبات الجوية.

ويوجد معظم الأوزون الذي يغلف الكرة الأرضية في طبقة الستراتوسفير على ارتفاع يتراوح بين 15-50 كم فوق سطح الأرض مما دعى العلماء إلى إطلاق اسم طبقة الأوزون (مجازاً) أو الأوزوسفير (Ozosphere) عليها.

3- طبقة الميزوسفير: تمتد هذه الطبقة من أعلى طبقة الستراتوسفير حيث الحد الفاصل بين هذه الطبقة والطبقة التي تليها ويسمى هذا الحد الفاصل (الستراتوبوز) إلى ارتفاع حوالي 80 كم.

4- طبقة الثرموسفير: نبدأ هذه الطبقة على ارتفاع حوالي 80 كم وتتميز بأنها تدخل ضمن طبقة الأيونوسفير التي تتأثر بالاشعاع المؤين الصادر من الشمس وكذلك تتميز بأنها تعكس الموجات اللاسلكية.

5- طبقة الاكسوسفير: تبدأ على ارتفاع حوالي 500 كم وهي أعلى طبقات جو الأرض وتتدنى خلالها كثافة الغازات إلى أدنى حد لها.

الأهمية الصحية للهواء

يحتاج الإنسان العادي يومياً ما يقارب (15) كيلو غرام من الهواء لتنفسه مقارنة بحاجته إلى 3 2- كغم من الماء لشربه، وكيلو غرام واحد من الغذاء. وإذا كان بمقدور الإنسان الصبر على الجوع والعطش لعدة أيام، فإنه لا يصبر على انعدام الهواء أكثر من دقائق معدودة، وإذ كان بمقدور الإنسان تجنب شرب الماء الملوث وأكل الغذاء الفاسد لحين توفر البديل غير الملوث، فإنه لا يستطيع التوقف عن التنفس لفترة تزيد في اقصاها عن خمس دقائق بغض النظر عن نوعية الهواء المتوفرة جيث أن تنفس الهواء عملية مستمرة وبتوقفها تتوقف الحياة.

فساد الهواء

توجد عدة أسباب لفساد الجو وتحوله إلى جو ضار بالصحة وأهم هذه الأسباب:

1) الغازات الناتجة من تنفس الإنسان والحيوان والنبات.

2) التخمر واحتراق وتعفن المواد العضوية.

3) مخلفات المصانع من أبخرة وغازات ضارة.

4) بقايا الاحتراق من وسائل المواصلات.

ويعتبر الهواء فاسد إذا قلت فيه نسبة الأكسجين عن 17% أو زادت نسبة بخار الماء عن المحتمل، أو وجدت به غازات ضارة بالصحة مثل أول أكسيد الكربون والأثيلين.

5) وجود الميكروبات والفطريات المسببة للأمراض المعدية التي تنتقل عن طريق التنفس والتي تخرج بكميات كبيرة في هواء زفير المرضى مما يجعل هواء الغرفة فاسداً مسبباً لنقل العدوى إلى الأصحاء. بعض هذه المواد الضارة يمكن الشعور بها إذا وجدت في الهواء مثل زيادة نسبة الرطوبة أو وجود غازات ذات رائحة أو وجود أتربة وبعضها الأخر لا يحس بها الإنسان مثل الميكروبات وغاز أول أكسيد الكربون ولذلك يكون من الصعب الوقاية منها ما لم توجد دلائل على وجودها وفي جو الصناعة تختلف المواد الضارة الموجودة في محيط المصنع تبعاً لاختلاف نوع الصناعة والمواد الأولية المستعملة فيها وطرق التهوية في المصنع وغير ذلك مما يدخل في نطاق الصحة المهنية.

وفي العصر الحديث أصبح الهواء ملوثاً بالمواد الضارة التي تنبعث من الانفجارات الذرية تاركة في الهواء الذرات المؤينة.

هناك عوامل طبيعية تساعد على تنقية الهواء أو تقليل فساده مثل النباتات الخضراء التي عن طريق عملية التمثيل الضوئي تنقي الجو من ثاني أكسيد الكربون ووجود الشمس ضروري لهذه العملية كما أنها تساعد على قتل الكثير من الميكروبات والفطريات والأمطار تغسل الجو مما يكون عالقاً به من أتربة وذرات وكذلك تذيب الغازات، والرياح تحرك الهواء ويمكنها أن نقل الغازات والمواد الضارة في الهواء إلى أماكن بعيدة.

الشروط الواجب توافرها في الهواء الصالح لكي يكون الهواء مناسباً للإنسان ويشعر فيه بالراحة والنشاط:

1) درجة الحرارة تكون أقل من درجة الجسم وتتراوح بين 18-15°م.

2) يجب أن يكون بالهواء نسبة رطوبة معتدلة أي ليس جافا ولا رطب حتى يمكن للجسم أن يتخلص من حرارته الزائدة عن طريق العرق.

3) يجب أن يكون الهواء متحركاً وليس ساكناً حتى تتجدد طبقة الهواء الملامسة للجسم.

4) يجب أن يكون الهواء نقياً خالياً من الأتربة والغازات الضارة مع ضرورة تهوية وتجديد الهواء في المصانع.

5) خلو الجو أو تطهيره من الميكروبات الضارة وهذه الطريقة غير عملية.

أنواع ملوثات الهواء:

1- الجزيئات الصلبة: وهي متعددة المصادر منها من أصل حجري مثل الرمل، ومنها من أصل معدني مثل الحديد، ومنها من أصل أملاح مثل أملاح الرصاص، ومنها من أصل نباتي مثل الطحين.
ويتراوح قطر هذه الجزيئات من ميكرون إلى مئة ميكرون >الميكرون جزء من ألف من المليمتر< وتنتج الجزيئات الصغيرة من الدخان واحتراق الأجسام المختلفة. وتتطاير في الهواء فتحملها الرياح إلى مسافات بعيدة عن مصدرها.

بينما تتساقط الجزيئات الكبيرة من الهواء الساخن أو الهادئ في منطقة قريبة من مصدر نشوئها. وتنتشر الجزيئات الصغيرة وتسبح في الهواء وتتجمع وتمتص بخار الماء فتشكل ستاراً

رقيقاً من الغيوم التي تمتص الضوء وتساهم في تكوين الضباب. وهذا يؤثر على وضوح الرؤية فالهواء المحمل بالغبار ضار للنباتات. فهو يسد المسام مما يؤدي إلى انخفاض في التركيب الضوئي وإعاقة التنفس كذلك يؤثر الغبار بشكل مباشر في الحالة النفسية عند الإنسان فيشعر بالانقباض النفسي وعدم الرغبة في العمل، والغبار العضوي يعتبر مادة مسرطنة.

2- جزيئات المعادن السامة: مثل الأسبستوس والرصاص والبريليوم والكادميوم والزئبق. إذا تشكل جزيئات الأسبستوس غباراً يتطاير في الهواء. نتيجة استعمال هذه المادة في مكابح السيارات والقطارات والمصاعد الكهربائية كما يستخدم الأسبستوس كعازل حراري وغلافاً لبعض المواد يقيها من الحريق. ويعتبر غباره ساماً وضاراً بالصحة. وهو يصل إلى الرئتين عن طريق التنفس مسبباً سرطان الرئة والقصبة الرئوية. وتكثر الإصابات بين عمال المناجم والمصانع التي تتعامل به، وهي تصنف ضمن الأمراض المهنية.

الرصاص هو أكثر المعادن السامة انتشاراً في الهواء بشكل أكاسيد الرصاص وهو يستعمل في مجالات متعددة منها أنابيب المياه في المنازل، مواد الدهانات، أوعية المعلبات. أحرف الطباعة الرصاصية. ينتشر الرصاص في الهواء بشكل أساسي من دخان السيارات. ومع ازدياد تلوث الهواء بالرصاص تزداد نسبة المصابين بأمراض الجهازين الهضمي والتنفسي. كذلك يبدو هناك علاقة واضحة بين زيادة تركيز الرصاص في أجسام الأطفال وانخفاض مستوى الذكاء والقدرات العقلية وينتقل الرصاص إلى الجسم عن طريق الأطعمة. ويسبب تسمم الرصاص أعراضاً منها الإسهال والتعب والصداع والتخلف العقلي، والزئبق أيضاً من الملوثات السامة وهو ينتشر بشكل بخار مسبباً أثار سلبية على الجهاز العصبي. وأهم مصادره في الهواء محطات الطاقة الكهربائية ومعامل تصنيع الزئبق.

3- الفحوم الهيدروجينية: هذه مركبات من الكربون والهيدروجين. مثل الميثان والايثان. ناتجة عن تكرير النفط وعن الاحتراق غير الكامل للوقود في المحركات ووسائل النقل. وتزداد نسبة انتشارها عند سير السيارات ببطء. وتقل نسبتها بالسرعة المثلى التي تبلغ 80 كم في الساعة. ومن أكثر هذه المركبات ضرراً البنزوبيرين الذي يعتبر من مسببات السرطان.

4- ملوث الاحتراق في المحركات: تنبعث من الاحتراق غير الكامل للوقود غازات ومركبات مختلفة تلوث الهواء. وتختلف هذه الملوثات تبعاً لطبيعة المحركات التي تستعمل البنزين أو السولار - "المازوت".

إن السرعة المثلى للسيارات التي تعمل على البنزين تقلل من انتشار أول أكسيد الكربون والفحوم الهيدروجينية لكنها تزيد أكاسيد النيتروجين. أما الابطاء في سير المحرك فيؤدي إلى انتشار أقل لأكاسيد النيتروجين وارتفاع في انتشار الفحوم الهيدروجينية وأول أكسيد الكربون.

5- المبيدات الكيميائية منها المبيدات الزراعية والحشرية : وهي مركبات سامة خصوصاً تلك المحتوية على عنصر الكلور، هذه المبيدات على رغم أنها تفيد في زيادة انتاج المحاصيل، تشكل في التربة مركبات سامه تنتقل إلى الإنسان والحيوان.

وهي تنتقل إلى الكائنات الحية أيضاً عن طريق الهواء. كما أنها تتسرب إلى المياه الجوفية والأنهار والبحار وتسممها. لذا يجب استخدامها بشكل عقلاني ومحدود.

6- المواد المشعة والغبار الذري: هذه من أخطر أشكال التلوث ذات التأثير العالمي. عند انفجار قنبلة ذرية واحدة ينتشر نحو 200 عنصر مشع ويتلوث الهواء والماء والتربة والنبات والحيوان والإنسان. ويقع الغبار الذري بأشكال متفاوتة: الغبار الذري الذي يتألف من جزيئات كبيرة يقع في منطقة التفجير. والغبار الذي يتألف من جزيئات صغيرة يقع في الطبقات السفلى من الغلاف الجوي. ويمكن أن ينتقل بواسطة الهواء. وتلعب سرعة الرياح دوراً في ذلك. والغبار الذري الدقيق "أجزاء من الميكرون" يبقى معلقاً في الطبقات المتوسطة والعليا من الغلاف الجوي ليترسب على الأرض خلال سنوات.

تسبب المواد المشعة والغبار الذري أمراضاً تنتقل إلى الأبناء متمثلة بالتشوهات الجسمية والعقلية. ومن أهم هذه الأمراض السرطان. خصوصاً في الدم وأمراض الجلد وسقوط الشعر، وأمراض الجهاز الهضمي والتقرحات المعدية والتقيوء وفقدان الشهية.

يمكن تصنيف مصادر التلوث الهوائي إلى مصادر طبيعية وأخرى صناعية.

أ- المصادر الطبيعية

تعتبر البراكين من أهم المصادر الطبيعية لانبعاث الجسيمات وغازات كبريتيد الهيدروجين وثاني أكسيد الكبريت والميثان. أما الحرائق العرضية فتعد المصدر الرئيسي لانبعاث مائيات الفحم وأول أكسيد الكربون وأكاسيد النيتروجين وتلعب المستنقعات دوراً مهماً في انبعاث العديد من غازات التحلل إلى الجو، وتعلب النباتات والأشجار دوراً مهماً في توازن غازات الجو بالذات غازي الأكسجين وثاني أكسيد الكربون. فهي تمتص غاز ثاني أكسيد الكربون من الجو عبر عملية التمثيل الضوئي. أما تحلل هذه النباتات فإنه يعد مصدراً رئيساً لمائيات الكربون، كذلك فإن كل

معدن أو عنصر موجود على الأرض يمكن أن ينتقل إلى الجو على شكل ذرات ناعمة تنقلها الرياح، وفي بعض الأحيان من الممكن أن تحتوي هذه الذرات على نشاط اشعاعي طبيعي.

تفوق كمية الملوثات الرئيسة المذكورة آنفاً المنبعثة من مصادر طبيعية تلك المنبعثة من الأنشطة الصناعية، فبينما ينبعث ما مجموعة 220 مليون طن سنوياً من الغازات الكبريتية من المصادر الطبيعية فإن كمية ما ينبعث من هذه الغازات من كافة الأنشطة الصناعية وفي العالم يتراوح بين 155-146 مليون طن سنوياً ويتراوح الانبعاث الطبيعي لأكاسيد النيتروجين من 6-15 ضعف كمية الانبعاث الصناعي.

ب- المصادر غير طبيعية

ويمكن إجمال هذه المصادر بالآتي:

1) عوادم وسائط النقل المختلفة: أهم ملوث ينبعث من هذا المصدر هو أول أكسيد الكربون ولقد تفاقمت هذه المشكلة بسبب الزيادة الهائلة في عدد المركبات التي صاحبت الازدياد السكاني، وارتفاع مستوى المعيشة، ولقد دلت الدراسات أن السيارة الصغيرة تطلق من عادمها خلال كل ساعة تشغيل حولي 60م^3 من الغازات، أما السيارات الكبيرة فينبعث من عادمها حولي 120م^3 من تلك الغازات.

2) الصناعات: تختلف هذه الملوثات الصناعية تبعاً لنوع الصناعة ومراحل التصنيع ونوعية الآلات المستخدمة والجدية في تطبيق القوانين المتعلقة بمنع التلوث فقد تنبعث الملوثات إلى الجو في أثناء التعامل مع المواد الأولية المستخدمة في الصناعة، أو في أثناء عملية التصنيع، كما أن الطاقة المستخدمة في الصناعات بشكل عام تتطلب استخدام الفحم أو مشتقات البترول كوقود والتي باحتراقها تنتج ملوثات هوائية، وأهم الملوثات الصناعية هي أكاسيد الكبريت والنيتروجين وأول أكسيد الكربون والجسيمات ومما يساعد على تحديد كمية الملوثات المنبعثة من هذا المصدر التوزيع الصناعي السليم واختيار الوقود ومعالجة الملوثات المنبعثة.

3- محطات توليد الطاقة الكهربائية: إن توليد الطاقة الكهربائية في معظم بلدان العالم ما زال يأتي في معظمه من حرق الفحم ومشتقات البترول والغاز الطبيعي، فعند استخدام الفحم كوقود تكون الملوثات على شكل أكاسيد النيتروجين والكبريت والكربون كما أن احتراق الكبريت الموجود كشائبة في الوقود ينتج ثاني أكسيد الكبريت.

4- حرق الوقود للحصول على التدفئة: سواء كان ذلك في المنزل أو مكان العمل والملوثات المنبعثة من هذا المصدر مرتبطة بنوعية الوقود المستخدم.

5-حرق النفايات الصلبة: تعالج النفايات الصلبة في كثير من الأحيان عن طريق حرقها، ويقدر ما ينبعث من كل طن من النفايات المحروقة بـ 12 كيلو غرام ملوثات هوائية.

6-مصادر إضافية للملوثات الهوائية: الملوثات العضوية الناتجة تحلل النباتات، الغبار المتطاير من سطح الأرض، تدخين التبغ، مادة المطاط المتطايرة من إطارات المركبات، المذيبات العضوية المستخدمة في عبوات ا لعطور ومستحضرات الشعر المضغوط، الغبار الكوني.

كذلك يمكن تصنيف مصادر ملوثات الهواء "Sources Of Air Pollutants" كما يأتي:

1) المصادر الثابتة (Stationary Sources) :

مثل محطات توليد الطاقة الكهربائية والمصانع حيث يتم الاحتراق في مكان ثابت، ومن أهم مصادر تلوث الهواء الثابتة في الأردن ما يلي:

- مصفاة البترول الأردنية / الزرقاء - الهاشمية.
- محطة الحسين الحرارية / الزرقاء - الهاشمية.
- محطة العقبة الحرارية / العقبة.
- مصانع الأسمنت الأردنية / الفحيص.
- مصنع الأسمدة ومصنع الزجاج.
- محطات تعبئة البنزين.
- مكاب النفايات ... الخ.

وفيما يلي نستعرض مثال على ذلك:

- الأنشطة المنزلية: يمكن القول أن الأنشطة المنزلية وفي طليعتها مواقد الاحتراق في نظم التدفئة المركزية تساهم بجزء بسيط نسبياً في التلوث الهوائي وخصوصاً في الدول الفقيرة. أما في الدول الصناعية الباردة مثل بريطانيا وألمانيا وفرنسا فإن نظم التدفئة المركزية تساهم بنسب أكبر في تلوث الهواء.

هذا وتحاول المصانع غالباً اعطاء الأنشطة المنزلية دوراً أكبر مما تستحق في تلوث الهواء وذلك للتخلص من مسؤوليتها في المحافظة على نوعية جيدة من الهواء.

2) المصادر المتحركة (Mobile Sources):

تساهم وسائل المواصلات الحديثة بأنواعها المختلفة في تلوث الهواء وخصوصاً في المدن. وقد أدى التزايد السريع في عدد المركبات إلى زيادة ملحوظة في تلوث الهواء في العالم وتعتمد درجة التلوث الناتجة عن المركبة على نوعية المحرك وحالة العربة أو المركبة العامة وكثافة حركة المرور. ويعتمد توزيع الملوثات الناتجة عن المركبات على الظروف المناخية والطبوغرافية. فإذا كانت المركبة تسير في نفق فإن نسبة توزيع الملوثات تكون أقل بكثير من سير المركبة على شارع مفتوح أو جسر أو طريق سريع.

ففي الشوارع المفتوحة تبين القياسات على أنه على بعد 30م يحتفظ التلوث بنحو 50 % من قيمته ويقدر عدد المركبات المسجلة في الأردن حتى سنة 1987 نحو 250 ألف مركبة تستخدم البنزين والسولار. وقد استهلك الأردن عام 1987 نحو 435 مليون لتر بنزين و 888 مليون لتر سولار و126 مليون لتر كاز. ومن كميات الديزل والبنزين (المحروقات) المستهلكة سنوياً يمكن حساب كمية الملوثات الناتجة عنها. أما الرصاص فقد أخذت نسبته تقل نظراً لصدور قانون الرصاص في مختلف دول العالم منذ سنة 1978. وفي عام 2003 يقدّر المركبات في الأردن بحوالي ثلاث أرباع المليون مركبة.

تنبعث عن احتراق البنزين أو الديزل الغازات العادمة عالية نسبياً وعلى نفس الارتفاع الذي يتنفس منه الإنسان وهذا ما يزيد من خطورة المشكلة.

جدول (4-15): مقارنة بين الملوثات الناتجة عن سيارات البنزين والديزل

نوعية الملوثات	سيارات البنزين	سيارات الديزل
أول أكسيد الكربون	249	29.50
هيدروكربونات	9.63	1.80
أكاسيد النيتروجين	9.85	7.20
ثاني أكسيد الكبريت	0.37	4.15
رصاص	0.37	-
سناج	-	1.90

بالإضافة إلى ذلك تتبخر هذه المواد (بنزين وديزل) من الكاربوريتر ومن خزان وقود المركبة. وتتطاير المواد الصلبة الدقيقة والخطرة من جراء استهلاك الاطارات المطاطية والكوابح والغبار الموجود في الشوارع أثناء حركة المرور. بالإضافة إلى الضجيج الذي يؤثر سلباً في الجهاز العصبي للإنسان.

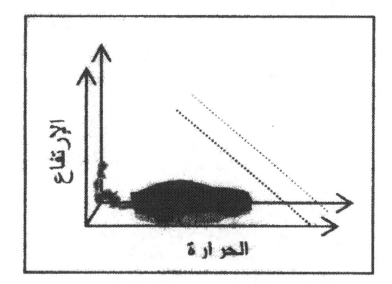

شكل (3-4): الغاز الخارج من عادم السيارة بدرجة حرارة 30°م يؤدي إلى ارتفاع درجة الحرارة في الجو

كما تساهم الطائرات والقطارات والسفن .... الخ في تلوث الهواء. ويمكن القول أن الطائرات المدنية والعسكرية أخذت تساهم بشكل كبير في تلوث الهواء نظراً لنشاط حركة الطائرات في العالم.

- الملوثات الهوائية الأولية والثانوية (Primary and Secondary Air Pollutants) الملوثات الهوائية الأولية عبارة عن ملوثات كيميائية تدخل مباشرة إلى الهواء بسبب الأنشطة البشرية مثل:

$$C + O_2 \longrightarrow CO_2$$

$$2C + O_2 \longrightarrow CO_2$$

أو بسبب خروج SO_2 عند ثورة البراكين

$$S + O_2 \longrightarrow SO_2$$

ومن الجدير بالذكر أن SO_2 يخرج أيضاً عند حرق الوقود الحفري.

أما بالنسبة للملوثات الثانوية فهي عبارة عن مواد كيميائية تتكون في الهواء نتيجة حدوث تفاعل بين اثنين أو أكثر من المواد الموجودة في الهواء حيث يعمل ضوء الشمس كعامل مساعد مثل:

$$2SO_2 + O2 \xrightarrow{\text{UV}} 2SO_3$$

ويتفاعل SO_3 مع بخار الماء في الهواء مكوناً قطرات صغيرة جداً (Droplets) من حامض الكبريتيك كالتالي:

$$SO_3 + H_2O \longrightarrow H_2SO_4$$

وكذلك الحال أيضاً بالنسبة لثاني أكسيد النيتروجين الذي يتفاعل بواسطة الأشعة فوق البنفسجية.

$$NO_2 \xrightarrow{\text{UV}} NO + O$$

$$O + O_2 \longrightarrow O_3$$

وتساعد الملوثات الهوائية الأولية والثانوية في تلويث هواء المدن.

وتشير العديد من الدراسات الوبائية إلى أن أحد الأسباب الأساسية لكثير من الأمراض التي يعاني منها الإنسان اليوم في المدن مثل أمراض الجهاز التنفسي وأمراض القلب وسرطان الرئة هو التلوث الهوائي.

فقد وصلت معدلات التلوث الهوائي في مدن كثيرة درجة الخطورة وبدأ السكان يتأثرون بمشكلة التلوث الهوائي وخطورته. **وقد وجد أن مجموعات ملوثات الهواء السائدة فوق المدن إما أن تكون :**

أ- ضبخن دخاني (**Industrial Smog**) :

ويتكون من ثاني أكسيد الكبريت ومواد عالقة مثل قطيرات حامض الكبريتيك حيث تكون ضباباً داكناً يسمى هواء المدن الداكن (Gray Air Cities) وسيود هذا النوع من التلوث في فصل الشتاء، خصوصاً في ساعات الصباح الباكرة، في المدن القديمة ذات النشاط الصناعي والتي تستعمل الفحم والبترول كمصدر للطاقة ويسودها شتاء بارد ماطر مثل مدينة لندن ولذلك يسمى في بعض الأحيان أيضاً (London Smog).

ب) الضبخن الكيماوي أو ضبخن لوس انجلوس:

عبارة عن مزيج من الملوثات الأولية مثل (Hydrocarbons, NO, CO) والملوثات الثانوية

مثل NO_2, HNO_3, O_3, (PAN_s) ينتج عندما تتفاعل هذه الملوثات مع بعضها تحت تأثير الأشعة الشمسية (UV).

ويسود هذا النوع من الضبخن في المدن ذات المناخ الجاف والحار حيث يتوفر الإشعاع الشمسي النشط. خصوصاً عندما يكون الهواء ساكناً.

وتكون هذه المدن عموماً حديثة ذات نشاط صناعي قليل، ولكن يوجد بها أعداد هائلة من وسائل المواصلات الحديثة. ويحدث هذا النوع من الضبخن في فصل الصيف بين الظهر والساعة الرابعة من بعد الظهر، ومن أشهر المدن التي تعاني من هذه المشكلة لوس أنجلوس وسدني.

يبدأ تكون الضبخن الكيماوي خلال ساعات الصباح عندما تكون حركة المرور على أوجها حيث ينتج.

$$(1)\ 2NO + O_2 \longrightarrow 2NO_2$$

وهو عبارة عن غاز أصفر ذو رائحة حادة ويسمى الهواء البني في المدن (Brown Air Cities)

بعد زيادة نشاط الإشعاع الشمسي تحدث التفاعلات التالية:

$$(2)\ NO_2 \xrightarrow{UV} NO + O$$

$$(3)\ O + O_2 \xrightarrow{UV} O_3$$

جدول (16-4): مقارنة بين الملوثات الناتجة عن محركات البنزين ومحركات المازوت (الديزل).

المادة الملوثة	محركات المازوت (سم^3/م^3)		محركات البنزين (سم^3/م^3)	
	سير بطيء	سرعة مثلى	سير بطيء	سرعة مثلى
أول أوكسيد الكربون	13.8	5.1	0.1	0.1
فحوم هيدروجينية	0.98	0.05	0.047	0.023
أكاسيد النيتروجين	45	314	60	310

تأثير التلوث الهوائي على البيئة: (Effect of Air Pollution on the Environment)

لقد أثبتت الكثير من الدراسات الوبائية و المخبرية أن المصدر الأساسي لكثير من الأمراض التي يعاني منها الإنسان في النصف الثاني من القرن العشرين مثل أمراض الجهاز التنفسي وأمراض القلب وسرطان الرئة والانفلونزا وغيرها هو التلوث الهوائي.

وقد وصلت معدلات التلوث في مناطق كثيرة درجة الخطر أو بمعنى آخر زادت عن حدود القدرة الاحتمالية لبعض عناصر النظام الحيوي، وبدأ الكثير من السكان يشعرون بمشكلات التلوث وخطورتها.

فالضباب الدخاني (Smog) الذي عرفت تكراره مدينة لندن منذ نهاية القرن التاسع عشر يؤدي إلى تهيج العيون والصداع والاعياء وأمراض الصدر، وضيق التنفس، وتعد أمراض الجهاز التنفسي من أخطر آثار التلوث الهوائي وأكثرها شيوعاً وبخاصة أمراض سرطان الرئة والتهابات القصبة الهوائية، وانتفاخ الرئة، وصعوبة التنفس، وتنتج أمراض الجهاز التنفسي عن الحبيبات الدقيقة الملوثة والعالقة في الهواء التي لا يمكن احتجازها في الأنف ومن ثم تصل إلى الرئتين.

وقد شهد العالم كوارث حقيقية بسبب التلوث وخاصة بعد الثورة الصناعية إذ رافق ارتفاع معدلات التلوث الهوائي وفيات فجائية، وأسوأ تلك الحوادث ما حصل في مدينة لندن عام 1952 حيث توفي بسبب الضبخن 4000 شخص، وقد كانت أمراض القلب والجهاز التنفسي تشكل 84% من حالات الوفيات تلك. وزادت معدلات الوفيات بسبب التهابات القصبة الهوائية بحوالي عشرة أضعاف عما كانت عليه قبل تكوّن الضبخن في منطقة لندن.

وعموماً فإن من الصعب التوصل إلى نتائج قطعيه حول العلاقة بين ارتفاع معدلات الوفيات وزيادة تركيز الملوثات الهوائية في الجو. وأياً كان الأمر فقد تم تطوير منهجين لدراسة تلك الظاهرة، المنهج الأول ويعرف بالمنهج الوبائي أي التحليل الاحصائي بينما يعرف المنهج الثاني بالمخبري وذلك يعني اخضاع سموم الملوثات للتجارب المخبرية.

أضرار بعض الغازات الملوثة للهواء:

1- أول أكسيد الكبريت (SO) : ويعتبر غاز أكسيد الكبريت من أخطر الملوثات الهوائية فإضافة لكونه يسبب إصابة الرئتين وأجزاء الجهاز التنفسي الأخرى في الإنسان والحيوانات بالالتهابات. فإنه يعيق عملية التنظيف التي تقوم بها الشعيرات التي تبطن الأجزاء الرئيسية للجهاز التنفسي كما يهيج الغشاء المخاطي للعيون ويهيج الجلد. وأغلب تأثيراته لها صفة الديمومة وقليلاً ما يؤثر فيها العلاج.

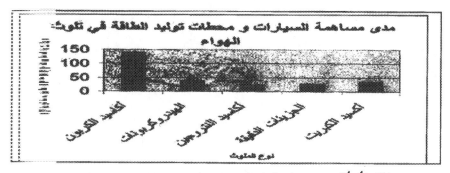

شكل (4-4): مدى مساهمة السيارات ومحطات توليد الطاقة في تلوث الهواء

ويبين هذا الشكل أن السيارات تساهم لوحدها:

1. بحوالي 99 (مليون طن سنوياً) من أكاسيد الكربون.
2. بحوالي 22 (مليون طن سنوياً) من الهيدروكربونات.
3. بحوالي 15 (مليون طن سنوياً) من أكاسيد النتروجين.
4. بحوالي 8(مليون طن سنوياً) من الجزيئات الدقيقة.
5. بحوالي 5 (مليون طن سنوياً) من أكسيد الكبريت.

أما باقي النسب فتشارك محطات توليد الطاقة السيارات في إنتاج هذه الملوثات الخطيرة.

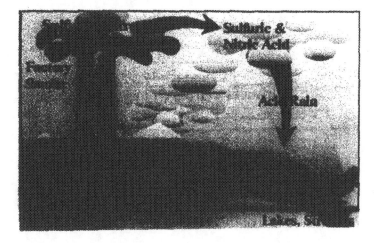

شكل (4-5): تأثير الصناعة والسيارات في تلوث الهواء

2- ثاني أكسيد الكبريت (SO2): لا تقتصر سمية ثاني أكسيد الكبريت على الإنسان والحيوانات فقط، وإنما تؤثر أيضاً على النباتات، ويظهر هذا التأثير بزوال اللون الأخضر بين عروق الورقة حيث يتحول بالتدريج إلى اللون الأصفر أو البني، ويقل نشاط الخلايا إذا زاد تركيز

190

ثاني أكسيد الكبريت عن الحد الذي يستطيع النبات تحمله، ويحدث بعد ذلك انكماش للخلايا يؤدي إلى جفافها وموتها وتتشكل نتيجة لموت الخلايا منطقة تالفة صفراء اللون بين أضلاع الورقة وفي حوافها. كما يؤثر ثاني أكسيد الكبريت في شدة البناء الضوئي التي تنخفض عند تعرض الورقة إلى تراكيز منخفضة (0.4 جزء من المليون) ولا يعود البناء الضوئي في الأوراق إلى شدته الطبيعية إلا بعد وضعها الطبيعي إلا في الأيام التالية.

3-ثالث أكسيد الكبريت (SO_3) وحامض الكبريت: أما المركب الكبريتي الآخر الملوث للهواء فهو ثالث أكسيد الكبريت الذي يتشكل من أكسدة ثاني أكسيد الكبريت تحت تأثير الأشعة الشمسية.

إضافة إلى أن بعض من ثالث أكسيد الكبريت يتشكل مباشرة من احتراق الوقود الحاوي على الكبريت.

$$2SO_2 + O_2 \longrightarrow 2SO_3$$

وعند توافر الرطوبة في الجو تتشكل جزيئات سائلة دقيقة جداً (Mist) من حامض الكبريت تحت تأثير الرطوبة

$$SO_3 + H_2O \longrightarrow H_2SO_4$$

ولحامض الكبريتيك المتشكل أو الذي يكون معلقاً في الهواء الرطب على شكل جزيئات مجهرية دقيقة، أضرار كبيرة سواء على الجهاز التنفسي، حيث يصل إلى الرئتين مع هواء الشهيق أو على الأنسجة الحية والأنسجة الصناعية وخاصة النايلون (Nylon Stocking) وأيضاً على مواد البناء والمعادن.

ومن الجدير بالذكر أن حامض الكبريت بالإضافة إلى حامض الأزوت (HNO_3) هما المكونان الرئيسيان اللذان يدخلان في تركيب ما يسمى بالأمطار الحامضية والتي أصبحت أحد أكبر المشاكل التي تقلق الدول الصناعية سواء في أمريكا الشمالية أو في غرب أوروبا. وقد أدت الأمطار الحامضية إلى تغير الرقم الهيدروجيني (PH) لمياه الأنهار والبحيرات والتربة وانعكس هذا التغير في موت الكثير من النباتات والحيوانات المائية وفي تراجع الغابات وأشكال الغطاء النباتي الأخرى وفي زيادة تآكل وتخريب المعادن ومواء البناء. وتبين القياسات أن الأمطار في شرق أمريكا الشمالية وغرب أوروبا أصبحت أكثر حامضية (Acidic) بمائة مرة من الأمطار التي كانت تسقط قبل مائة عام.

4- غاز كبريتيد الهيدروجين (H_2S): ينتج غاز كبريتيد الهيدروجين من تخمر المخلفات البشرية السائلة ومن احتراق المواد التي تحتوي على الكبريت ومن الصناعات الجلدية وصناعة تكرير النفط وصناعة المطاطا وغيرها، ويتميز برائحتة الخاصة والتي تشبه رائحة البيض الفاسد.

ويعتبر غاز كبريتيد الهيدروجين أكثر سمية من أول أكسيد الكربون ويدخل الجسم عن طريق التنفس والجلد. ويؤثر في الجهاز العصبي المركزي ويثبط عملية الأكسدة الخمائرية مما يحدث اضطراباً في التنفس الخلوي كما يؤثر في القدرة على التفكير اضافة إلى تهيج وتخريش الأغشية المخاطية للمجاري التنفسية وملتحمة العين والتهاب الحنجرة والقصبات الهوائية. وبمجرد الشعور برائحته يعني أن تركيزه في الهواء أعلى من التركيز المسموح به والذي يتراوح حسب الدول 0.30-0.80 جزء من المليون.

5-أكاسيد النيتروجين (NOx) : أهم أكاسيد النيتروجين الملوثة للهواء هو أول أكسيد النيتروجين NO وثاني أكسيد النتيروجين NO_2 والتي تشكل من اتحاد النيتروجين الجوي والأكسجين في درجات الحرارة العالية التي تنتج من عملية الاحتراق وتنتج السيارات حوالي % 70 من أكاسيد النيتروجين أما الكميات الباقية فتنتج من الصناعات المختلفة ومن محطات الطاقة الكهربائية وغيرها.

تمتص أكاسيد النيتروجين وخاصة ثاني أكسيد النيتروجين قسماً من الأشعة الشمسية المرئية وإذا وصل تركيزه في الهواء إلى 0.25 جزء من المليون يصبح من أسباب انخفاض مدى الرؤية. كما تؤثر أكاسيد النيتروجين إذا وجد في الهواء بتركيز 0.5 جزء من المليون لمدة 10-12 يوماً يؤثر على إنتاج بعض الخضراوات كثيراً كنمو البندورة مثلاً. كما ينخفض إنتاج الحمضيات (الموالح) وخاصة البرتقال من الثمار إذا وصل تركيز ثاني أكسيد النيتروجين إلى 0.25 جزء من المليون. إما تأثير أكاسيد النيتروجين على الإنسان فيتراوح بين ا لرائحة غير المستحبة والحساسية الخفيفة إذا وجدت في الهواء بتراكيز منخفضة إلى تأثيرات على الجهاز التنفسي مشابهة لتأثير ثاني أكسيد الكبريت إذا كانت تراكيزها مرتفعة (6-12جزء من المليون) وأكثر ما يعاني من أكاسيد النيتروجين الأطفال الذين تتراوح أعمارهم بين عامين وثلاثة أعوام.

تأثير الجزيئات على الإنسان والحيوانات والنباتات:

تعتبر الجزيئات المعلقة أي التي يتراوح قطرها بين 0.1-10 ميكرون أكثر الجزيئات تأثيراً وتلوث للهواء وذلك لأنها:

1- تشكل القسم الأكبر من الجزيئات الملوثة للهواء.

2- تحتوي على جزيئات دقيقة تحدث أكبر الضرر في الجهاز التنفسي وخاصة عند الأطفال.

3- تحتوي إضافة إلى الأتربة على دخان والهباب وجزيئات المبيدات إضافة إلى الأبخرة الناتجة من تكثف المواد الطيارة أو تحضير المواد الكيميائية المختلفة.

وينتج تأثير الجزيئات من كونها:

1- سامة.

2- تكون عقبة في طريق التهوية للجهاز التنفسي.

3- مدمصة لبعض المواد السامة.

تأثيرات ملوثات الهواء:

أ - التأثيرات في البشر: إن التأثيرات السامة الحادة لأغلب ملوثات الهواء معروفة إلى حد معقول ولكن التأثيرات الناجمة عن التعرض للمخاليط غير المتجانسة من الغازات والجسيمات في تركيزات قليلة جداً. لا تزال تحتاج إلى تفهم أعمق ولدارسة تأثيرات ملوثات الهواء في الإنسان توجد طريقتان: الطريقة الطبية وهي محاولة إرجاع التأثير الذي يلاحظ على مجموعات كبيرة من السكان إلى السبب فيه والطريقة العملية التي تبدأ بالسبب وتحاول تحديد تأثيراته وفي الحالة المثالية تتكامل هاتان الطريقتان. والطريقة الطبية أعلى الطريقتين تكاليف وتتطلب عناية كبيرة في التخطيط وتفتقر غالباً إلى البيانات الكاملة وطرق الضبط ومن مزاياها العظيمة عدم اصطدامها بالقيود الأخلاقية التي تمنع من استخدام الإنسان في التجارب كما يحدث في بعض التجارب العلمية وعلى ذلك فهي طريق مفيدة جداً ولقد تم الحصول منها على معلومات كثيرة أما البحوث العملية فهي أقل كلفة من البحوث الطبية ويمكن مراجعة نتائجها باستخدام وسائل الضبط أو بإعادة التجربة.

وتسهم المعلومات غير الوافية عن الكيمياء الجوية في صعوبة تحديد تأثيرات ملوثات الهواء في الإنسان ولقد كان ثاني أكسيد الكبريت هو السبب الرئيسي في التلوث الخطير الذي حدث في لندن فإقترحت نظريتان لشرح مفعوله: الأولى أن الغاز يتأكسد بسرعة إلى ثالث أكسيد الكبريت في تفاعل تحفزه الجسيمات المحمولة في الهواء ثم يتحد ثالث أكسيد الكبريت بالماء الموجود في الهواء مكوناً قطرات من حامض الكبريتيك هي التي يتم استنشاقها. والنظرية الثانية تقول بأن ثاني أكسيد الكبريت الممتص في جسميات الهواء يجري استنشاقة ودخولة إلى أعماق الرئة حيث ينفصل الغاز بكميات أكبر مما لو تم استنشاق الغاز وحده.

هناك العديد من الأسباب التي تجعلنا قلقين على الأطفال أكثر من غيرهم بسبب تعرضهم للهواء الملوث. ومن هذه الأسباب:

1- يتنفس الأطفال حجماً من الهواء أكثر من البالغين مقارنة مع أنسجة الرئة لكل منهم.

2- الأطفال أكثر نشاطاً وبالتالي يحتاجون إلى استنشاق مزيد من الهواء وهذا يعني دخول مزيد من الملوثات إلى جهازهم التنفسي.

3- يقضي الأطفال جزء كبيراً من أوقاتهم خارج المنزل خاصة خلال فصل الصيف حيث يكون التلوث الكيماضوئي في ذروته.

4- الجهاز التنفسي عند الأطفال أكثر حساسية لملوثات الهواء مقارنة مع البالغين.

5- يرتبط تلوث الهواء بشكل دقيق مع العديد من أمراض الأطفال مثل أمراض الصدر والربو وحمى القش (التبن) Hay fever وسرطان الطفولة.

6- أمام الأطفال عمر أكثر من البالغين وبالتالي فإن التعرض المستمر لهواء ملوث يزيد من صعوبات الجهاز التنفسي بسبب التراكم الحيوي لكثير من ملوثات الهواء وقد يؤدي إلى أمراض الصدر المزمنة في المراحل اللاحقة، أي إن تعرض الأطفال لملوثات الهواء سيجعلهم مرضى عند بلوغهم.

ب- التأثيرات في النبات:النبات أكثر حساسية من الحيوان بالنسبة لكثير من المواد الملوثة للهواء ولقد استحدثت طرق كثيرة لاستخدام استجابة النبات في قياس وتحديد المواد الملوثة ومن بين المواد التي يمكن أن تؤذي النبات ثاني أكسيد الكبريت وفلوريد الهيدروجين والاثيلين وقد درس باستفاضة التلف الذي يصيب النبات من مكونات الضباب المحمل بالدخان ويعزى التلف إلى الأوزون وبنزوات البيروكسيدات والالدهيدات العالية وإلى نواتج تفاعل الأوزون ومع ذلك لم يلاحظ تماثل دقيق لجميع سمات التلف الملاحظ في الحقل ويتوقف وضع معايير ومواصفات قياسية لجودة الهواء إلى حد ما على تقدير الخسارة الاقتصادية الناجمة عن تلف المزروعات وقد أظهرت الدراسات أن الخسارة كبيرة وإذا كان من المؤكد إمكان حدوث خسائر اقتصادية جسمية إلا أن الطرق المستخدمة في كثير من هذه الدراسات غير موثوق بها والدراسات ذاتها غير قابلة للتعميم لأنها محدودة إلى حد كبير بأزمنة وأمكنة معينة وبالنسبة لأنواع التلف التي يمكن أن تسببها المواد الملوثة للهواء توجد وثائق عديدة عما يصيب أنسجة النبات من التلف في حين لا توجد سوى معلومات محدودة عن نقص نمو النبات والإنتاجية مع معلومات قليلة جداً عن التغيرات الكيميائية والفيزيقية في خلايا النبات وعن التدخل في أجهزته وانزيماته. والبحث في هذه التأثيرات تعقده تأثيرات الضوء والرطوبة ودرجة الحرارة ومتغيرات التربة وحساسيةالنبات لملوثات الهواء فضلاً عن التغيرات في حاسية النبات مع تقدم عمره.

جـ- التأثيرات على المواد: إن ملوثات الهواء يمكن أن تصيب بعض المواد بالتلف، فالأوزون في الضباب المحمل بالدخان يسبب تشقق المطاط ويضعف النسيج ويفصل ألوان الصبغات

وكبرتيد الهيدورجين يعتم الفضة والدخان يسبب قذارة الملابس المغسولة والبحوث عن التآكل والاختبارات المعملية لقياس تأثيرات المواد الأكالة وظروفها تاريخ طويل وكيمياء التأكل مفهومة إلى حد معقول ويمكن استخدامها في بعض حالات معينة في حل المشكلات التي يسببها تلوث الهواء إن لم يكن في خفض التلوث نفسة ففي أوائل الستينات كانت شركة التليفونات في منطقة لوس أنجلوس تعاني من تلف بعض الأسلاك المستخدمة في مكاتب التليفونات المركزية وأمكن الوصول إلى أن التلف في الشبكة ناجمة عن الشرخ الاجهادي الذي سببه التركيزات العالية للنترات الموجودة في الغبار المحمول في الجو وعولجت باحلال سبيكة من النيكل والنحاس بدلاً من سبيكة النيكل - النحاس الأصفر مع تعديل نظام التهوية ووسائل التبريد في المكاتب لتقليل كمية النترات الداخلة مع الاحتفاظ بالرطوبة.

تجري اليوم محاولات لتحديد التلف بدقة أكثر منها إنشاء شبكة لمسح تأثير المواد الملوثة للهواء بين الولايات ويوجد أكثر من 200 محطة مراقبة تجمع البيانات عن التأثيرات مثل التآكل وأعتام الفلزات وتدهور المنسوجات والصبغات والمطاط بالإضافة إلى برامج البحوث في مجال التلف الذي تسببه المواد الملوثة للهواء للمعدات الكهربائية ومواد البناء والصبغات والمنسوجات والمواد الأخرى.

د- التأثيرات على البيئة: إن علاقة المواد الملوثة للهواء بالبيئة وبمجموعة الأحياء التي تعيش معا في الطبيعة تكاد تكون لغزاً كاملاً وممكن أن يدرك الإنسان أن دور مادة سامة معينة في البيئة قد تؤدي إلى انهيار كامل لسلسلة غذائية ولكن المدى الذي يحدث فيه ذلك غير معروف والمعلومات المعروفة عن تأثيرات المواد السامة في الكائنات قليلة جداً بحيث لا تكفي لاقتراح الكيفية التي يمكن أن تعالج بها هذه المشكلات ومن المؤكد أنها ستعالج في المدى الطويل ومن المسائل المتعلقة بالبيئة الدورات البيوجيوكيميائية للأكسجين والكبريت والكربون والازوت وهي العناصر الأساسية الأربعة التي تبنى منها مع الهيدروجين جميع الكائنات الحية بروتينها وإذا تمكن الإنسان من القضاء على ستة من أنواع البكتيريا المتضمنة في دورة الأزوت فقد يؤدي ذلك إلى نهاية الحياة على الأرض وفي أي نظام بيئي بحيرة أو غابة مثلاً توجد النباتات والحيوانات والكائنات الدقيقة في حالة معقدة متداخلة فيما بينها وفي الظروف البيئية المحيطة ويتأثر هذا التفاعل المتداخل بالمناخ وبالمؤثرات الكيميائية والفيزيقية التي تدخل في النظام، وقد شرع العلماء حديثاً في دراسة النظم البيئية وسوف يكون من الممكن القريب استخدام الحاسبات الالكترونية ونماذج لتلك النظم.

قياس الملوثات الهوائية: "Measurment of Air Pollutants"

يتكون الهواء من العديد من الغازات (مزيج) وبنسب تختلف (ولو قليلاً) مع الموقع ولذلك يجابه تعريف مواصفات الهواء النقي بعض الصعوبة ويقاس تركيز الملوثات الهوائية الغازية بعدد وحدات الحجم من الغاز لكل مليون وحدة حجم من الهواء (Parts Per Million) ويقاس تركيز المواد الصلبة العالقة في الهواء بوزنها لوحدة حجم من الهواء ($g/m3$) كما يقاس تدفق المواد الصلبة العالقة في وحدة الزمن (Kg/h). ويمكن تحويل (pp m) إلى ($mg/m3$) باستعمال القانون التالي:

$$\text{ppm} = \frac{24}{\text{Molecular Weight} \text{ "الوزن الجزيئي"}}$$

حيث أن حجم مول واحد من الغاز في درجة الحرارة الاعتيادية وتحت ضغط جوي واحد يساوي 24 لتراً.

ولمعرفة كمية الملوثات الهوائية يجب أن نفرق بين:

أ- قياس الملوثات مباشرة عند خروجها من مصدر التلوث قبل خروجها إلى الهواء المحيط (Measurment of Emission). وتستخدم هذه القياسات لمعرفة مدى التقيد بالمواصفات المعتمدة أو لقياس كفاءة عمل الأجهزة المستعملة في معالجة الغازات العادمة.

ب- قياس الملوثات الهوائية في أماكن تكون موزعة في مناطق مختلفة (Measurment of Emission) وتستخدم هذه القياسات للحصول على معلومات عن طبيعة الملوثات في المنطقة ومراقبة جودة الهواء. وبهذه الطريقة نعتمد أيضاً على المعلومات المناخية مثل سرعة الرياح واتجاهها.

ولإجراء القياسات اللازمة هناك العديد من الأجهزة والتي تأخذ العينات يدوياً أو أتوماتيكياً.

قياس المواد العالقة في الهواء (SPM):

1- المرشح الشريطي (Tape Filter) وتعتمد هذه الطريقة على أمرار كمية معلومة من الهواء من خلال مرشح يعمل على حجز الدقائق الصلبة والتي يتم قياسها.

2- جمع الغبار المترسب في أناء ذي فتحة كبيرة أو على شريط لزج يثبت في المكان المطلوب حيث يسقط في الإناء أو يلتصق على الشريط.

قياس الملوثات الغازية:

1- امتصاص كمية من الهواء وتمريره على مادة مدمصه مثل الكربون المنشط (Activated Carbon) حيث تمتص الغاز ثم يتم استخلاصه والتعرف عليه بالطرق الكروماتوغرافية.

2- استعمال طريقة (Draeger Multi Gas Detector)وهي طريقة لقياس أكثر من 150 ملوثاً غازياً ويتكون هذا الجهاز من مضخة يدوية أو ميكانيكية تأخذ في كل مرة كمية معلومة من الهواء المحيط وتمرره من خلال أنبوب الفحص. ويستعمل لكل نوع من الغازات الملوثة نوع محدد من هذه الأنابيب والتي تحتوي على مواد كيميائية تختلف باختلاف نوعية التلوث المراد قياسة، وعند ضخ الهواء من خلال الأنبوب يحدث تغير في لون الأنبوب ومن خلال اللون يمكن معرفة كمية التلوث.

ويمكن بهذه الطريقة قياس تركيزات تتراوح ما بين 0.5-300 ppm بانحراف +- لا يزيد عن 15% ومن ايجابيات هذا الجهاز سرعة اخراج النتائج وسهولة الاستعمال.

تدابير وقائية لحماية الهواء من التلوث:

فيما يلي بعض التدابير الوقائة لخفض تلوث الهواء:

1- سن القوانين والتشريعات الخاصة بنوعية الهواء وضبط تلك النوعية، ووضع مواصفات لنوعية الهواء.

2- نشر الوعي البيئي الخاص بالتلوث بين فئات المجتمع المختلفة وأشراكهم في اتخاذ القرارات حول الحد من التلوث. وتشجيعهم لحماية البيئة ومنع التلوث والقيام ببعض الاجراءات العملية مثل ترك سياراتهم في منازلهم أيام معينة واستعمال المواصلات العامة للتقليل من تلوث البيئة ولتوفير الطاقة.

3- اسغلال مصادر الطاقة البديلة: مثل الطاقة الشمسية والرياح والمد والجزر، ...الخ والحد من استهلاك الوقود.

4- تخطيط المدن بصورة أفضل ومراقبة النمو السكاني، والاقتصادي، والصناعي، ...الخ وتخطيط حركة المرور بحيث تقلل من حركة السيارات، والعمل على زيادة المساحات الخضراء.

5- تخفيض استهلاك الوقود: وهذا يؤدي إلى خفض كمية الملوثات الناتجة عن حرق الوقود سواء في قطاع النقل أو في مختلف الصناعات.

6- أبعاد المصانع عن المدن: فيعمد إلى إقامة المصانع وحول المدن في أراضي غير صالحة للزراعة للتقليل من خطورة الملوثات على النبات والحيوان والإنسان.

7- إقامة أحزمة من الأشجار حول المصانع وحول المدن فهي تقلل من حدة التلوث بالغازات السامة والجزيئات المنبعثة من المصانع.

8- تشكيل لجان متخصصة لمكافحة التلوث: خصوصاً في ما يتعلق بدخان السيارات والمصانع. ويمكن أن تتولى تشكيل هذه اللجان وزارة البيئة بالتعاون والتنسيق مع وزارات وهيئات أخرى.

9- وقف التجارب النووية: على الإعلام البيئي أن يعلن خطورة هذه التجارب التي تنقل الغبار الذري مسافات بعيدة عن مكان التفجير.

10- تدوير الفضلات والعمل على تحسين عمليات الجمع والفرز والمعالجة .

11- تحسين تقنية صناعة المبيدات الكيميائية: وذلك بابتكار ووضع مواد كيميائية أقل خطورة وسمية على الإنسان والكائنات الأخرى.

12- تخطيط علمي مدروس عند إنشاء أي صناعة: فيجب الأخذ بعين النظر التضاريس الطبيعية والمناخ واتجاه الرياح عند إقامة أي صناعة للوقاية من تلوث الهواء.

13- السيطرة على مدخلات التلوث والذي يعالج المشكلة قبل حدوثها مثل استعمال مصادر الطاقة الفقيرة بالكبريت كالغاز الطبيعي وإزالة الكبريت من البترول قبل حرقه، والتخلص من الكبريت خلال عملية الحرق.

14- مكافحة التلوث الهوائي من وسائط النقل من خلال استعمال المواصلات العامة بدل الخاصة، التحول إلى الوقود الأقل تلوثاً كالغاز الطبيعي، والبنزين الخالي من الرصاص، تحسين كفاءة عمل المحركات، استعمال المركبات الكهربائية، واستعمال مصادر الطاقة البديلة.

15- السيطرة على مخرجات التلوث من خلال استعمال المداخن العالقة باستعمال الفلاتر أو المرشحات الكيسيه أو أجهزة الفصل الحلزونية، ... الخ أو مرشحات الهواء التي تعتمد على التصادم أو المرشحات الجافة .

16- مكافحة التلوث الهوائي من المصادر المتحركة كالمركبات وذلك باستعمال جهاز محول يستطيع تحويل أول أكسيد الكربون والهيدوركربونات وأول أكسيد النيتروجين إلى غاز ثاني أكسيد الكربون وبخار الماء وغاز النيتروجين. وابقاء وضع المركبات بأفضل حالة للحد من خروج الملوثات أو باستعمال جهاز التهوية الايجابي والذي يعيد الاستفادة من الهيدوركربونات من جديد داخل المحرك بهدف الحد من درجة حرارة الاحتراق.

17- الغطاء النباتي: يلعب الغطاء النباتي عموماً والأشجار بشكل خاص دوراً هاماً في تنقية الهواء والتقليل من تأثير ملوثاته. لذلك يجب زراعة الأشجار حول المباني السكنية والمدارس والجامعات والمستشفيات وأماكن الاستجمام، بالإضافة إلى الحدائق العامة، وتشجير أطراف الشوارع والمسطحات الخضراء.

لذلك يجب الحد من قطع الأشجار، وإعادة تشجير المناطق القابلة للزراعة، فكل هذا يعود بالتأثير الايجابي على صحة الإنسان ونشاطه. ويمكن تلخيص دور الغطاء النباتي في تنقية الهواء بما يلي:

أ- تمتص الأشجار قسماً من الملوثات والغبار، من الهواء مباشرة وبعد انحلالها في مياه الأمطار، فتمنع وصولها إلى الكائنات الحية.

ب- تغني الأشجار الهواء بالأكسجين وتنقية من ثاني أكسيد الكربون بواسطة عملية التركيب الضوئي. هكذا تعتبر الغابة والأشجار القريبة من المدينة بمثابة رئة لها.

ج- تحفظ الأشجار رطوبة التربة والجو بما يطلقه بعضها من بخار الماء. وهكذا تخفف الأشجار من وطأه الجفاف الممكن حدوثه.

د- تنخفض حرارة الهواء بين الأشجار نتيجة عملية التحيز والتعرف التي تحدث في فصل الجفاف مما يساعد على انخفاض الحرارة.

هـ- تقلّل الأشجار سرعة الرياح مما يساعد على ترسيب الغبار.

و- تخفف الأشجار من التلوث بالضجيج بحدود 20%.

تعقم الأشجار الهواء وتقتل وتقضي على بعض الجراثيم والفيروسات والحشرات بما تفرزه من مواد مختلفة، كالمواد الطيارة من أشجار الصنوبر والسنديان. ولهذا السبب تقل نسبة الجراثيم في هواء الغابة كثيراً عما هو في هواء المدن.

التلوث بالضجيج Noise Pollution

تعد الضوضاء أحد مشاكل العصر البيئية الخطرة، ويعرف الضجيج (الضوضاء) بأنه أي نوع من الأصوات التي تزعج الإنسان أو تضربة أو أنها الأصوات غير المرغوب فيها والضوضاء تضغط على أعصاب الإنسان ويؤثر في قدرته على العطاء والتركيز والتفكير.

ولقد إزدادت مشكلة الضوضاء في العصر الحديث للأسباب الآتية:

1- الزيادة في الكثافة السكانية، معدل عدد الأفراد في كل ميل مربع.

2- التوسع في الحياة المعاصرة وما رافق ذلك من توسع عمراني، صناعي.. الخ.

3- إزديادالطلب على الطاقة بأنواعها.

4- زيادة حركة المرور وإعداد المركبات.

ويعتمد مستوى الضوضاء على عاملين رئيسيين هما:

أ- شدة الصوت وتقاس بالديسبيل.

ب- التردد ويقاس بوحدة الدورة الهيرتز.ولقد كانت مشكلة الضوضاء مقتصرة على المدن الصناعية في الدول المتقدمة ولكن ارتفع مؤخراً شدة الضوضاء في المدن العربية والعالم الثالث بحيث أصبح كثير من الناس يعانون من الضوضاء وتسبب لهم إرهاقاً عصبياً.

كذلك يمكن تعريف الضوضاء بأنه الصوت المزعج والمتألف من خليط متنافر من الأصوات غير المرغوب بها وللضوضاء مصادر متعددة مثل الأصوات الصادرة عن الآلات المختلفة وخاصة الثقيلة منها مثل الماتورات الكهربائية أوأصوات المركبات والمشاغل، الطائرات، ... الخ

وللضوضاء تأثير سلبي على الصحة يبدأ عند المستوى المقدر بـ (90) ديسبل.

وتعرف وحدة الديسبل بأنها أقل درجة صوت يمكن لشخص عادي سماعها، فالهمس يقدر بـ (30) ديسبل، الكلام بصوت عادي (40-50) ديسيبل، الصراخ (90) ديسيبل، أما صوت الطائرات النفاثة (150) ديسيبل.

وكلما زادت شدة الصوت قل الزمن الممكن التعرض لها فمثلا صوت مقدر بـ (90) ديسيبل يستطيع الشخص التعرض اليومي لمدة 8 ساعات، بينما صوت يقدر بـ (100) ديسيبل يمكن التعرض لمدة 2ساعة يومياً وهكذا.

الصوت وخصائصه:

يتكون الصوت من موجات متحركة في الأوساط المادية فقد يكون الوسط هواء أو ماء والمواد الصلبة مثل المعادن والبلاستيك والخشب والكونكريت، وتنتقل الموجات الصوتية عبر الوسط من مصدر تكُون الصوت ويصل إلى المستمع أو المستلم، تتضمن الموجات الصوتية على تغييرات في الضغط أو تذبذبات في الوسط الذي تسير فيه وهذه تعرف بسرعة التذبذب أو بذبذبة الصوت والتي تقاس بالدورة / ثانية أو الهيرتز hertz وتحدد الذبذبة درجة الصوت التي يستلمها المستمع. يحدد التذبذب طبقة الصوت التي تصل المستمع، فطبقات الصوت العالية لها تذبذب عالي وهذه أكثر إزعاجا للأشخاص في التذبذبات المنخفضة وهذه تعتمد على حساسيةالأذن البشرية.

مصادر الضجيج :

تعددت مصادر الضجيج وأصبحت تسبب لنا الكثير من الاضرار، وفيما يلي أهم مصادر الضجيج:

1- مصادر أولية: مثل المصانع (الآلات) ووسائل النقل (كالقطارات والسيارات والطائرات...إلخ).

2- مصادر ثانوية: مثل نشاط الإنسان المتعمد كالموسيقى الصاخبة أو آلات التنبيه الجزئي والمحادثة بصوت مرتفع.

جدول (4-17): مصادر الضجيج ووحدات قياسة وتأثيره على السامع

مصدر الضجيج	ديسبل	داين/سم^2	التأثير
انفجار قذيفة على بعد 1م	150		تخريب آني في السمع
هدفون أعلى ما يمكن	140	2000	تخريب في السمع في 30 ثانية
	130		حد الألم
إقلاع طائرة نفاثة على بعد 200م	120	200	تخريب في السمع بعد 7.5 دقيقة
جوقة موسيقية معدنية	110		تخريب في السمع بعد 30 دقيقة
دراجة نارية قوية/منشار الحجر	100	20	تخريب في ساعتين
حركة المرور الكثيفة	90		تخريب في 8 ساعات
موسيقى كلاسيكية عالية	80	2	الحد المسموح به 8 ساعات متتالية
المكنسة الكهربائية	70		عدم الاستمرار في التركيز
المحادثة العادية	60	0.2	تقطع في الحديث
موسيقى هادئة	50		
غرفة النوم	40	0.02	هدوء
المكتبة	30		
الهمس	20		هدوء شديد
حركة أوراق الشجر	10		بالكاد يسمع
البعوضة على بعد 4 أيام	0		حد السمع 1000-4000 H_z

البيئة الصوتية: عبارة عن رسم علاقة صحيحة بين مكونات البيئة والأدوات الصادرة بها وانقاذها من الآثار المدمرة لفوضى الأصوات.

الفضاء الصوتي: عبارة عن ملكية جماعية ينبغي عدم احتكارها أو تلويثها بالأصوات الصاخبة.

تأثير الضوضاء على حالة العمل والعمال.

1- احساس عام بالتوتر وعدم القدرة على التفكير والتركيز.

2- طنين في الأذنين وهبوط ذهني وجسمي يستمر لما بعد انتهاء نوبة العمل، أو فقد السمع جزئيا أو كلياً: بالنسبة للذين يعزفون موسيقى صاخبة أو عمال المصانع الذين يتعرضون بشكل مستمر للضجيج فإنه قد يؤدي الى أمراض القلب.

بعض أنواع الضوضاء:

أ- ضوضاء طرق المواصلات :

يتسبب الضجيج الصادر من وسائط النقل ازعاجاً كبيرا لمعظم الناس وأكثر من أي من مصادر الضوضاء الأخرى وأخذ هذا النوع بالتزايد ولعدة أسباب:

1- الزيادة الكبيرة في عدد وسائط النقل.

2- كثافة المرور والزيادة السكانية.

3- سرعة وسائط النقل حيث يزداد حجم الضوضاء على الطرق بسبب سرعة وسائط النقل، وأيضاً يشجع تطوير الطرق الحديثة السرعة العالية.

4- الضوضاء التي تنتجة سيارة حمولة كبيرة تكافئ الضوضاء الناتجة عن عشرة سيارات خاصة.
وحقيقة الأمر أن الحالة تزداد سوءاً الآن وأن لها بعض التأثيرات الجانبية فإن التعرض المستمر لهذا النوع من الضوضاء قد يعجل من سرعة الاصابة بمظاهر الشيخوخة ويزعج النوم وقد يؤدي الى الأرق أو على أقل تقدير فإن ضجيج الطرق يخل بالراحة الشخصية ومتعة المكوث في المسكن وأصبحت مراقبة أو سماع التلفزيون والمذياع وأجهزة التسجيل صعبة بسبب الازعاج المتزايد الناتج عن الضوضاء الخارجي.

واهتمت العديد من دول العالم بمشكلة الضوضاءواتخذت الاجراءات العملية للتقليل من مستويات الضوضاء حيث أصدرت العديد من اللوائح منها:

1- دعم عمليات العزل الصوتي بين المساكن .

2- استخدام الزجاج المزدوج للشبابيك.

3- تصميم وانتاج محركات أهدأ لوسائط النقل.

4- وجود طرق بديلة لسيارات الحمولة الثقيلة، ..الخ.

ب- الضوضاء المهني :

يعتبر هذا النوع من الضوضاء اسوة بضوضاء المرور من أهم مصدر الضوضاء التي تؤثر على ملايين الأشخاص ويقصد بالضوضاء المهني هو "الضوضاء الناتج في المكائن والعمليات الصناعية".

وينتج الضوضاء في ثلاثة مراحل:

1- الازعاج الناتج عن نشوء الصوت.

2- تضخيم الصوت الناتجة بسبب التأثر الرنيني لاجزاء المكائن أو معدات العمل.

3- اشعاع الصوت الى البيئة المحيطة.

تسبب العمليات الصناعية الضجيجيةفقدان السمع للعمال على المدى البعيد، وقد اهتمت العديد من دول العالم على حل هذه المشكلة من خلال:

1- تحدد المستوى الاعظم للضوضاء المسموح به في كل وحدة صناعية.

2- فرض حماية وأمان أكبر للعاملين في الصناعة.

3- استخدام الواقيات الداخلية وهي سدادات ذات حجم دقيق مريح للاستخدام.

4- استخدام سدادة الأذن أثناء العمل.

ضوضاء الجيرة:

تسبب ازعاج كبير لعامة الناس حيث تتداخل مع راحة الانسان، وتؤثر على الحياة المنزلية وقد تكون مصادر الضوضاء من الجوانب السلبية الاجتماعية للجوار مثل استخدام جهاز التلفزيون المرتفع الصوت أو المذياع أو اقامة الحفلات أو الحيوانات المنزلية أو الدراجات البخارية والهوائية، ...إلخ.

حيث ينتقل الصوت عن طريق الهواء إلى الجيران ويكون تزايد مستمر في عدد الشكاوى من الضوضاء، يجب حل هذه المشكلة من خلال:

1- تقليل من مصادر الضوضاءواخفض مستوى الصوت الصادر عن الأجهزة المنزلية.

2- منح تصريحات لصالات الأفراح والنوادي وعدم تجاوز ساعة محددة في الليل.

3- إحترام مشاعر الآخرين والاحساس بالمسؤولية إتجاههم.

قياس الضوضاء :

إن قياس الضوضاء ليس بالعملية السهلة لجملة أسباب منها:

1- الضوضاء يعتمد على شدة الصوت ونوعية الصوت.

كذلك فإن بعض الاشخاص أكثر تحملا للضوضاء العالي من غيرهم وسرعان ما يتعودون على مستويات عالية من الضوضاء المستمر وتختلف الأذن البشرية في حساسيتها تجاه التذبذبات المختلفة وشدة الصوت والضغط وإن الضوضاء لا ينتج عن تذبذب ثابت ولا يكون مستمرا على طول فترة زمنية محددة حيث تتخللها عادة قيم عالية في مستويات الضوضاء كما هو الحال مع ضوضاء وسائط النقل على الطرق أو ضجيج الطائرات التي تسبب قدرا أكبر من الازعاج.

أهم مقاييس الضوضاء هو: قياس ضغط الصوت وشدة الصوت وتقاس هذه بوحدات مختلفة والوحدات المألوفة لقياس الضغط هي decibel زdbس وهذه لا تمثل وحدات فيزيائية مطلقة للقياس بالغرام والفولت أو المتر ولكنها تمثل نسبة بين مقياس لوغارتيمي وضغط صوت مرجعي يعرف :

$$\text{Sound Intensity Level} = 10\ \text{Log10}\ \frac{\text{Intensity Measured}}{\text{Reference Intensity}}.$$

إن المقياس اللوغارتيمي يمتد من صفر - الى (30-160) ديسيبل.

2- يجب أن يكون حجم الضوضاء يتراوح بين 30 و 40 ديسيبل في منزل هادئ وبين 70 و 90 ديسيبل أثناء الزحام و 130 دسيبل يعتبر ضار لسمع البشر.

مستوى الضوضاء الممكن إدراكه: في النهار: 75 ديسيبل، وفي الليل 65 ديسيبل.

تأثير الضوضاء على الإنسان:

العوامل التي تؤثر في السمع نتيجة للضوضاء، تعتمد على ما يأتي:

1- مستوى الضوضاء وشدتها وكذلك التردد.

2- نوع الضوضاء.

3- مدة التعرض وما إذا كان التعرض مستمراً أم متقطعاً.

4- عدد مرات التعرض للضجيج في اليوم وحدة التعرض.

5- حساسية الشخص وحالته النفسية والجسدية، ويزداد خطر الضوضاء إذا كانت مفاجئة.

وفيما يلي أهم آثار الضجيج على الإنسان:

1- نقص نشاط المعدة ونقص إفراز العصارة المعوية.

2- زيادة توتر العضلات، إذ أنه يوثر على الجهاز العصبي.

3- زيادة مؤقتة في ضغط الدم والنبض وسرعة التنفس، والذي يؤثر على الجهاز العصبي ويؤدي إلى زيادة في إفراز الادرينالين مما يسبب ارتفاع ضغط الدم.

4- تغير في نشاط الغدد الصماء.

5- ضعف الدورة الدموية في الأطراف، ويؤدي إلى زيادة نبضات القلب.

6- قصور في بعض الوظائف البصرية.

7- ألم في الصدر في منطقة القلب، واضطراب في الجهاز العصبي والدوري.

8- الصمم: دلت الدراسات أن عمال المصانع يصابون بالصمم المؤقت وإذا استمر تعرضهم للضوضاء فإن الصمم يصبح مستديماً.

9- التأثير على الكفاءة وحسن الأداء. فالتداخل مع الحديث يعيق السمع ويجعل عملية الاتصال صعبة.

10- يقلل القدرة على النوم والراحة والطمأنينة.

11- زيادة نسبة حوادث السيارات نتيجة لعدم القدرة على التركيز.

أيضاً هناك كثير من الأشخاص يعانون من فقدان السمع نتيجة للحياة في المدينة، وهذه الظاهرة غير مرتبطة حتماً بالشيخوخة قد تحدث في سن الثلاثين، وعند الرجل أكثر من المرأة.

وعلاوة على هذه الاضطرابات الفيزيولوجية الخاصة بالضوضاء توجد نتائج أخرى غير مباشرة، نذكر من بينها التغيرات التي تطرأ على دقات القلب والتوتر العصبي ... والأضرار التي تصيب الجهاز التنفسي..الخ، ويؤثر الضوضاء على أسلوب النوم، ويمنع بذلك النوم العميق ، فالأفراد الصغار والمتوسطي العمر قد لا يوقضهم هذا النوع من الضجيج ذات التذبذب الواطئ، ولكنه يؤثر على مدى القدرة على التفاهم الكلامي.

النتائج النفسية الفيزيولوجية للضوضاء :

تظهر بصفة أساسية في الأحلام، آلام الرأس وفقدان الشهية والشعور بالضيق والتعاسة... إلخ.

فيما يختص بالأحلام هناك دراسات الكترونية تتيح لنا الفرصة لمعرفة سعة وحجم الأصوات المؤذية.

وبالنسبة للعمل والمهام الذهنية والعقلية والفكرية، نجد أن للضوضاء آثار ضخمة ولقد لاحظنا فروقا محسوسة في الانتاج بين العمل الذي يؤدى في جو هادى والعمل الذي يؤدى في جو كله ضوضاء. ومن الثابت أن الضوضاء تسبب حوالي 50% من الأخطاء في الدراسات الميكانيكية وحوالي 20% من الحوادث المهنية وحوالي 20% من أيام العمل الضائعة.

الإحساس بالألم والتعاسة الذي تسببه الضوضاء وتصحبه مضايقات نفسية هذه الظواهر تتزايد يوماً بعد يوم في مناطق المصانع الكبيرة والمصانع الصغيرة وحياة المدينة ولكي نقاوم نتائج الضوضاء بوسائل فعالة، فإن أول إجراء يجب اتخاذه القضاء على مركز الضوضاء ومصدرها أو أبعادها على الأقل، وهذا يقتضي تشريع صارم.

واتخاذ بعض الاجراءات العلاجية مثل إخماد الصوت في المساكن واستعمال عازل الصوت، ومتابعة كل ما هو جديد في العلم لحل هذه المشكلة وأيضاً استعمال الزجاج المزدوج للشبابيك..الخ.

تأثيرات الضوضاء على الصحة:

أ- التأثير السيء للضوضاء على الصحة يعتمد على شدة الضوضاء ومدة التعرض، وقد يسبب الصمم المؤقت الذي يزول تأثيره بزوال المؤثر أو الصمم الدائم الذي لا يمكن شفاؤه والذي ينتج عن تحلل الشعيرات الحساسة في الأذن الداخلية حيث تفقد الأذن وإلى الأبد حساسيتها للصوت.

ب- تأثير الضوضاء على القلب والجهاز الدوري، إن الضوضاء قد يحدث اضطرابات في دقات القلب وفي الدورة الدموية، حيث يؤدي إلى نقص ضغط الدم والذي يرافقه آلام في القلب.

جـ- تأثيرات الضوضاء السلبية الأخرى: اضطرابات على وظائف المعدة والغدد الصماء، والإجهاد السريع على جسم الإنسان وانخفاض قدرة الإنسان على التركيز، ويؤثر سلباً على إمكانيات التخاطب والتفاهم بين الناس وقد يسبب سوء التفاهم هذا إلى وقوع إصابات وحوادث عمل مختلفة.

طرق الوقاية من مخاطر الضوضاء:

أ- الإجراءات الطبية وتشمل إجراء الفحص الطبي الأولي للعاملين في أماكن العمل التي يزيدمستوى الضوضاء فيها عن 85 ديسيبل (وهو المستوى الآمن). كما يشمل اجراء الفحوصات الدورية كل 6-12 شهر لفحص قوة السمع والحالة الصحية ومعرفة مدى تأثرها بالضوضاء، كذلك يشمل زيادة الإهتمام بالأفراد الذين يعلمون في ظروف عمل مليئة بالضوضاء وتوعية العاملين بمخاطر الضوضاء وتعريفهم بسبب الوقاية وكيفية استخدام معدات الوقاية الشخصية مثل كاتمات الصوت وسدادات الأذن.

ب- الطرق الفنية (الهندسية) وتشمل العمل على تخفيض حدة الضوضاء والاهتزاز الصادر عن الآلات وذلك بتغليفها بمواد منفذة كاللدائن والبلاستيك حيث يجري تغليف الآلات بشكل كامل مع ترك مساحات تكفي للصيانة والتشغيل فقط، كما تشمل تصميم آلات جديدة بمسننات بلاستيكية بدل المعدنية، تصميم مباني ذات أساسات ثابتة لتقليل الاهتزازات، وتثبيت الآلات فوق قواعد مرنة تسمح بامتصاص الاهتزازات وتمنع دحرجتها وازاحتها، وبإجراء التمديدات الصحية بشكل يمنع التلامس بين المواد الصلبة للتمديدات والأغلفة الصلبة للجدران وذلك بحشوها بمواد ليفية تمنع تسرب الصوت. كذلك يمكن استخدام قواعد مطاطية لخنق أصوات الأقدام والمشي أو يمكن عمل ما يسمى بالأرضيات السابحة (قواعد مطاطية من الصوف الصخري أو الرغوة الصناعية). كذلك تشمل تخفيض الضوضاءفي القاعات باستخدام مواد ماصة مثل المواد الماصة للنفاذية، والمواد الماصة الرنانة، والمواد الماصة الغشائية. كذلك يمكن عزل المساكن والمدارس باستعمال طبقات من الطوب المفرغ للجدران والاسقف.

مكافحة الضجيج Noise Control:

تهدف مكافحة الضجيج التوصل الى أقل مستوى ممكن من الضجيج وذلك باتباع أفضل الوسائل وهي:

1- الأسلوب المباشر الذي يهدف إلى مكافحة الضجيج في مصدره كالمصانع، ووسائط النقل ...الخ، وتكون مكافحة الضجيج إما عن طريق الحد من صدور الضجيج من المصدر نفسه أو منع انتشار الضجيج ووضع قيود على أصوات المركبات والازعاج الموسيقي.

2- الاسلوب غير المباشر: والذي يهدف الى حماية الشخص من التعرض للضجيج ويتم بعدة طرق:

أ- الحماية الشخصية وذلك عن طريق سد الأذنين بواسطة مواد بلاستيكية خاصة، أو باستعمال القطن...الخ.

ب- إقامة الحواجز الصوتية لمنع انتشار الضجيج الى المناطق المجاورة، ويمكن أن تكون هذه الحواجز اسمنتية أو ترابية، أو من مادة الكومبوست ..الخ.

جـ- استعمال الزجاج العازل في المنازل ومنع خروج الموسيقى إلى الأسواق أثناء القيام بالحفلات ..الخ وخاصة بعد الساعة 12 ليلاً.

د- تشجير الشوارع والميادين المزدحمة وذلك يحد من الموجات الصوتية الصادرة.

هـ- انشاء الطرق السريعة والمصانع والغابات البعيدة عن المدن.

التلوث الاشعاعي Radioactive Pollution

استعمالات المواد المشعة:

بدأ الاهتمام بالإشعاع يتزايد منذ عام 1895م لدى اكتشاف رونتجن للأشعة السينية وما تبعه من اكتشاف اليورانيوم كمصدر مشع بواسطة بير Pirre وماري كوري، ثم جاءت الحرب العالمية الثانية لتبرز أهمية أخرى لهذه العناصر المشعة وذلك من خلال تسخين الطاقة الكافية في الذرة كقوة مدمرة هائلة وقد خرجت هذه القوة عندما أسقطت الولايات المتحدة قنبلتين ذريتين على مدينتي هيروشيما ونجازاكي عام 1945م، حيث أديا إلى تدمير حوالي 75% من المدينتين وقتل أو تشويه معظم السكان.

وقد بدأت العديد من الدول الكبرى تستخدم المواد المشعة كوقود لتسيير السفن ولتوليد الطاقة في المدن الكبيرة وقد وجدت المواد المشعة طريقها إلى البحث العلمي بحيث تستعمل الذرات المشعة للكربون واليود في الابحاث العلمية وقد أصبحت الأشعة تستخدم في

الوقت الحاضر على نطاق واسع في مجال تشخيص الامراض وعلاج بعضها وفي إجراء بعض العمليات الجراحية وتعقيم المواد الغذائية ويمكن تلخيص الاستعمالات البشرية بما يلي:

1- لإنتاج مواد حربيه ذات قدرة تدميرية عالية جداً.

2- في البحوث العلمية والدراسات الأكاديمية.

3- للأغراض الطبية في مجالي التشخيص والعلاج.

4- لتوليد الطاقة للمدن وفي السفن الكبيرة.

5- لتعقيم الأطعمة وحفظها من الفساد وإطالة مدة تخزينها.

أنواع الإشعاعات:

1- الإشعاعات غير المؤينة: كالأشعة تحت الحمراء والفوق بنفسجية.

2- الإشعاعات المؤينة: كأشعة الفاوبيتا وجاما والأشعة السينية أو أشعة أكس.

فالتلوث الإشعاعي من أخطر أنواع التلوث على الإطلاق حيث يجب التخلص من النفايات النووية بطرق سليمة وغير ضارة بالبيئة.

مصادر الإشعاع :

هناك مصدران رئيسان للإشعاع أحدهما طبيعي والآخر صناعي.

أ- المصدر الطبيعي للإشعاع:

يتمثل هذا المصدر بالأشعة الكونية والنظائر المنبعثة في مكونات الأرض كحجارة اليورانيوم وتعتبر الأشعة الكونية المصدر الرئيس للإشعاع الطبيعي، كما أنها تحدث بعض النظائر المشعة لدى اصطدامها بغازات الجو وشوائبه ومن الأمثلة على هذه النظائر الكربون (14) والبربليوم (Be10) والصوديوم (Na22)، إلا أن ما يصيب البشر من هذه الأشعة أو نواتجها المشعة يعتمد على جغرافية الأرض وارتفاعها عن سطح البحر، حيث تتفاوت كمية الأشعة الطبيعية من منطقة إلى أخرى، حيث تبلغ كمية الإشعاع الطبيعي في بعض المناطق من أمريكا اللاتينية والهند عشرة أضعاف كميتها من مناطق أخرى من العالم. توجد في بعض مكونات الأرض أشكال متعددة من المواد المشعة كاليورانيوم والراديوم وينبعث جزء من إشعاع هذه المواد إلى الجو، لكن بكميات قليلة نسبيا حيث تنحل بدورها حسب سياق معين إلى عناصر أخرى وضمن قنوات زمنية تختلف باختلاف العنصر، حتى تنتهي بها المسار إلى عنصر الرصاص المستقر.

ب- المصدر الصناعي للإشعاع:

تنجم مصادر الاشعاع الصناعي عن أنشطة الإنسان المختلفة في تعدين العناصر المشعة أو التعامل مع فضلاتها ومن الأمثلة على تلك المصادر:

1- عمليات التنقيب عن الخامات المشعة كاليورانيوم والراديوم واستخراجها من الأرض بالاضافة إلى تغذيتها وتصنيعها واستخدام نواتج التصنيع في إنتاج الأسلحة النووية وفي توليد الطاقة وغيره من الاستعمالات المختلفة.

2- الفضلات المشعة الناجمة عن استخدام العناصر المشعة في المختبرات والجامعات ومراكز البحث وفي المصانع بالاضافة إلى فضلات المستشفيات حيث تستخدم المواد المشعة في تشخيص الامراض وعلاجها.

3- الفضلات الناجمة عن مخلفات الوقود النووية التي غالباً ما تحتوي على بقايا العناصر المشعة.

4- تسرب المواد المشعة من مياه التبريد المستعملة في محطات توليد الطاقة الكهربائية باستعمال الوقود النووي أي المواد المشعة وغالباً ما يحدث التسرب نتيجة تآكل أنابيب النقل الحاوية مواد مشعة.

ج- أنواع الإشعاعات الذرية :

1- أشعة ألفا / عبارة عن نواة الهيليوم - 4.

- موجبة الشحن (نيوترونين و بروتونين).

- سرعتها ضعيفة 20000 كلم/ث.

- تتوقف بمجرد أن تعترضها قطعة ورق.

- عمق نفوذها في الأنسجة الحية ضعيف.

- مسارها في الهواء ضعيف بضع سنتيمترات.

2- أشعة بيتا / تنقسم إلى نوعين الالكترونات (-) والبوزيترونات (+) .

- أخف وزناً.

- تحمل شحنة موجبة أو سالبة.

- لأنها أصغر حجماً من ألفا فإنها تنفذ إلى الأنسجة الحية بشكل أفضل مليمترات.

- تقطع مسافة مترين في الهواء.

3- أشعة جاما/ تتكون بعد إشعاعات ألفا وبيتا والتي تكون فيها النوى غير مستقرة وبالتالي تصدر إشعاعات أخرى هي جاما.

- قصيرة الموجة.

- سرعتها 300 ألف كيلو /ث.

- لها القدرة الأعلى في اختراق الأنسجة الحية.

- مسارها في الهواء فائق الحد ولا يتم إيقافها إلا بكتلة من الرصاص يبلغ سمكها 22 سم تقريباً.

4- النيوترونات / عبارة عن جسيمات متعادلة الشحنة في النواة. هي عبارة عن جسيمات متعادلة الشحنة في النواة وتنتج داخل المفاعلات النووية عند انقسام نوى اليورانيوم، فعندما تنقسم اليورانيوم إلى نواتين أصغر تنطلق عدد من النيوترونات وهذه النيوترونات تصطدم بنوى اليورانيوم مما يؤدي إلى ما يعرف بالتفاعل المتسلسل (تدفق النيوترونات).

5- الأشعة السينية / هي عبارة عن أمواج كهرومغناطيسية وتشبه في طبيعتها أشعة جاما.

تأثيرات الإشعاع على الإنسان والبيئة:

إن أوجه التعامل المتعدد مع المواد المشعة قد تؤدي إلى إطلاق بعض هذه المواد بكميات متفاوتة إلى البيئة وحين تكون كمية الإشعاع كبيرة أو تكون فترة الاطلاق طويلة فقد تودي إلى إلحاق الضرر بالإنسان وبيئته، فقد تنطلق الإشعاعات أو الأغبرة المشعة إلى الهواء وتسقط مع المطر، أو تسقط كغبار إلى الأرض، وعلى الأعشاب حيث تتناولها الحيوانات وتصل إلى الإنسان عن طريق استهلاك لحم هذه الحيوانات أو حليبها، وقد تترسب الأغبرة مباشرة إلى مصادر مياه الشرب أو المياه المستخدمة للسباحة وقد تدخل المواد المشعة على شكل غبار إلى الجهاز التنفسي للإنسان حيث تصل إلى رئتيه ويكون هنا التأثير مباشراً متناسباً مع الكمية التي دخلت.

إن تعرض الإنسان للإشعاعات قد يؤدي إلى تأثيره جسدياً فيسقط شعره، ويلتهب جلده وتتحطم خلاياه الدموية ويتأثر نخاع العظام، فيصاب الإنسان بفقر الدم وتقل مقاومة جسمه للأمراض ويصاب الجسم بالارهاق ومن ظواهر التأثر الجسدي بالمواد المشعة الإصابة بأنواع مختلفة من السرطان والعقم، وقد يصل التأثير الجسدي إلى الأجنة في رحم الأم التي سبق وأن تعرضت للإشعاع في أثناء الحمل وقد يكون التأثير وراثياً فيصيب الأجيال القادمة، ويؤدي إلى تشوه خلقي في الأجنة أو أطفال المستقبل ممن تعرض أباؤهم أو إمهاتهم للإشعاع ونتيجة حصول إضطراب في خصائصهم الجينية.

يعتمد التأثير على الإنسان بالأشعة على نوع الأشعة الذي تبثه المادة المشعة، وإذا كان هذا التعرض داخلياً أم خارجياً، فالتعرض الخارجي لجسيمات ألفا لا يمثل خطورة تذكر نظراً لمحدودية نفاذ هذه الأشعة أي أنها لا تستطيع أن تخترق طبقات الجلد، ولكن إذا كان التعرض لأشعة ألفا داخليا أي إذا دخلت الجسيمات الفا الى الجسم البشري إن الضرر الذي تحدثه يكون في الأنسجة الداخلية شديداً وذلك لقدرتها الكبيرة على التأيين وتدمير الخلايا الملامسة لها أما الأشعة بيتا وجاما فإن التعرض الخارجي والداخلي يشكلان خطراً، كما أن الخطر الناتج من التعرض لهذه الأشعة يعتمد على تركيز المادة المشعة ومدة التعرض وجنس الإنسان المتعرض وحالته الصحية.

إن تأثير مثل هذه الأشعة على البشر يعتمد على زمن التعرض ومعدل الجرعة واختلاف حساسية أنسجة الجسم والعمر والحالة الصحية وغير ذلك، ولهذه الأشعة تأثيرات مختلفة يمكن إجمالها كما يأتي:

1- التأثيرات الجسدية: فإذا كان مقدار الجرعة (50-100) راد يحدث غثيان وقئ، وإذا كانت الجرعة (200-300) راد يحدث فقدان القدرة على التركيز وظهور طفح جلدي وحروق وهبوط في عدد كريات الدم البيضاء والصفائح الدموية، ثم إذا كانت الجرعة أكثر من ذلك يحدث تقرحات في الفم والأمعاء مع التهابات رئوية ومعوية ثم إنخفاض في عدد الحيوانات المنوية وبعد ذلك الوفاة.

2- التأثيرات الجسدية الناتجة عن التعرض المستمر لجرعات ضئيلة من الأشعة ويسمى أيضاً التأثير المزمن وهو يؤدي الى انيميا وسرطان الدم وربما العظام والجلد وعتامة عدسة العين والعقم عند الرجال والنساء، والاجهاض وتشوه الجنين أو وفاته وضمور المبيض عند الحوامل، وكذلك الالتهابات الرئوية وسرطان الرئة.

3- التأثيرات الوراثية وخاصة على الشباب والأشعة قد تكون مؤذية مثل أشعة (الفا، بيتا، جاما) أي أنها تؤين الوسط الذي تمر به وهناك أشعة غير مؤينة مثل الأشعة البنفسجية والراد وهو وحدة قياس الأشعة يعادل طاقة مقدارها 10جول/كغم في أي مادة، والحد المسموح به من الجرعة الإشعاعية (ج) للذين يتعاملون مع أجهزة الأشعة باستمرار ولمن هم فوق 18 عام يحدد حسب المعادلة الآتية:

ج = 5 (ن - 18)

حيث ن هي العمر بالسنة.

وقد تنتقل هذه الاشعاعات الى النباتات والحيوانات، وعندما يتغذى عليها الإنسان تنتقل إليه وتسبب له العديد من المخاطر، لذلك يمكن التخلص من فضلات المواد المشعة ذات النشاط الضعيف بالقائها في الأنهار والبحيرات، أما ذات النشاط العالي فيمكن حفظها في أماكن محصنة

لمنع نفاذها إلى البشر بالإضافة الى العمل على إرتداء الأدوات الواقية لحماية الإنسان. جدول (4-18).

جدول (4-18): تأثير جرعة الإشعاع في صحة الإنسان

جرعة الإشعاع راد	الأعراض
10000	الموت في غضون بضع ساعات.
1000	الموت في غضون بضعة أسابيع.
100-600	فقد المناعة وحروق جلدية وتساقط الشعر. يتعافى في أسابيع أو أشهر.
أقل من 100-10	لا تظهر أعراض، تخريب بعض الأجهزة الحساسة مثل نخاع العظام وخلايا الدم والعقد الليمفاوية وغيرها.
2 أو أقل	لا تظهر أعراض مباشرة يخشى من الأثر التراكمي بعد فترة.

طرق التخلص من النفايات المشعة وتقليل مخاطر التلوث الاشعاعي:

1- طمر النفايات المشعة داخل صخور في القشرة الأرضية، بحيث تكون بعيدة عن التجمعات السكانية.

2- وضع النفايات المشعة في عبوات خاصة ثم تخزينها في المناجم المعزولة طبيعياً عن مصادر المياه.

ويجب تطبيق قواعد صارمة جداً للسلامة في المحطات النووية بحيث لا يواجه العمال أخطار. وعند وقوع حادث في أحد المفاعلات يمكن أن يكون خطيراً جدا، لأنه يتسبب في إطلاق مواد مشعة تؤثر على الإنسان والحيوان والنبات وقد تسبب السرطان أو تبديل المادة الوراثية..الخ، ويتوقف تأثير الاشعاع على الأجنة البشرية على مرحلة النمو، فإذا تعرضت البويضة الملقحة أثناء الأسابيع الأولى يحدث الاجهاض، أما إذا كان عمر الجنين 3 أشهر يتعرض لتشوهات خصوصاً في الجهاز العصبي والعيون، أما إذا تعرض للاشعاع بعد أكثر من 3 أشهر حدث للجنين تشوهات في الأطراف. جدول (4-19).

جدول (**4-19**): نشاط العناصر المشعة عالية التركيز مع الزمن

النظير المشع	في البداية	بعد 10 سنوات	بعد 100 سنة
سيزيوم - 134	4.5	5	0.6
يود - 131	85	لا قيمة له	لا قيمة له
نبتونيوم - 239	1640	240	لا قيمة له
بلوتونيوم - 239	0.05	0.055	0.6
سترونشيوم - 89	94	3.6	0.4
روثينيوم - 132	120	لا قيمة له	لا قيمة له
زينون - 133	170	لا قيمة له	لا قيمة له

الفصل الخامس

الأخطار البيئية
وتقييم الآثار البيئية

الأخطار البيئية Environmental Hazards :

البيئة هي الوسط الذي يحيط بالإنسان ويعيش فيه طوال عمره، ولا يُعد أي أمر في نطاق البيئة لمجرد تواجده في البيئة، ولكن يعُد ضمن البيئة عندما يبدأ تأثيره في حياته، يستجيب له أو يقاومه أو يتفاعل معه، إذ يتأثر البشر جميعا تأثيرات متفاوتة ببيئاتهم التي نشأوا فيها، حيث تتحدد احوالهم وشخصياتهم بعوامل متعددة وراثية مثل لون البشرة، والشعر،... إلخ، أو مكتسبة من البيئة كالقيم والخبرات... إلخ. ويُعد البيت البيئة الصغرى للفرد ثم تتسع البيئة لتكون الحي، القرية، المدينة، الوطن،... إلخ فالكوكب الأرضي وما يحيط به. فالبيئة تؤثر في نمو الإنسان السليم في صحته، ونجد في وقتنا الحاضر اهتماما متزايد بالبيئة للنهوض بها من النواحي الصحية، والاجتماعية، والسكانية، والاقتصادية.

فالبيئة مصطلح واسع له جوانب ومجالات متعددة ليشمل كل ما يحيط بالإنسان. من الهواء الذي نتنفسه، الماء الذي نشربه ونستعمله، والأرض، والطعام، والكساء، والمسكن، والصوت، والنور، والناس الذين نعيش معهم، والنظام الذي يسود المجتمع والمعتقدات، والكائنات التي نتعايش معها.

إذا البيئة هي مجموعة من المؤثرات التي تحيط بالكائن الحي، سواء أكانت حية أو غير حية، وسواء كانت طبيعة أو صناعية.

أي ان البيئة هي المحيط الذي يستمد منه الكائن الحي مقومات وجودة، وعليها يعتمد في الحصول على متطلباته واحتياجاته لضمان بقاؤه وتطوره، فالبيئة تقوم بتنظيم وترتيب حياة الكائن الحي من خلال العوامل المتعددة كالماء والهواء والمعتقدات والانظمة،... إلخ، والكائن بدوره يقوم ببذل الجهود للتكيف منذ لحظة تكوينة.

ويعد رحم الام البيئة الأولى التي يعش فيها الإنسان ويستمد منه مقومات وجودة وخصائصه المختلفة، كذلك فهو يتأثر بالبيئة المحيطة به عن طريق الأم، كتأثير الاشعاعات على الجنين والذي قد يسبب تشوهات عقلية وجسدية، وكذلك فعدم توفر البيئة الصحية أو الاغذية أو العادات الخاطئة يؤثر سلبا على صحة الأم والجنين.

فالبيئة إذا هي وحدة متكاملة متجانسة والعوامل المؤثرة متعددة ومختلفة تؤدي إلى نتائج متباينة وتسهم في ظهور البشر بسلوكات متعددة ففي هذا المثال رحم الأم البيئة المتجانسة والعوامل الاخرى المؤثرة كالتغذية، والمطاعيم، والرعاية الصحية، والتلوث، والعادات،... إلخ[1].

الصناعة والبيئة Industry and Environment:

يعتبر قطاع الصناعة في الأردن أحد المصادر الرئيسية لتلوث الهواء، وهو واحد من أكبر القطاعات المستهلكة للطاقة إذ أن النمو المستمر في قطاع الصناعة قد رافقة ازدياد في استهلاك الوقود بجميع أنواعه، حيث يستهلك هذا القطاع حوالي 13% من إجمالي استهلاك الطاقة الأولية في الأردن و 35% تقريباً من إجمالي استهلاك الطاقة الكهربائية، ويرافق نمو القطاع ازدياد في نسبة تلوث الهواء، إذ أنه حوالي 14% من انبعاث غازات الدفيئة ناتجة عن قطاع الصناعة.

معلوم أن ملوثات الهواء كثيرة، أخطرها أكاسيد الكبريت وأكاسيد النيتروجين وأول أكسيد الكربون، والتي تنبعث عن حرق الوقود بجميع أنواعه والأنشطة الصناعية المختلفة، ويعتمد انبعاث ملوثات الهواء على العديد من العوامل أهمها:

1. نوع الصناعة .
2. نوع المادة الخام المستخدمة.
3. نوع وكمية الوقود المستخدم .
4. وسائل التكنولوجيا المستخدمة .
5. اجراءات حماية البيئة المتخذة.

لذلك فإن اتخاذ بعض الإجراءات واختيار نوع الوقود والمادة الخام والتكنولوجيا بعناية تامة له أثر كبير في الحد من انبعاث الغازات المختلفة وخاصة غازات الدفيئة.

لذا ومن أجل خفض انبعاث غازات الدفيئة، قامت وزارة البيئة بتنفيذ مشروع التغير المناخي بإجراء بعض الدراسات للتعرف على التقنيات الممكن اتباعها للحد من انبعاث غازات الدفيئة بشكل واضح.

النقل والبيئة Transportation

إن من أهم تأثيرات قطاع النقل السلبية على البيئة هي تلوث الهواء متضمناً غازات الدفيئة ومركبات استنزاف طبقة الأوزون، والضجيج والازدحام والحوادث المرورية.

---

(1) رسالة البيئة عدد 19، ص 46.

إن الغازات المنبعثة من المركبات على الطرق هي معقدة التركيب وتحتوي على المئات من المركبات التي تنبعث عن قطاع النقل ولكن يجب عدم التقليل من أهمية غازات الدفيئة الأخرى كالميثان CH4، أكسيد النيتروز، والكلورفلورو كربون التي أيضاً تنتج عن وسائل النقل.

إن مضاعفة تركيز غاز ثاني أكسيد الكربون في الجو سيؤدي إلى زيادة درجة حرارة الكون بمعدل 2.5 درجة مئوية. ويساهم قطاع النقل بحوالي ربع انبعاثات غازات الدفيئة في الأردن وحوالي خمس انبعاثات غاز ثاني أكسيد الكربون على المستوى العالمي.

الزراعة والبيئة Agriculture and Environment:

يعتبر الأردن من المناطق الجافة وشبه الجافة حيث يبلغ معدل سقوط الأمطار السنوية أقل من 200 ملم تسقط على حوالي 90% من مساحة الأردن، مما ينعكس سلباً على التربة والنباتات الرعوية والغابات أما معدل سقوط الأمطار في المناطق المرتفعة فيتذبذب ما بين 300-400ملم/سنة.

والتي تنتج بدورها محاصيل جيدة مع العلم بأن معظم الأراضي الجافة هي مناطق منبسطة أما المناطق المنحدرة فهي ذات أمطار جيدة إذ يعتبر فهم التغير المناخي ضرورياً للمسؤولين عن موارد المياه، والزراعة والموارد الأخرى، لأن هذه المعرفة ستساعدهم في تنفيذ الخطط الطويلة الأمد ولتجنب المخاطر ولتحقيق الحماية والاستخدام الأمثل للمياه والموارد الطبيعية ، حيث من الممكن وضع استراتيجيات وخطط يتم بها تجميد النشاط الزراعي خلال فترات الجفاف المحتملة وزيادة هذا النشاط في السنوات القادمة.

مع العلم بأنه لا توجد هناك مخاطر كبيرة من القطاع الزراعي على التغير المناخي في الأردن، فالغازات المنبعثة حسب الدراسات تشير إلى أن كمية الغازات التي تخرج من قطاع الزراعة محدودة جداً بالمقارنة مع المواد والغازات التي تأخذها النباتات الزراعية.

ومن الإجراءات المقترحة للحد من انبعاث الغازات الدفيئة ما يلي:

1. إيجاد نصوص في السياسة الزراعية حول التغير المناخي وتأثيره على الغطاء النباتي.

2. حفظ الفضلات و الحشائش الجافة وتخزينها واستعمالها كأعلاف في سنين الجفاف.

3. منع حرق المخلفات النباتية والحشائش الجافة بسبب انبعاث غازات أول أكسيد الكربون وثاني أكسيد الكـربون وأكسيد النيتروجين والكبريت ... وغيرها من الغازات الأخرى.

4. زراعة مناطق الأودية والمنخفضات التي تتوفر بها الرطوبة من مياه الأمطار بالأنواع الحرجية والرعوية المحلية وحمايتها.

5. اعتماد تقييم الأثر البيئي قبل البدء بتبني أي مشروع زراعي.

المخاطر البيئة والصحة:

لقد اصبحت المواد الكيميائية جزءاً من حياة البشر فهي تستخدم في الانتاج الزراعي والوقاية من الامراض،... إلخ وهي اسهمت في تحسين الحالة الصحية في العالم، غير ان ضرورة تطبيق ضوابط ملائمة ضد آثارها الصحية الضاره أمر لا يحتاج إلى نقاش.

فقد حدث العديد من حالات التسمم المأساوية كالتسمم بالزيوت المعدنية، بالإضافة إلى حالات التسمم التي تقع في المصانع والمنازل ومبيدات الآفات. كما يتعرض ملايين البشر إلى المواد الكيميائية السامه عن طريق الاغذية ومياه الشرب والهواء والتي قد تسفر عن حالات مرضية متوطنة كالتسمم بالفلور والتسمم بالزرنيخ والتسمم بالتوكسينات في الحبوب، والافلاتوكسين في الفول السوداني.

ومن المخاطر البيئية المثيرة للقلق: تلوث الهواء والماء والنفايات الخطره والاشعاع المؤين، والضوضاء، واحتمال زيادة الاصابة بسرطان الجلد ونفاذ طبقة الأوزون، وازدحام حركة المرور. والتلوث داخل المنازل بسبب الطهي والتدفئة باستخدام وقود غير صحي، والتعرض للنفايات الخطرة وانتشار الامراض المخمجة والطفيليات من نفايات المستشفيات وحرائق الغابات، والكوارث الطبيعة كالزلازل والعواصف والاعصاير والفيضانات والبراكين، والتصحر والنمو السكاني السريع، والغابات الاسمنتية، وتلوث الهواء والماء والخسارة في التنوع الحيوي، وإزالة الغابات.

الاهتمام العالمي بحماية البيئة يتضمن:

-1 انشاء الوزارات والدوائر والمؤسسات والمعاهد والجامعات المتخصصة بالبيئة.

-2 صدور العديد من القوانين والتشريعات على المستوى العالمي والمحلي، مثل قانون حماية البيئة الاردني لعام 1995م، وقانون الهواء النظيف في بريطانيا لعام 1969م.

-3 وضع معايير ومواصفات لملوثات البيئة (الماء، الهواء، والتربة)، واجراء العديد من الابحاث لتقييم الاثر البيئي للصناعات والملوثات.

-4 اقامة مناطق محمية بهدف حماية الحياة البرية، مثل محمية ضانا في جنوب الاردن.

5- الاهتمام بالاعلام والتثقيف والارشاد البيئي والتربية البيئية المدرسية.

6- وضع الاستراتيجيات المرسومة، ومتابعة التنفيذ والرصد وتقييم المختبرات، وملاءمة التزويد بالخبراء والفنين والمستخدمين والتنسيق بين القطاعات العاملة والسلطات المختلفة وضرورة وجود التفويض للسلطات.

خطوات عامة لمكافحة مظاهر تلوث البيئة

تطوير شبكات المجاري ومعالجة النفايات والمخلفات السائلة الصناعية. وجوب اعادة استخدام السوائل الصناعية والمعالجة وتحت المراقبة الشديدة وبطرق معالجة مثالية.

تعاون دولي تقني في مجال معالجة الفضلات الخطره والتخلص منها، واجراء البحوث عن التخلص من الفضلات بدفنها في باطن الأرض واثر ذلك على المياه الجوفية. تدريب المعاملين المؤهلين وتنفيذ سياسات للمكافحة. وتوفير التجهيزات اللازمة لرصد التلوث وتقييم الوضع الخاص بالتلوث لاعداد التشريعات.

أزمة التلوث البيئي (1)

إن ازمة التلوث البيئي ليست جديدة على المجتمع البشري، لكنها ازدادت في السنوات الاخيرة مما ادى إلى تحرك عالمي واسع لمواجهتها.

ومن اسباب هذه الازمة الكوارث الطبيعية كالبراكين، والزلازل والنشاطات البشرية المختلفة كالصناعات البتروكيماوية والنووية، والنفايات المنزلية ومياه الصرف والفضلات السائلة، والضجيج والادخنة، والروائح فهذه الازمه تبين العلاقة السلبية بين الإنسان والبيئة.

تؤكد الاحصاءات الحديثة ان الدول المتقدمة والتي يقطنها خمس سكان العالم تقريبا تستنفذ ثلثي الموارد الطبيعية المستهلكة، وتنتج اربعة اخماس النفايات والملوثات البيئية في كوكبنا. كما تشير التقارير إلى ازدياد نسبة غاز ثاني اكسيد الكربون في الجو بمعدل 25% نتيجة لعدم الحد من ادخنة المصانع ووسائط النقل.

وتسبب مضاعفة إنتاج غازات البيوت البلاستيكية الخضراء في ارتفاع دفء الكره الأرضية تسع درجات فهرنهايتية على مدار القرن المقبل. وهذا الارتفاع الملحوظ في درجة الحرارة سيغير من أنماط الطقس وينتج عنه ارتفاع حرارة الأرض جفاف شديد وشتاء قارص وأعاصير مدمره

وزيادة التبخر من مياه البحيرات، وفقدان فصائل عديدة من الحيوانات والنباتات، كما ان زيادة نفاذ الأشعة فوق البنفسجية إلى الأرض من شأنه أن يضعف جهاز المناعة البشري ويزيد من حالات الاصابة بسرطان الجلد، وذوبان ثلوج القطبين الشمالي والجنوبي وارتفاع مستوى سطح البحر وغمر اجزاء كبيرة من المناطق الشاطئية،وهذا الارتفاع في منسوب المياه لن يوازية في المقابل كفاية في كمية المياه الصالحة للشرب، فازدياد الطلب على المياه الصالحة للشرب في اضطراد مستمر بسبب التكاثر في عدد سكان العالم.

مصادر التلوث، وأسبابه متعددة اهمها:

صرف الفضلات الصلبة والسائلة وانبعاث الغازات إلى الجو، واستخدام الاسمدة والمبيدات، ادخنه المصانع وادخنة عوادم السيارات، دفن المخلفات والنفايات الخطره وطرحها بطرق غير ملائمة. البراكين وما تطلقه من حمم وغازات، والملوثات الطبيعية مثل غاز الميثان، والمعادن المتسربة من الصخور والتي تصل إلى مصادر المياه.

كذلك مخلفات المنازل السائلة والصلبة وبقايا المصانع السائلة والصلبة،وبقايا الاطعمة، والاطعمة الفاسدة، والادوات والمواد الغير صالحة للاستعمال، وتزداد مخاطر هذه المواد وخاصة إذا صرفت بدون معالجة، مما يسبب تحللها وتعفنها وخروج الروائح وانتشار الاوبئة الخطره.

ومن ذلك صرف الفضلات بدون معالجة إلى البحار مما يسبب وقف النشاط السياحي بالاضافة إلى ما تحتوية من مواد كيمائية ومواد تنظيف، ورصاص وزئبق،... إلخ ومن مظاهر الازمة البيئية الخطره التسخين الكوني، والمطر الحامظي، وتآكل طبقة الاوزون. وكذلك الدخان والغازات الضاره الصاعدة من المصانع والاكاسيد والغازات الضارة والتلوث الاشعاعي والتسرب النووي كلها مصادر للتلوث المرعب للبشرية.

الآثار العامة للتلوث

1- انتشار الامراض الصدرية والتنفسية بسبب الغازات والملوثات المنتشرة في الهواء كذلك فانها تسبب تشويه المباني.

2- انتشار الامراض والاوبئة كالكوليرا، والتفوئيد، والامراض المعدية،... إلخ وهو سبب في تلوث مصادر المياه بمخلفات الإنسان والصرف الصحي مما يعني تلوث ماء وغذاء البشر.

3- التأثير السلبي على الانظمة البيئية المختلفة فمثلاً كثرة استخدام المبيدات مثل D.D.T قد يحد من نمو وتكاثر بعض الانواع من الكائنات مما يسبب خلل في التوازن الطبيعي وبالتالي خطر على صحة البشر.

4- اضطرابات في المناخ وانتشار التصحر بسبب اللامبالاة والتخريب اللامسؤول في عمليات استغلال الموارد والثروات.

5- تعرض انواع عديدة من النباتات والحيوانات بسبب ممارسات الشركات الغير وطنية أو متعددة الجنسيات واستخدام التكنولوجيا بطرق غير مسيطر عليها.

6- انتقال مخاطر التلوث عبر الحدود كالمطر الحامضي ومخاطر استهلاك طبقة الاوزون لذلك لابد من التعاون الدولي وسن القوانين والتشريعات للمحافظة على سلامة البيئة وصحتها.

التدخين والبيئة [1]

نحن في هذا العصر بأمس الحاجة إلى تأهيل مفهوم الوعي الصحي والبيئي لدى الافراد، إذ ان قضايا الصحه والبيئة لها أبعاد اقتصادية واجتماعية وسياسية، واصبح العمل على الاعتناء بها ضرورة ملحه وواجب وطني يتطلب تضافر الجهود واستنفار الهمم لصاحب القرار وللمواطن.

ففي الأردن حوالي 48% من الذكور الذين يزيد عمرهم على 25 سنة هم من المدخنين فالتدخين عنصر ملوث لذلك يجب ان يدرج في سلم الاولويات في خطط مكافحة التلوث البيئي، ويعتبر السبب الرئيسي الأول لأمراض السرطان والقلب.

كذلك فالتدخين لا يؤثر فقط على الصحة بل يعتبر ايضا احد أسباب الحرائق وحوادث السيارات والعقم والشيخوخة، بالاضافة إلى العبئ الاقتصادي على جيوب المدخنين وعائلاتهم لذلك ندعو وباصرار إلى منع التدخين وضرورة اجراء حملات التوعية.

المخاطر الصحية والبيئية لمحطات التنقية في الاردن [2]

شهدت المملكة خلال العقود الأخيرة زيادة كبيرة في محطات التنقية التي أنشئت في المدن الرئيسية حيث بلغ مجموعها أربع عشرة محطة، واضافة إلى بناء عدد مماثل تقريبا من المحطات

---

(1) رسالة البيئة عدد19، ص30-33.

(2) رسالة البيئة عدد19، ص42.

التي تخدم تجمعات سكنية خاصة، أو تجمعات صناعية مثل مدينة عمان الصناعية أو مدينة الحسن الصناعية في اربد ومدينة سحاب الصناعية وبعض الجامعات مثل جامعة ا لعلوم والتكنولوجيا وجامعة آل البيت وجامعة مؤتة وبعض المؤسسات الكبيرة مثل مطار الملكة علياء الدولي والمدينة الطبية ومركز اصلاح وتأهيل سواقة.

وقد كان الدافع وراء هذه الثورة في انشاء هذه المحطات هو حل المشاكل الصحية البيئية المترتبة على الصرف العشوائي وغير الصحي للفضلات الادمية التي كانت تسبب في تلويث مصادر المياه الجوفية والسطحية وتلويث الهواء والتربة والتي تشكل بيئة ملائمة لتكاثر ناقلات الأمراض الوبائية ذات الصلة بالفضلات البشرية كالاسهالات والكوليرا أو الامراض الطفيلية المعوية.

سلبيات محطات التنقية في الاردن

1- ضعف الخبرة المحلية، وضعف الانظمة المستخدمة وعدم ملاءمتها لنوعية المياه العادمة المحلية.

2- انشاء عدد كبيرة من المحطات في فترة قصيرة، وسوء اختيار مواقع بعضها بشكل قريب من السكان كمحطة الخربة السمراء والبقعه.

3- عدم تطبيق اجراءات تقييم الأثر الصحي والبيئي على المحطات قبل انشائها وعدم تكامل التخطيط في تنفيذ مشاريع انشاء المحطات، إذ كان الاهتمام منحصر في معالجة المياه دون الاهتمام بطرائق استخدام الماء الناتج.

4- ان انشاء عدد من المحطات بالقرب من مجاري المياه أدى إلى تلويث بعضها وتأثيرها على الأراضي الزراعية.

الاثار الصحية والبيئية لمحطات التنقية

1- على العاملين في المحطة وعلى الجهات الرقابية: إذ يتعرضون للأصابة بالأمراض المعدية، لذا يتوجب اجراء الفحوصات الطبية الأولية الدورية وباستمرار. وتوفير الوسائل الوقائية كالملابس الخاصة أو الكمامات والقفازات لحماية العاملين مع ضرورة توفير وسائل النظافة الشخصية ومواد التطهير والتعقيم.

فالعمال يتعرضون للغازات السامة والمؤذية كغاز كبريتيد الهيدروجين، والميثان التي تتصاعد من عمليات المعالجة البيولوجية للفضلات، وللاختناق بغاز الكلورين الذي يستعمل لتطهير المياه المعالجة، والروائح الكريهة، والتعرض للحشرات ولحوادث السقوط.

2- **على المجاورين وعلى البيئة**: إذا يتعرض المجاورين للازعاج والمضايقة من الروائح الكريهة وخاصة السكان القريبين أو السكان في مواقع عكس اتجاه الرياح السائدة، كما يتعرضون للغازات السامة، ومهاجمة الحشرات، وتلويث المياه السطحية والسيول والمزروعات، واصابة العمال الزراعيين بالأمراض المعدية وتلويث التربة بمسببات الامراض والعناصر السامة لذلك يوصى بالتخطيط البعيد عند انشاء المحطات لاختيار الموقع والانظمة الجيدة الملائمة للاستفادة من المياه الناتجة وتوفير سبل الامن والسلامة المهنية والصحية للافراد وللبيئة والرقابةعلى المحاصيل التي تستخدم المياه الناتجة بعد المعالجة واجراء الفحوصات الطبية الأولية للعاملين واجراء حملات توعية مستمرة.

معالجة الملوثات الناتجة عن صناعة التعدين[1]

تنتج عن صناعة التعدين مياه عادمة تحتوي على ملوثات كيميائية تسبب مشاكل بيئية مختلفة وتؤثر على الإنسان والنبات وتلوث الماء والهواء والتربة، حيث تمتاز المياه العادمة الناتجة في صناعة التعدين بأنها ذات صفات حامضية وتحتوي على تراكيز عالية من المعادن الذائبة والمعلقة وبسبب انخفاض درجة الحموضة (PH) لهذه المياه، فانها تحتوي عادة على تراكيز عالية من المعادن الذائبة، ويعتمد نوع وتركيز المعادن في المياه العادمة على طبيعة الأرض وتركيبها، وتتواجد المعادن الذائبة ومنها المعادن الثقلية (الكادميوم- النحاس- الزئبق النيكل- الرصاص، الزنك) مع المعادن الاخرى (الحديد، الزرنيخ... إلخ) بتركيز يبلغ مئات الملغرامات لكل ليتر.

وتهدف عملية المعالجة هنا إلى معادلة درجة الحموضه للمياه العادمة لتصبح (9-6)، كذلك تخفيض تراكيز المعادن الذائبة إلى مستوى أقل من 1 ملغم/ لتر ومن طرائق المعالجة ما يأتي:

الترسيب الكيميائي Chemical Precipitation:

معلوم ان معظم المعادن الثقيلة كالرصاص والزنك الموجودة في المياه العادمة يمكن ترسيبها على شكل هيدروكسيدات في PH 10-8.5، وذلك باستخدام المواد القلوية الاتية:

أ) الجير Lime: يضاف عادة على شكل جير مطفأ Ca (OH)2 إلى حوض استقبال للمياه العادمة حيث تتم تسويتها ورفع درجة الحموضة ويمكن أن يضاف الحجر الجيري CaCO3 Limestone على شكل محلول وهو أقل تكلفة من الجير، ثم تدخل المياه العادمة إلى حوض ترسيب Clarifier Tank وتنتج عن عملية الترسيب حمأة مترسبة Sludge تحتوي على تراكيز عالية من الكبريتات وخاصة كبريتات الكالسيوم حيث يتم

---

(1) رسالة البيئة عدد19، ص26.

تصريفها إلى احواض تجفيف يتم تجفيفها وتخزينها، وإذا لم تتوفر هذه الاحواض يتم تصريف الحمأة إلى فلاتر خاصة لازالة المياه منها.

ب) كبريتيد الصوديوم Sodium Sulphide : يتوفر كبريتيد الصوديوم على شكل محلول تجاري ويعطي فعالية عالية في ازالة الملوثات نظرا لأن ترسيب المعادن الثقيلة على شكل كبيريتديات راسبة يمكن ان يعطي فعالية اكبر بالمقارنة مع الهيدروكسيدات وذلك لانخفاض ذائبية الكبريتدات، وتنتج من عملية الترسيب كميات من الحمأة لا تختلف بطبيعتها عن الحمأة الناتجة باستخدام الجير.

وبعد ذلك تجري عملية معادلة لدرجة الحموضة لتصبح (6-9) بواسطة حامض الكبريتيك. ثم تجري عمليات ترشيح بواسطة مرشحات رملية لتجميع الرقائق الاصغر حجما، كذلك ترشح بمرشحات مكونة من اغشية مسامية لازالة الرقائق التي يقل حجمها عن 0.2 مكيرون، كذلك تجري عمليات ازالةالعسرة لها قبل استخدام ظاهرة التناضح العكسي لتقليل الايونات ولانتاج مياة ذات نقاوة عالية.

الهندسة الجيدة تحمي البيئة[1]

إن تطبيق المواصفات القياسية الهندسية من حيث التصميم والتنفيذيشكل اكبر خدمة يقدمها المهندسون لحماية البيئة وذلك من خلال :

أ) اختيار موقع المبني: إن اختيار موقع البناء على اساس صخري قوي لا يستنزف جزءاً كبيرا من التكاليف وبنفس الوقت فيه توفير للأراضي الزراعية.

ب) مواد البناء: إن استعمال مواد بناء قوية ومقاومة للعوامل الجوية، تمنع الرطوبة من النفاذ وفية تقليل لنفقات الصيانة ومحافظة على صحة الإنسان وتوفير للطاقة. فالبناء السيء له تكاليف عند البناء وتكاليف هدم وتكاليف اعادة بناء .

ج) اختيار موقع الطريق: إن اختيار موقع الطريق الصخري والبعيد عن مجاري الوديان هام جدا لمنع انجراف الطريق، ولتوفير الأراضي الزراعية.

د) تخطيط الطريق: بحيث تتماشى مع الطبيعة، بحيث لا يفاجأ السائق بالمنعطفات الحادة وفي ذلك تجنب لاستعمال الكوابح، و في ذلك حفظ لاستخدام الوقود وللتلوث.

هـ) بناء جسم الطريق: تحدد المواصفات وجوب استعمال التراب الحصوي لبناء جسم الطريق لانه أقوى وبنفس الوقت يحتاج ماء قليل لعمليات خلطة ودمكه، وفي ذلك خدمة للبيئة.

---

(1) رسالة البيئة عدد17، ص12.

و) المواصفات القياسة: توجب استعمال نسبة محدده من الماء لدمك التربة، وقد وجد ان استعمال كمية زائدة من الماء تضر العمل ولا تفيده فكثرة الماء تبعد حبات التراب والحصى عن بعضها وبذلك تسبب خسارة الماء وعدم انتاج عمل جيد. كذلك وجوب انجاز اعمال الاسفلت في الصيف حيث الطقس الحار ولان المياه تخرب الخلطات الاسفلتية، وبذلك تستطيع الاستفادة من مياه الامطار في الشتاء لدمك الطريق والانتظار إلى الصيف لوضع الخلطة الاسفلتية.

ز) مواد سطح الطريق: إن استعمال مواد قوية مطابقة للمواصفات الاسطح الاسفلتية يقاوم الحث والاهتراء ويمنع الانزلاق ويمنع انتشار الغبار وفي ذلك خدمة للبيئة.

المبيدات والتلوث Pesticides And Pollution:

المبيدات الحشرية: مواد كيميائية تخترق الآفات الحية لتتلف انسجتها الداخلية وتقضي عليها.

الآفات: أي كائن حي يصيب الإنسان أو ممتلكاته (من نباتات أو حيوانات) ويسبب له الضرر، فالحشرات من الآفات وكذلك الميكروبات والحيوانات الزراعية والطفيليات والطيور والقواقع والقوارض مثل الفئران.

أنواعها:

المبيدات الكلورفية: هي المبيدات الهيدروكربونية التي تحتوي في تركيبتها على ذرة الكلور.

المبيدات الفسفورية: هي المبيدات الهيدروكربونية التي تحتوي في تركيبتها على ذرة الفسفور.

إن المبيدات تحمي المحاصيل وتقضي على الأوبئة والحشرات الناقلة للأمراض. لكنها مواد سامة تسبب عللاً جسدية وعصبية وسرطانية قد تؤدى إلى الموت وإذا كانت المبيدات شراً لابد منه فيجب استخدامها بالطرق السليمة مع اتخاذ تدابير الوقاية قبل العلاج.

أهم المشكلات التي تحدثها المبيدات الكيميائية

1. تأثيرها على النبات: وجد إن استعمال المبيدات الحشرية قد تؤدي أيضاً بتأثير سلبي على النباتات من ناحية تغير لون الورق أو شدة النتح والتأثير على عملية البناء الضوئي، فعلى سبيل المثال المبيدات العشبية استعملت لإبادة الأعشاب الضارة على جوانب خطوط السكك الحديدية والطرق العامة وتسلك هذه المبيدات طريقين في الأثر.

- إعاقة عملية البناء الضوئي.

- تساقط الأوراق من خلال موت الخلايا حول عنق الورقة.

2. تأثيرها على الإنسان: من الممكن أن تسبب المبيدات أعراض مرضية عديدة منها تأثيرها على الجهاز العصبي وكذلك السرطان وخاصة الكبد وتأتي من خلال التراكم في

النباتات ثم الحيوانات ثم الإنسان.

3. تأثيرها على الأسماك والطيور: وجد في بحيرة Big Bear في كاليفورنيا أن تركيز ال D.D.T في الماء 0.015 جزء في المليون بينما في بعض الأسماك وجد 0.94 جزء في المليون وفي طائر يتغذى على الأسماك وجد 3.91 جزء في المليون في حين غراب الماء والذي يتغذى على الأسماك المفترسة وجد 26.4 جزء في المليون.

4. التأثير على الحشرات النافعة: حيث أن المبيدات الكيميائية لا تميز بين الكائنات الضارة و النافعة وتؤدي إلى موت الحشرات النافعة مما يسبب خللا في التوازن البيئي الطبيعي .

تدابير الوقاية من أخطار التلوث بالمبيدات:

-1 قراءة التعليمات الواردة على بطاقه بيان كل عبوة مبيدات حول كيفية الاستخدام وطرق الحفظ والتخزين، مع التركيز على التحذيرات.

-2 التخزين الجيد للعبوات بعيدا عن الحرارة العالية أقل من 50°م.

-4 تهوية المنازل بعد الرش، وابعاد العبوات عن ايدي الأطفال.

-5 عدم رش المبيدات قرب الأطعمة. كذلك الخضروات التي رشت بالمبيدات يجب غسلها جيدا وتقشيرها.

-6 على السلطات و المؤسسات المسؤولة اشتراط كتابة بطاقة البيان على العبوات باللغة العربية بشكل واضح وبسيط.

-7 اصدار منشورات عن المبيدات والطرق المثلى لاستخدامها وبيان مخاطرها.

التلوث بالمبيدات Pesticide Pollution:

التلوث بالمبيدات الكيمياوية انواع:

-1 التلوث المزمن Chronic Pollution:وهي حالة التلوث الناتجة عن استخدام المبيدات بشكل صحيح ووفقا للتعليمات، وهو حتمي.

-2 التلوث الحاد Acute Pollution: وهي حالة التلوث الناتجة عن الاستخدام الخاطئ أوالاهمال في استخدام المبيد، وهذا النوع سائد في معظم الدول النامية.

الاقتراحات للحد من التلوث البيئي بالمبيدات الكيمائية:

-1 استخدام المبيدات عند الضرورة القصوى، والتشجيع على اعتماد طرائق المكافحة المتكاملة. والتخلي عن فكرة الحصول على الحقل الخالي من الاصابة إذا ان وجود مستوى غير مؤثر من الافة ظاهرة صحية على مستوى التوازن الحيوي.

2- تجنب الاستخدام المباشر للمبيدات الكيميائية في البيئة المائية إذا ان مصادر الماء قليلة، والاهتمام بالارشاد الزراعي والتوعية بخطوره الاستخدامات الخاطئة والمفرطه للمبيدات.

3- حصر عمليات بيع وتداول المبيدات بالمكاتب المختصة المرخصة وشراء المبيدات من الشركات التي تهتم وتراعي الاعتبارات البيئية.

4- وضع قوانين وتشريعات رادعة لضمان سلامة البيئة.

5- مراقبة المبيدات المحلية والمستوردة والتقيد بالتعليمات المرفقة. واستخدام المبيدات قليلة السمية على الإنسان عالية السمية على الآفة.

6- انشاء وحده مركزية للتخلص من نفايات المبيدات والعمل على اعادة تدوير العبوات الفارغة.

7- تدريب المرشدين على الاستخدام الآمن والتوعية الكافية بذلك.

أهم الاضرار الناتجة عن استعمال المبيدات:

1- تلوث البيئة حيث يمكث بعضها سنوات طويلة في البيئة وتؤدي إلى قتل الكائنات الحية أو التأثير سلبيا على وظائفها العامة. حيث تتراكم المبيدات في الانسجة الدهنية للجسم، وتعتبر مواد مسرطنة.

2- سمية المبيدات فهي قد تقتل الكائنات الحية المفيدة كالنحل، وهي عوامل ممرضة تصيب الجلد والجهاز التنفسي والعين.

جدول (1-5): الفترة الزمنية لتلاشي المبيدات

المبيد	الوقت اللازم للتلاشي
المركبات الكلورينية	
د. د. ت	4 سنوات
اندرين	3 سنوات
كلوردوان	5 سنوات
هبتاكلور	سنتان
لندان	سنتان
المركبات الفسفورية	
ديازينون	12 أسبوع
ملاثيون	أسبوع واحد
باراثيون	أسبوع واحد

للوقاية من مخاطر المبيدات:

1- يجب استخدام وخزن المبيدات بالطريقة الصحيحة.

2- شراء المبيدات ذات المواصفات الجيدة المجازه محليا ودوليا.

3- البحث عن بدائل للمبيدات.

4- التثقيف والارشاد واجراءالدراسات حول مخلفات المبيدات في البيئة.

مكبات النفايات براكين تهدد بالانفجار:

حيث يتولد الميثان وغازات اخرى من تحلل النفايات في المكبات، وتنتشر هذه الغازات افقيا حتى تجد متنفساً، في الارض فتتسرب إلى داخل الابنية وتتجمع هناك لتشكل قنابل موقوته تنتظر شعلة للانفجار، والعلاج لهذه الظاهرة يتمثل:

1- ضرورة حفر منافذ في مكبات القمامة للسماح بخروج الغازات رأسيا بدلا من انتشارها افقيا إلى مناطق أخرى لذلك التهوية قد تكون سلبية أو ايجابية.

2- إذا كان لابد من بناءالمنازل بالقرب من مكبات النفايات فمن الضروري أخذ الاحتياطات الأمنية والهندسية اللازمة لمنع تسرب الغاز إلى هذه المنازل. واتخاذ تدابير واقيةعند انشاء قاعدة البناء بحيث تمنع تسرب الغازات وتكون مقاومة للأحماض والقلويات التي تنتج عادة من تحلل القمامة.

الاطارات المستعملة مشكلة بيئية متفاقمة

إذا تتراكم الاطارات المستعملة يوميا وبكميات هائلة وتحتل مساحات كبيرة من الأراضي، ولا تتوافر طرق عملية للتخلص منها بطرق سليمة بيئيا. وإن تكن هناك ابتكارات تكنولوجية للاستفادة من هذه الاطارات في صناعة الاسفلت، أو وقودا بديلا لتوليد الطاقة الكهربائية، أو غير ذلك، فإن ما يتم استغلاله جديا من هذه الاطارات لا يتعدى 1% من مخزونها العالمي.

المشاكل البيئية والصحية الناتجة عن الطرق العشوائية المستخدمة في التخلص من الاطارات المستعملة:

1- يبعث حرق الاطارات غازات مؤذية محتوية على مواد كبريتيه تنتهي في مصادر المياه والتربة فتلوثها.

2- يزداد خطر اندلاع الحرائق في الغابات التي ترمى فيها الاطارات ويصعب اخمادها.

3- تصبح أرض المكبات اسفنجية عند رمي وحرق الاطارات فيها مما يجعل التربة غير ثابتة وغير ملائمة للاستصلاح.

4- تصبح أكوام الاطارات المرمية ملاذا للقوارض والحشرات.

5- تشوه مكبات الاطارات المناظر الطبيعية والصورة السياحية للبلاد. وتطفو الاطارات عادة على سطح المكبات.

المجالات المختلفة المتاحة لاستخدام الاطارات المستعملة:

أ) إذا كانت الاطارات كاملة تستخدم كاثقال لاغطية العلف ودعامات للاشجار ولتثبيت التربة ومنع انجرافها، ولحماية الشواطئ وحواجز لمنع اصطدام السفن وفي تربية الاسماك لتوالد الاسماك والقواقع البحرية ومصدات للملاعب وصادمات للسيارات وحواجز عند نقاط التفتيش.

ب) الاطارات المقطعة تستخدم لصنع السلال والاحذية ومماسح الارجل والحبال والاحزمة والارضيات ومفاصل الابواب.

ج) تجديد وتلبيس الاطارات.

د) تحويلها إلى أنواع من الزيوت والمركبات الكيميائية المختلفة.

مخاطر التصحر وفقدان الغابات

لقد تحولت مساحات شاسعة من الغابات إلى استعمالات اخرى كالمزارع والمراعي وزراعة اشجار النخيل،... كذلك فقد تعرضت الغابات لمخاطر النيران والتدمير، بالاضافة إلى قطع الاشجار وفتح الطرق،... إلخ وهذا كله احدث ضررا بعيد المدى للانظمة البيئية، حيث تفقد الكثير من النباتات والحيوانات قابليتها للحياة أو النمو الطويل الأمد من خلال التغير في الصفات الوراثية والانقراضات.

كما ان فقدان التنوع الحيوي واحده من اكثر المواضيع حاجة للبحث والاهتمام، ولعل في الاحصائيات الاتية ما يوضح خطورة هذا الوضع، 11% من مجموع الطيور، 25% من مجموع الثديات 20- 30% من مجموع النباتات مهددة بالانقراض لذا يجب القيام فورا بجهود دولية ومحلية لمنع انقراض بعض الانواع وادخال بعض الانواع الجديدة.

إن الانقراض وفقدان التنوع الحيوي لهما تأثيراً عالمياً على قدرة الانظمة البيئية في توجية الخدمات الفعالة إلى الجنس البشري، إذ تبلغ نسبة فقدان الغابات 15 مليون هكتار سنويا لذا يجب وضع حلول إدارية ابداعية لإدامة غطاء الغابات المتبقي في العالم.

ومع ازدياد مخاطر التصحر على الأراضي العربية اخذت البرامج العربية لمقاومة هذه الظاهرة، تتفاعل وتترسخ تحت مظلة الجامعة العربية وتحت رعاية الحكومات والمنظمات المعنية.

فليس سرا ان الحالة الراهنة للتصحر في الوطن العربي قد وصلت إلى منطقة حرجة، مما وصلت إليه حالة الموارد الطبيعية ومن تدهور المراعي وضيق الحيز الرعوي. واستنزاف الموارد المائية وتدمير الآلاف من اشجار الغابات وتقهقر الثروة النباتية، وذلك بسبب النشاط البشري والاستغلال غير الرشيد للموارد الطبيعية وعدم توفر الكوادر البشرية المؤهله وضعف القدرات والمهارات الفنية اللازمة للحفاظ على الموارد الطبيعية وتنميتها وهي تكاد تكون سمة منتشره في كثير من بلدان العالم الساعية إلى النمو.

المياه: ستكون موارد المياه، بما فيها التنوع الحيوي في المياه النقية تحت ضغط متزايد بسبب تطور البنية التحتية وتحولات التربة والتلوث، مثل ازالة الغابات من مناطق تجمعات المياه، وتدمير الأراضي الرطبة التي سببت زيادة اضرار الفيضانات. كما ان زيادة استعمالات المياه العالمي سيؤدي إلى نقص في المياه وبذلك بسبب انقراض تدريجي في الانظمة البيئية في المياه وزيادة الصراعات على مصادر المياه.

التغير المناخي: إذ يتوقع ان ترتفع مناسيب البحار وترتفع درجات الحراره (5 درجات)، واختفاء بعض القمم الجليدية،... إلخ مما يعني تغيرات في انماط الأمطار، والمنتجات الزراعية، وتحويل مجاري الانهار، والفياضات، والاعاصير وتغيرات في الانظمة البيئية،... إلخ.

الزراعة: زيادة الضغط على الأراضي الزراعية، والتصحر، وارتفاع منسوب البحار، والغابات الاسمنتية، وزيادة اعداد السكان والحاجة إلى الطعام كل ذلك يعني الاضرار بالتنوع الحيوي.

لذا قد تصبح التكنولوجيا الحيوية والتغيرات الجينية الوراثية حل لتأمين الغذاء للاعداد المتزايده من السكان.

البيئات البحرية والساحلية: من خلال فقدان مواطن الحيوانات والنباتات والاستخدام غير المعقول للموارد الحيوية والتطور على طول الشواطئ والتلوث اصبحت العديد من المناطق الساحلية غير صالحة لعيش الاحياء فيها بسبب استنفاذ الاكسجين.

النفايات الخطرة[1]

يقصد بالنفايات الخطرة وفق معايير البنك الدولي واتفاقية بازل لنقل النفايات الخطرة وتداولها عبر الحدود (المخلفات التي تحوي عناصر لا يسهل تحللها وكيماويات ومركبات ذات اثار خطيرة ومزمنة على صحة الإنسان والبيئة). جدول (5-2):

---

1. المهندس الزراعي عدد (71) كانون الثاني 2002، السنة الثلاثون، عمان - الأردن.

جدول (2-5): بعض النفايات الخطرة ومصادرها

القطاع	المصدر	النفايات الخطرة
الخدمات والزراعة	خدمة السيارات المطارات التنظيف الجاف المحولات الكهربائية المستشفيات المزارع والمنتزهات	بقايا الزيوت الزيوت والسوائل المحاليل المهلجنة الفينولات الثنائية المكلورة (PCB) الفضلات الجرثومية والمعدية المبيدات المستعملة والحاويات الفارغة
الصناعات الخفيفة	معالجة المعادن التحميض معالجة النسيج الطباعة الدباغة	الأحماض والعناصر الثقيلة المحاليل والأحماض والفضة الكادميوم والأحماض المعدنية محاليل الأحبار، الأصباغ المحاليل الكيماوية، الكروم
الصناعات الثقيلة	معالجة البوكسيت مصافي البترول صناعات كيماوية وصيدلانية إنتاج الكلور	طين أحمر فضلات البترول والعوامل المساعدة محاليل كيماوية ومخلفات الزئبق

ومن هذه النفايات الفضلات الطبيه والصيدلانية وفضلات المختبرات والمبيدات الحشرية والدهانات، والاصباغ والأحماض والقواعد ومن اخطرها المعادن الثقيلة كالرصاص والزئبق والكروم ومركبات السيانيد.

وتكمن خطورة هذه المخلفات في احتوائها على تراكيز سمية عالية حيث تعتبر من الاسباب المباشرة لأمراض السرطان والقلب والجهاز التنفسي.

ولخطورة هذه المخلفات فإن الدول الصناعية قد وضعت تشريعات غاية في الاحكام والدقة تحدد كيفية تخزين ونقل ومعالجة هذه النفايات.

ومن الجدير بالذكر ان العديد من الدول الصناعية في الغرب كانت تقوم بدفن هذه النفايات في مواقع مختلفة بصورة عشوائية وغير علمية وبمرور الزمن تكتشف النتائج عن أضرار صحية وبيئية مذهلة الحقت اضرارا بالغة بمجموعات كثيرة من السكان في المناطق المحيطة، كما تبين أن كلفة تنظيف تلك المواقع والتخلص من آثارها السلبية تصل إلى مليارات الدولارات مما تعجز عنه تلك الدول.

ونتيجة لللك يتم نقل هذه النفايات وتصديرها إلى دول العالم الثالث للتخلص منها هناك بطرق واساليب غير مشروعة وبعضها من خلال اتفاقيات ثنائية.

ويعتبر الاردن من أوائل الدول التي وقعت على اتفاقية بازل للنفايات الخطرة الا انه لا توجد حتى الان في الاردن تشريعات للتحكم بالمخلفات الخطرة بأنواعها المختلفة... وان معظم المخلفات الناتجة عن الصناعات الخاصة يجري تجميعها ونقلها إلى مواقع أو مكبات عشوائية بواسطة المصانع نفسها، وفي جميع الاحوال فإن الرقابة على المخلفات المطروحة ما تزال محدودة جدا بل تكاد تكون معدومة، ونتيجة لذلك اخذت هذه النفايات تتسرب إلى المكبات التابعة للبلديات أو تلقى عشوائيا هنا وهناك مما قد تسبب تسربها إلى المياه الجوفية وتلويث البيئة المحيطة والحاق الاضرار بصحة الإنسان والحيوان.

وفي تطور جديد على هذا الموضوع علمت جمعية البيئة الاردنية في اواخر العام 2002م(ان هناك اتجاها لدى وزارة الطاقة لانشاء (مخزن مركزي مؤقت لتجميع ومعالجة الفضلات المشعة المتدنية المستوى الاشعاعي). والمنتجة داخل حدود المملكة من المؤسسات المختلفة.ومن المفاجئ ان اصحاب هذا الاقتراح قد وقع اختيارهم على منطقة شفا بدران لهذا الخزان في منطقة محاطة من جميع الجهات بمؤسسات حيوية مثل جامعة العلوم التطبيقة ومشروع اسكان ابو نصير والجميعة العلمية الملكية... إلخ بالاضافة إلى آبار المياه العذبه في منطقة ياجوز وعدد غير قليل من المشاريع الاسكانية لجمعيات اسكان متعددة.

كل ذلك يجري في الوقت الذي نعلم ان خطة مديرية الطاقة النووية في وزارة الطاقة والثروة المعدنية للاعوام من (93-2000) تضمنت في مرحلتها الأولى تخصيص قطعة أرض بمساحة عشرة دونمات في منطقة مكب النفايات الموجود في سواقة وذلك لاستخدامها كمقبرة للفضلات المشعة الناتجة عن الاستخدامات المتنوعة في البلاد.

ونأمل أن تكون هذه الخطوة بداية القرار جديد. بغض النظر نهائيا عن فكرة اقامة ذلك الخزان في منطقة شفا بدران.

إدارة المواد الكيميائية والنفايات الخطره:

ان الكيميائيات والنفايات الخطرة المنتشرة في انحاء العالم. تسمّم الهواء والماء والتربة، ويمكن أن تؤثر في نمو الدماغ وعمل الغدد الصماء وجهاز المناعة والجهاز التناسلي،... إلخ.

إن بعض المواد الكيميائية يتراكم مع السنين داخل انسجة الجسم فيما البعض الآخر لا يترك اثرا. فالبالغون يحملون اليوم داخل اجسامهم مالا يقل عن 500 مادة كيميائية لم يكن لها وجود سابقا.

فقد انصب التركيز حتى الآن على تخفيض كمية النفايات الخطرة الناتجة من العمليات الصناعية، لكن هناك حاجة إلى وسائل للحد من انتاج النفايات من مصادر اخرى كالمستشفيات والزراعة والاستخدمات المنزلية،... إلخ.

فقد دعت (قمة الأرض) التي عقدت في ريودي جانيرو عام 1992م إلى ما يلي:

1- تعزيز القدرة الدولية على تقييم الاخطار البيئية، على ان يتم تقييم مئات المواد الكيميائية ذات الأولوية.

2- اصدار خطوط توجيهية توضح التعرض المقبول لعدد اكبر من المواد الكيميائية السامة، ووضع نظام عالمي لتنصيف الاخطار والتعريف بها.

3- تشجيع تبادل المعلومات حول سلامة استخدام المواد الكيميائية وانبعاثاتها.

4- وضع حد للاخطار غير المقبولة أو غير المبررة الناتجة عن المواد الكيميائية السامة.

5- إعداد أنظمة وطنية لادارة المواد الكيميائية بطريقة سليمة بيئياً، ووضعها موضع التنفيذ. وتعزيز القدرات الوطنية على كشف أي محاولة غير مشروعة لادخال مواد سامة أو خطرة إلى بلدما.

6- مساعدة جميع البلدان في الحصول على كل المعلومات اللازمة حول الاتجار غير المشروع بالمنتجات السامة والخطرة والتي تشمل ال (D.D.T) وثنائيات الفينيل المتعددة الكلور (PCBS) والديوكسين وحامض الكبريتيك والأسمدة الفوسفاتية والمعادن الثقيلة كالرصاص والزرنيخ والزئبق.

7- تشجيع الانتاج النظيف والحد من انتاج النفايات الخطرة واعادة تدوير المواد، ومنع الاتجار غير المشروع بالنفايات الخطرة، وتزويد البلدان بالمعلومات للتحكم بنقل النفايات الخطرة عبر الحدود.

وفي العام1994 م تأسست في استوكهولم الهيئة الحكومية المشتركة للسلامة الكيميائية (IFCS) وهي تُعنى بدعم التعاون بين الحكومات والمنظمات الحكومية وغير الحكومية، وبهدف تعزيز العمل على تقييم اخطار الكيميائيات وادارتها بأساليب سليمة بيئيا. كما تأسس عام 1995م برنامج المنظمات المشترك حول الادارة السليمة للمواد الكيميائية (IOMC) وهو بمثابة آلية لتنسيق جهود ست منظمات عالمية رئيسية في مجال تقييم المواد الكيميائية وإدارتها، وهي برنامج الأمم المتحدة للبيئة، منظمة العمل الدولية، منظمة الأغذية والزراعة (فاو). ومنظمة الصحة العالمية، منظمة الأمم المتحدة للتنمية الصناعية، منظمة التعاون الاقتصادي والتنمية.

تقييم الاثار البيئية في الاردن[1]

تقييم الأثر البيئي: يعتبر تقييم الأثر البيئي أحد عناصر تخطيط المشاريع المهمة ويهدف إلى تحديد نتائج التعديل الذي سيدخله المشروع في البيئة بجوانبها المختلفة من أجل تعزيز الآثار السلبية إذا أمكن وتعزيز الآثار الإيجابية ويتضمن تعديل المشروع أو إيقافه.

عناصر عملية تقييم الأثر البيئي:

1. تحديد عناصر المشروع ومراحله المؤثرة.
2. تحديد الآثار البيئية.
3. اقتراح حلول للمشاكل البيئية.
4. تحضير تقرير للمعنيين وصانعي القرار.

تأسس في الاردن قسم الاحصاءات البيئية عام 1994م. ويهدف القسم إلى تنفيذ خطة عمل الاحصاءات البيئية من حيث عناصر البيئة وملوثاتها، والبيانات الاحصائية التي يقترح تقصيتها، وأساليب الاحصاءات البيئية، واحتياجات العمل في هذا المجال وتهدف الاحصاءات البيئة في الاردن إلى:

1- توفير بيانات احصائية عن مختلف عناصر البيئة وتوزيعها.

2- توفير بيانات عن ملوثات البيئة حسب أنواعها ومصادرها وحدود تأثيرها على البيئة.

3- توفير بيانات عن الموارد المتاحة والمخزون منها والاستخراج الآمن من تلك الموارد.

4- توفير بيانات لمختلف المؤشرات البيئية.

5- إنشاء قاعدة بيانات بيئية.

6- توفير معلومات حول الاجراءات المتخذه لحماية البيئة من حيث نوعها والنفقات التي تصرف في هذا المجال. جدول (3-5).

---

(1) رسالة البيئة عدد 17.

جدول (3-5): طريقة القوائم **Check Lists** المستخدمة لتقييم الأثر البيئي للنشاطات الصناعية في مدينة عمان الكبرى

عناصر البيئة		مخلفات سائلة	مخلفات صلبة	غازات وأدخنة	أتربة ومواد عالقة	تخزين المواد الخام	روائح كريهة	استنزاف المياه	موقع المصنع	منشآت المصنع	مولدات الطاقة الكهربائية	إنتاج الطاقة	التعامل مع مورد السم
المياه	نوعية المياه	...	..	*	*	/	*	...	...	*	/	*	*
	المياه الجوفية	...	..	*	*	..	*	...	...	*	/	*	*
	المياه السطحية	...	.	*	*	*	*	.	...	*	.	*	*
التراث		*	..	...	..	*	*	*	..	..	*	*	*
التربة		...	...	..	...	...	*	...	...	...	..	..	*
المنظر الطبيعي	مناطق جبلية	*	*	/	..	*	*	/	/	*	*	*	*
	متنزهات طبيعية	.	...	/	/	*	*	/	/	/	*	*	*
	مناطق سياحية وأثرية	..	..	/	...	*	.	/	.	.	*	*	*
المناخ	درجة الحرارة	*	*	...	...	*	*	*	*	*	..	*	*
	الرياح	*	*	...	.	*	.	*	.	*	..	*	*
	الأمطار	*	*	..	*	*	*	*	*	*	*	*	*
الإزعاج		*	*	*	*	*	...	*	...	*	*	.	*
الجيومورفولوجيا		*	*	*	*	*	*	*	..	*	*	*	*
صحة وسلامة العمال		*	..	...	...	..	..	*	*	*	.	.	...

آثار سلبية شديدة	...
آثار سلبية متوسطة	..
آثار سلبية ضعيفة	.
آثار إيجابية شديدة	+ + +
آثار إيجابية متوسطة	+ +
آثار إيجابية ضعيفة	+
لا يوجد آثار	*
غير محدد	/

اما مصادر البيانات الاحصائية البيئية فهي الجهات الرسمية وشبه الرسمية والخاصة والمسوح والدراسات التي يقوم بها قسم الاحصاءات.

تقييم الأثر البيئي

جزء هام من عملية التخطيط للمشروع، وهو يشكل من خلال القانون أو الممارسة جزءاً لا يتجزأ من تحليل دراسة الجدوى. حيث أن الفوائد أو التكاليف البيئية للمشروع عادة ما تكون مظاهر خارجية أو آثاراً جانبية تؤثر على المجتمع كله أو على جزء منه. وتقيم هذه الآثار تقييماً ملائماً في إطار اقتصادي اجتماعي على الصعيد المحلي، كما تقيم على الصعيدين الإقليمي والوطني وفقاً لما تحدده الأبعاد السياسية للأثر.

وفي التقييم الاقتصادي الاجتماعي الشامل لجدوى المشروع تدرس الآثار البيئية على نوعية الحياة إلى جانب معايير أخرى للبت فيما إذا كان الأثر الإجمالي للمشروع إيجابياً أم لا، أو لتحديد ما قد تقتضيه الضرورة من تعديلات للتوصل إلى تقييم إيجابي. كما يدرج في تقييم فائدة المشروع من حيث تكلفة بعض الآثار البيئية التي يمكن قياسها اقتصادياً إلى جانب عوامل اقتصادية أخرى.

إن الهدف العام لتقييم الأثر البيئي في إطار تحليل المشروع هو ضمان السلامة البيئية للمشاريع الإنمائية، وهذا يعني أن آثار المشروع على امتداد حياته المتوقعة لا تفسد البيئة بدرجة غير مقبولة، وأنه لا يتوقع أن تتولد عنه آثار تسهم في تدهور البيئة إلى أمد بعيد. كما يستهدف التقييم البيئة للمشروع تحدي التدابير الرامية إلى تخفيف حدة الآثار البيئية الضارة وإلى تعزيز الآثار المفيدة، بالإضافة إ لى تحديد المشاكل الحاسمة التي تتطلب مزيداً من التحقيق. ويتم عادة تقييم الآثار البيئية من الناحيتين الكمية والنوعية، حسب ما تدعو إليه الحاجة، وذلك بغية تقرير الجدارة البيئية الاجمالية لكل بديل.

المواضيع التي يغطيها قسم الاحصاءات البيئية متعددة اهمها:

1- استخدامات الأراضي وتقسيمها حسب معدلات سقوط الامطار.

2- الأحوال الطبيعية: كميات الامطار، درجات الحرارة العظمى والصغرى،... إلخ.

3- المؤشرات السكانية: عدد السكان والكثافة السكانية، ومعدل نمو السكان،... إلخ.

4- المؤشرات الاقتصادية: الناتج المحلي الاجمالي ونصيب الفرد، الرقم القياسي لتكاليف المعيشة،... إلخ.

5- متبقيات المبيدات: نتائج فحوص السمية للعينات الغذائية المستوردة والمحلية.

6- المؤشرات الزراعية: المساحات المزروعة لمختلف المحاصيل الزراعية، وكميات المواد المستورة.

7- النقل والمسافرين: اعداد المركبات العاملة حسب النوع، واعداد القادمين والمغادرين حسب وسيلة السفر، وغير ذلك.

8- ملوثات الهواء: معلومات عن فحوص الهواء من حيث تركيز الرصاص،... إلخ.

9- الغابات والتنوع الحيوي: نتيجة تباين المناخ فان أعداد وأنواع النباتات عالي جدا، لذا لابد من بيان اعداد واصناف النباتات والحيونات.

10- نوعية المياه وكمية المياه: معلومات تشمل الموازنة المائية وحجوم الامطار الهاطلة،... إلخ.

11- النفايات الصلبة: النفايات الناتجة عن الصناعة، الخدمات، الانشاءات... إلخ.

12- النفايات الخطرة الصناعية والطبية.

حماية البيئة ضرورة وواجب وطني[1]

يتزايد الاهتمام بقضايا البيئة بصورة ملحوظة، لانها تشكل الحيز الذي تعيش فيه الكائنات الحية وماينشئة الإنسان خلال عمليات الصناعة والزراعية،... إلخ ففي عمليات التنمية المتسارعة حيث تتحول الموارد الطبيعية بفعل الإنسان إلى سلع وخدمات.

وحيث كانت قدرة الموارد الطبيعية على العطاء محدودة لذا فان تجاوز هذه الحدود يشكل استزافا لهذه الموارد واخلالا بتوازن البيئة وما ينتج عن هذا الاخلال من ظواهر سلبية مدمره، كارتفاع درجات الحرارة، والزلازل،... إلخ.

وبالرغم مما حقق ويحققه الإنسان من تقدم في مجالات العلوم والتقنية للتعامل مع تلك الظواهر وتفادي اخطارها الا ان مخاوف البشرية من تلك الاخطار اصبحت الهاجس الاهم والمحرك للنشاط العالمي وبمختلف المستويات والمجالات من اجل حماية البيئة من التلوث وبجميع اشكاله ومصادره.

ولما كان الإنسان هو أعظم مورد لأي أمة فقد اصبحت البنة السليمة المتوازنة حقا من حقوقه،كما اصبحت حماية البيئة مسؤولية وطنية وضرورة إنسانية، ولتحقيق هذه الاهداف غيرت الدساتير واصدرت القوانين والمواثيق لبيان حقوق ومسؤوليات المواطن.

ولعل اعتراف الدول بمسؤولياتها تجاه المواطن والبيئة هو تطور ايجابيي، وخطوه هامه نحو تحقيق التنمية المستدامة. ويجب ان يرافق ذلك اطلاع المواطن على المعلومات الحقيقة عن الوضع

---

1. رسالة البينة عدد 17.

الراهن للبيئة والتشاور مع المواطن لصنع القرار، والاعتراف بحقوق من يصبة ضرر في العلاج والتعويض.
إن قضية الفقر تعتبر اشد انوع تلوث البيئة في أي مجتمع، إذ يحد الفقر وبشكل كبير من قدرة المواطن على استخدام الموارد بصورة قابلة للاستمرار، لذا فإن محاربة الفقر ووضع استراتيجه واضحة شامله وتوزيع عادل للخدمات من صحة وتعليم،... إلخ مساهمة في تحقيق تنمية متوازنة شاملة.
ان تظافر جهود كافة الفعاليات الرسمية والشعبية تشكل استثمارا حقيقيا للطاقات العلمية في الوطن، ليتم تشخيص المخاطر البيئية، وتقييم اثارها وايجاد الحلول لها والتقليل من اخطارها.
إن اهتمام دول العالم الثالث ينصب غالبا على حماية حقوق الإنسان وتحسين نوعية الحياة وتوفير مياه نقية ووقف تآكل الرقعة الزراعية وسد النقص الشديد في الغذاء والدواء الصحة والصرف الصحي فلا يعقل ابدا ان تبقى هذه الشعوب دون مستوى الفقر.
وبالنسبة لنا في الاردن فان شح المصادر المائية يُعد من اهم محددات التنمية إذا ان حصة الفرد من المياه العذبة المتجددة (300-310)م^3 سنويا، لذلك فان التوازن في استخدام المياه بين القطاعات المختلفة تعتبر من اهم التحديات التي تواجه المخططين.
كذلك فان الاردن وخلال العقدين الماضيين فقد معظم غاباته لاسباب عديد أهمها الحرائق وقطع الاشجار، وللمساكن ولزراعة الاشجار المثمرة والرعي الجائر والعوامل الطبيعية.
ويفتقر الاردن إلى وجود تشريعات تحدد مواصفات المنظفات الكيميائية بحيث لا تؤثر سلبا على صحة الإنسان ونوعية وسلامة البيئة، فالبورن الناتج عن بعض مساحيق الغسيل يلوث مياه سد الملك طلال. بالاضافة إلى المياه العادمة الناتجة عن المصانع وعدم اختيار المواقع المناسبة لمحطات التنقية بالاضافة إلى كونها غير مصممة للتعامل بكفاءة مع نوعية هذه المنظفات كذلك لا يوجد في الاردن نظام لمعالجة نفايات المستشفيات معالجة بيئية وصحية باسلوب علمي، كذلك لا توجد جهة رسمية واحدة تتولى معالجة قضايا البيئة، لذا لابد من وجود لمثل هذه المؤسسات والقادرة على المراقبة والتنفيذ وتطبيق المعايير.
تتعرض البيئة للتلوث بالمبيدات الكيميائية، لذلك توصي نتائج الدراسات بوقف استعمال المبيدات الحشرية المكلورة مثل ((DDT، Lindane)) ، وتشديد الرقابة لضمان عدم تسرب

المبيدات الممنوعة على أيدي المزارعين أو التهريب. مع ضرورة اتخاذ الاجراءات الكفيلة بتفعيل الإجراءات للتقيد بالحدود الدولية المسموح بها في متبقيات المبيدات في المواد الغذائية واعتماد المواصفات التي تصدرها منظمة الصحة العالمية ومنظمة الاغذية والزراعة الدولية والمواصفات الاردنية.

الفصل السادس

السكان والتنمية والبيئة

قبل نحو 4 عقود لم تكن العلاقة بين التنمية والبيئة، بين النمو الاقتصادي وحماية البيئة، علاقة حميمة، لا بل بالعكس كانت علاقة أقل ما يقال عنها أنها متضادة، حيث كان يتم إنجاز مشروعات التنمية الاقتصادية دون أي اعتبار للبيئة، وفي معظم الأحيان كانت تلك المشاريع سبباً مباشراً للتدهور البيئي، وكان استغلال الإنسان للبيئة ومواردها لرفاهيته دون الالتفات لعواقب استنزافها على النظم البيئية الطبيعية المختلفة، مبرراً إياه بأنه "ثمن التقدم" حتى حذرت تقارير علمية من مغبة استمرار الوضع في العالم بنفس أنماط ومعدلات ذلك الوقت، الذي سيؤدي إلى استنزاف شبه كامل للموارد الطبيعية، ومع وجود مستويات مرتفعة من التلوث البيئي، ستؤدي إلى كوارث، وإلى تفشي الجوع في مناطق متفرقة من العالم.

وظل هذا الحال سائداً، إلى أن حل العام 1972، الذي شهد انعقاد مؤتمر الأمم المتحدة للبيئة البشرية في العاصمة السويدية ستوكهولم، وإنشاء برنامج الأمم المتحدة للبيئة بعد المؤتمر وفي العام 1972 نشر تقريران مهمان : الأول - صدر عن نادي روما بعنوان : حدود النمو والثاني - عن مجلة the ecologist بعنوان "مخطط للبقاء". الأول قدم سيناريو لمستقبل العالم اعتمد على المتغيرات والتفاعلات بين السكان والإنتاج الصناعي والخدمي وموارد الغذاء والتلوث واستنزاف الموارد الطبيعية وخلص إلى أنه مع استمرار الوضع في العالم بنفس أنماط ومعدلات ذلك الوقت فإن ذلك سوف يؤدي خلال مئة عام، إلى استنزاف شبه كامل للموارد الطبيعية وإلى وجود مستويات مرتفعة من التلوث البيئي ستؤدي إلى كوارث، وإلى تفشي الجوع في مناطق متفرقة من العالم أما التقرير الثاني فتناول بصورة عامة العلاقات المتشابكة بين الموارد الطبيعية والسكان وأساليب الزراعة المتبعة وحالة البيئة واحتياجات الدول النامية، وخلص إلى أنه ينبغي خفض الاستهلاك في دول الشمال لإتاحة موارد كافية لتنمية دول الجنوب لتفادي إحداث استنزاف الموارد العالمية المحدودة.

إذن، تأريخياً يمثل عام 1972 العام المفصلي في تاريخ اهتمام الإنسان بالبيئة، إذ شهد ذلك العام انعقاد مؤتمر الأمم المتحدة للبيئة البشرية، تحت شعار "نحن لا نملك إلا كرة أرضية واحدة". ومنذ ذلك العام لقيت كلمة البيئة رواجاً وانتشاراً في كافة المجتمعات، وبدأ نجمها يسطع شيئاً فشيئاً إلى الحد الذي يعتقد فيه أنها وصلت إلى مرحلة البدر مع أفول الشمس القرن العشرين وبزوغ القرن الحادي والعشرين، وأصبحت ألسنة الكثيرين تنطق بها في التعبير عن مفاهيمهم إذا ما تحدثوا عن الانفجار السكاني والتلوث، والأمن الغذائي، وأزمة المياه، وظاهرة النينو، والأمطار الحامضية، واضمحلال طبقة الأوزون وغيرها.

وعلى الرغم من التزايد الكبير في أعداد سكان كوكبنا الأرضي وما رافق ذلك من تقدم علمي وتقني ، فما يزال الإنسان يقف عاجزاً أمام العديد من قوى الطبيعة كالزلازل والبراكين والعواصف والأعاصير... الخ ، ومع ذلك فقد استطاع الإنسان قهر المسافات بواسطة ابتكار وسائط النقل والاتصال، لكن تسبب وسائط النقل تلويث البيئة بالغازات والأدخنة... الخ.

والإنسان ايضاً يجتث الغابات لأسباب مختلفة وهو بذلك يفسد التوازن البيئى الحيوي الطبيعي وغير ذلك من الأمثلة التي تبين ان الانسان الصانع للتقدم والتكنولوجيا هو مسبب ايضاً للتلوث البيئي.

التزايد السكاني وأثره على البيئة:

ازداد اهتمام العالم في السنوات الأخيرة بدراسة مشكلة الانفجار السكاني السريع لما له من آثار سلبية على البيئة ، حيث أخذت تنذر بمخاطر بيئة على العالم، وبدأت الأجراس تقرع لتذكر العالم بأهمية معالجة هذه المشكلة التي بدأت تتفاقم، لانعكاسها سلباً على حياة البشرية من حيث تلوث البيئة واستنزاف مواردها بتسارع غير عادي ومثال ذلك دولتا الهند والصين وهما الدولتان الأكثر سكاناً في العالم.

إذ يؤدي النمو السكاني السريع المتواصل وانتشار الفقر المتغلغل وخاصة في البلدان النامية إلى عدم القدرة على توفير المسكن الصحي والبيئة السليمة. لذلك تكثر الأمراض وينخفض متوسط عمر الإنسان وتحدث الوفيات المبكرة.

والحقيقة أن هناك ازدياداً في الوعي بالمشاكل الصحية المقترنة بعدم كفاية الاسكان وسوء نوعيته وسرعة النمو الحضري كما تزداد الحاجة إلى تحسين قدرات أجهزة الرقابة والحكم المحلي.

ولتحسين صحة البيئة يجب توفير شبكات الصرف الصحي، وضمان مشاركة المجتمع في توفير السياسات ونقل التكنولوجيا لدعم الاجراءات التي تمكن أفراد المجتمع من الاعتماد على أنفسهم لتحسين أحوالهم البيئة ولتنفيذ ذلك لا بد من إحداث التنمية الاقتصادية والاجتماعية، كذلك لا بد من وضع المعايير للاسكان. وتوفير الرعاية الطبية والوقاية من الامراض والتوعية الصحية البيئية.

الحجم الأمثل للسكان وظروف البيئة:

من الأفضل أن تكون البيانات الخاصة بزيادة اعداد السكان أو تناقصهم قائمة على اعتبارات متصلة بالعوامل البيئية بالإضافة إلى نصيب الوحدات المساحية والجغرافية من السكان. وكثيراً ما يتردد أن أمريكا الجنوبية قارة غير مأهولة بالسكان اذا ما قورنت بآسيا. لهذا فقد كان من الطبيعي

أن نأخذ أولاً كثافة السكان كأساس للمناقشة حول هذا الحجم الأمثل للسكان رغم أن بعض الحالات لا تصلح فيها هذه الكثافة منفردة للحكم أو الدراسة بل يمكن اعتبارها أقل الاعتبارات أهمية في بعض الحالات ونقصد بذلك الكثافة العامة للسكان.

ومن المتوقع أن يستمر عدد سكان العالم في النمو الجدول (6-1) واستناداً إلى معامل الخصوبة المتوسط، الذي يتفرض وجود خصوبة بمعدل إحلال قدرة 2.1 طفلاً للمرأة، يتوقع أن يصل عدد سكان العالم إلى 9 بلايين نسمة في عام 2043 و 9.3 بليون نسمة في عام 2050. غير أن حجم السكان على المدى الطويل حساس للحيودات الصغيرة في مستويات الخصوبة. فعلى سبيل المثال، يسفر معامل الخصوبة المنخفضة حيث تقل الخصوبة بمقدار نصف طفل عن معامل معدل الخصوبة المتوسط، عن انخفاض في عدد السكان إلى 3.9 بليون نسمة في عام 2050. وعلى النقيض من ذلك، يؤدي سيناريو للخصوبة المرتفعة يفترض معدل خصوبة يزيد بمقدار نصف طفل عن معامل معدل الخصوبة المتوسط إلى زيادة عدد السكان إلى 10.9 بليون نسمة في عام 2050.

جدول (6-1) : المعالم الأساسية لسكان العالم

السكان	السنة
بليون نسمة واحد	بلغ عدد سكان العالم في 1804
بيلونا نسمة	في 1927 (بعد 123 سنة)
3 بلايين نسمة	في 1960 (بعد 33 سنة)
4 بلايين نسمة	في 1974 (بعد 14 سنة)
5 بلايين نسمة	في 1987 (بعد 13 سنة)
6 بلايين نسمة	في 1999 (بعد 12 سنة)
7 بلايين نسمة	ويمكن أن يصل عدد سكان العالم إلى في 2012 (بعد 13 سنة)
8 بلايين نسمة	في 2026 (بعد 14 سنة)
9 بلايين نسمة	في 2043 (بعد 17 سنة)

وهناك كثافة أخرى للسكان تعتبر من القياسات الهامة للغاية وهي الكثافة الاقتصادية ، أي عدد الأفراد بالنسبة لموارد الثروة المتاحة. فمثلاً قد تعتبر الصحراء الكبرى في ضوء هذا النوع من الكثافة منطقة مزدحمة بالسكان عن جزيرة تاهيتي المدارية. ففي هذه الجزيرة الكثير من الموارد الاقتصادية بحيث يمكن لأعداد كبيرة من السكان أن تعيش فيها إلا أن اكتشاف موارد للثروة القيمة في الصحراء كالبترول أو الغاز او المياه الجوفية قد يغير كثيراً من الموقف فمن الممكن مبادلة البترول بالغذاء والموارد المعيشية الأخرى، وفي نفس الوقت فإن الصحراء سوف تكون في بقع محدودة ومهيأة للحياة بطريقة خاصة أكثر من مناطق الإكتظاظ السكاني.

ونفس الشيء هو ما حدث للمدن، حيث أن هذه المدن تقوم على تبادل الصناعات والمعارف التكنولوجية بالمواد الغذائة اللازمة لها. وإذا حدث اكتشاف للمياه الجوفية في منطقة صحراوية بدلاً من البترول. فإن تلك المنطقة لن تلبث أن تتحول إلى مناطق جيدة للزراعة الكثيفة ومن ثم تصبح اكثر ازدحاماً بالسكان، ولقد حدث هذا بالفعل في بعض المناطق الصحراوية (المنطقة الشرقية من المملكة السعودية).

علاقة السكان بالبيئة:

إن الانسان ومنذ أقدم العصور امتلك الأدوات الفعالة التي ساعدته في تغيير العديد من ملامح البيئة المحيطة. فقد استخدم النار، وقطع الاشجار، واصطياد الحيوانات، وشق الطرق الزراعية.

ونتيجة للنموالسكاني المطرد فقد زادت الحاجة إلى انتاج المزيد من الغذاء لذلك فقد طورت العديد من الآلات الزراعية، واستخدمت المبيدات وسوء استغلال الاراضي الزراعية، ... الخ كل ذلك سبب اختلال في التوازن البيئي.

فالتلوث البيئى ليس وليد المجتمعات المعاصرة بل هو استمرار لنتائج النشاط البشري عبر الحضارات السابقة، فقد احرق الانسان القديم الحدائق وقطع الغابات، .. الخ

واليوم، فإن مفهومي البيئة والتنمية لا يمكن فصلهما، بل يعتبران مرتبطان ارتباطاً لا يقبل التجزئة لأن التنمية لا يمكن أن تستمر على قاعدة موارد بيئية متدهورة، كما لا يمكن حماية البيئة وإهمال الأمور التنموية. ومن الضروري بمكان التركيز على أنه لا يمكن لأي جهة أو هيئة دولية أو محلية معالجة كل من هاتين المسألتين على حدة بمؤسسات وسياسات جزئية، بل على العكس، يجب النظر على أنهما مرتبطتان في شبكة معقدة من الأسباب والنتائج فلا يمكن باسم المحافظة على البيئة أن نقف في وجه مشاريع التنمية، كما لا يمكن أن نعزو التلوث إلى التنمية العقلانية،

التي تراعي متطلبات الحفاظ على البيئة. ولكن المطلوب أن نحقق التنمية بلا تدمير للبيئة الإنسانية.

الأنماط البديلة Alternative Styles:

وهكذا، أصبحت القضية، بعد توضيح العلاقة بين التنمية والبيئة، هي إيجاد أنماط إنمائية بديلة تضمن استمرار التنمية بدون إحداث تدهور بيئي وطرأ تغير كبير على التفكير الإنمائي، فظهرت سلوكيات ومصطلحات جديدة مثل الأنماط البديلة في التنمية، التنمية الإيكولوجية، التنمية بدون تدمير، التنمية المستدامة، وغيرها تعبيراً عن إدراك أن التنمية والبيئة مسألتان مترابطتان ترابطاً وثيقاً، وتدعم إحداهما الأخرى والتحسن الذي يحصل للأولى يحصل الثانية، وتحسن وتطور المسألتين يعود بالمنفعة والخير على الإنسان والمجتمع ومن هذا المنطلق تعزز مبدأ "الوقاية خير من العلاج" للتعامل مع القضايا البيئية الآخذة في الظهور، وبموازاة ذلك تحتم سلوك طريق التغيرات الجذرية في التخطيط للتنمية، بإدماج الأبعاد البيئية في عمليات التخطيط والإنشاء. عبر اعتماد مبدأ تقييم الآثار البيئية للمشاريع والمنشآت وممارسته على الدوام، إلى جانب التدقيق، والمراجعة، وإعادة التقييمات، لتعزيز الإيجابيات ولتلافي المشكلات البيئية قبل حدوثها. وبذا أصبحت مشكلة البيئة والتنمية مشكلة المجتمع كله، الأمر الذي يتطلب العمل من قبل جميع أفراد المجتمع ومؤسساته على إحداث تغييرات في السلوكيات لترشيد استخدام الموارد الطبيعية المختلفة، وحماية البيئة من التلوث، وصون الطبيعة والحياة البرية، والحفاظ على الملكية العامة، واحترام حقوق الآخرين في العيش في بيئة هادئة ونظيفة.

أهم المشكلات البيئة الناتجة عن النمو السكاني

أولاً: التلوث

من أهم الوظائف التي يؤديها النظام البيئي استيعاب الفضلات الناتجة عن الكائنات الحية، وبالرغم من أن فضلات أي كائن حي يمكن أن تكون احد المدخلات الضرورية للكائنات الأخرى، لكن عندما تزيد هذه الفضلات عن الحد المعين بحيث لا يستطيع النظام البيئي استيعابها تصبح عندئذ تلوث وهو نوعان عضوي وكيميائي.

فالكثافة السكانية هي المسؤولة عن تزايد التلوث العضوي اذ ان تركز السكان في المدن وبمساحات صغيرة ودون توفر مرافق صحية بالشكل الصحيح يزيد من احتمالات التلوث.

وتسبب النشاطات الصناعية المتزايدة والتكنولوجيا المعاصرة التلوث الكيميائي، فهناك العديد من البحيرات والأنهار قد لوثت بالمواد الكيميائية السامة، اضف إلى ذلك تلوث الهواء فاستمرار النمو السكاني سيضاعف هذه المشاكل البيئية.

ثانياً: التغيرات المناخية

ان تزايد عدد السكان، وكما تشير الدراسات الحديثة، قد سبب تغيرات كثيرة في مناخات مناطق واسعة على انتاج الغذاء، وعلى انماط الحياة المختلفة، وتؤثر في صحة الإنسان.

فانماط الحرارة والامطار قد تأثرت كثيراً بالنشاطات الزراعية والصناعية، اذ ان زيادة غاز CO_2 في اجواء المناطق الصناعية قد اثرت على انظمة الحرارة والمطر، إذ ان جسيمات الغبار العالقة في الغلاف الجوي تلعب دور نويات التكاثف وما يتبع ذلك من اخطار، كما ان زيادة الشوائب في الغلاف الجوي سيمنع اشعة الشمس من الوصول إلى الأرض مما يعني انخفاض درجات الحرارة، ومن المعروف ان ازدياد عمليات الحرق والنشاطات المماثلة في المناطق الحضرية والصناعية قد تسبب ظاهرة الجزيرة الحرارية.

ثالثاً: تدمير الغابات

يعتبر النمو السكاني المضطرد عاملاً في الانكماش المستمر لمساحات الغابات ، اذا استخدم اخشاب الاشجار للبناء، وكوقود،...الخ وما يترتب على ذلك من انجراف التربة.

أن عمليات قطع الاشجار الحرجية لا يرافقه عمليات تحريج بنفس النسبة، اضف إلى ذلك اثار الفيضانات والتغيرات المناخية وتعرية التربة والرعي الجائر،... الخ قد تسببت في ازالة الكثير من الغابات.

رابعاً: الرعي الجائر

مع تزايد السكان المستمر وخاصة في دول العالم الثالث زاد الطلب على اللحوم ، لذا تزايدت اعداد الحيوانات وخاصة الماعز والابقار لذلك تزايدت الحاجة للمراعي مما يعني الرعي الجائر وازالة الغطاء العشبي الذي سيؤدي إلى انجراف التربة والتلوث.

خامساً: التصحر

التصحر يعني امتداد الظروف الصحراوية التي افرزتها العوامل الطبيعية كالجفاف والنشاطات البشرية كتدمير الغابات والرعي الجائر،... الخ. وما يترتب عليه من انخفاض او انعدام انتاجية الأرض مما يعني تفاقم مشكلة الغذاء.

سادسا: استنزاف الموارد الطبيعية

ان تزايد السكان وما يترتب عليه من زيادة الاحتياجات البشرية المضطردة تلحق الضرر بالموارد الطبيعية التي تعتمد عليها الكائنات الحية الأخرى مما يعني ضرر بالتوازن البيئي الطبيعي. فالضغوط الواقعة على الأراضي الزراعية، والمياه الجوفية، والغابات... الخ يستوجب وضع استراتيجية شاملة للتنمية من قبل المؤسسات العالمية والحكومات اذ أن هناك علاقة بين النمو السكاني السريع والفقر والتدهور البيئي والتلوث.

ويساهم في تعاظم مشكلة التلوث البيئي واستنزاف الموارد الطبيعية الاسلوب الاستهلاكي للمجتمع الحديث، حيث تستعمل السلع لفترة قصيرة ثم تلقى في البيئة، كذلك المغالاة في الاستهلاك، ... الخ مما يساهم في تلوث البيئة.

أخطار المواد الكيميائية المنزلية:

تحتوي العديد من مواد التنظيفات المنزلية الشائعة على جزيئات تعتبر أما سامة ، متآكلة (مواد آكالة: تساعد على تآكل المواد الأخرى) أو قابلة للاشتعال ، مما يجعلها خطرة عند القيام باستعمالها وايضاً عند التخلص منها بطريقة غير سليمة ومن الأمثلة على هذه المنتجات الشائعة، مزيل طلاء الاظافر، والسبراي، عبوات مبيدات الحشرات الضاره، ملمع الأحذية، مواد التنظيف المختلفة (مثل الهايبكس، فلاش) والدهانات فهذه المواد يمكن أن تهدد صحة العائلة وأمنها عند تواجدها في المنزل وأيضاً عندما يتم التخلص منها بطريقة غير ملائمة فإن مخلفات هذه المواد الكيميائية المنزلية الخطرة يمكنها أن تلوث التربة بالإضافة إلى تلويث الهواء والماء، وكذلك فالمواد الخطرة المدفونة في باطن الأرض يمكنها أن تتسرب خلال التربة إلى المياه الجوفية التي نعتمد عليها وبشكل اساسي لاغراض الشرب وللاستعمالات المنزلية (كل ذلك نتيجة للتخلص وبطريقة غير ملائمة من هذه المواد الكيميائية الخطرة)..

تسمم الاطفال والحيوانات الأليفة يمكن أن يكون النتيجة المباشرة للاستعمال والتخزين غير الملائمين لهذه المواد الخطرة. مخاطر اندلاع النيران تزداد وعلى غيرتوقعات رجال المطافئ الذين قد يتعرضون إلى خطر حقيقي عندما يواجهون مواد كيميائية قابلة للاشتعال وسامه مخزونة بطريقة غير ملائمة، القاء المخلفات الخطرة مع الأنواع الأخرى من النفايات تهدد صحة وسلامة

عمال النظافة. وفي بعض الأحيان مشتقات البترول والمواد الأخرى القابلة للاشتعال يمكنها أن تسبب ودون انتباه او اهتمام داخل المجاري والمغاسل حدوث انفجارات أو حدوث حرائق.

بالإضافة إلى المشاكل الواضحة جداً المتسببة عن المواد المنزلية الخطرة، هناك أيضاً آثار بعيدة المدى والتي لم تدرس أو تفهم بالشكل الصحيح. العديد من الدراسات اظهرت ان المواد المنزلية السامة الشائعة الاستعمال يمكن أن تؤدي إلى حدوث السرطان للإنسان وغيرها من الأمراض المزمنة والحادة.

الوقاية من حوادث التسمم المنزلية:

تستعمل المواد الكيميائية المنزلية لأغراض التنظيف والطلاء والتلميع والوقود ومقاومة الحشرات والقوارض والمظهرات والأدوية ومستحضرات التجميل. يعتبر الأطفال أكثر الأفراد تأثرا بخطر التسمم بالمواد الكيميائية المنزلية. للوقاية من حوادث التسمم المنزلية يجب اتباع التالي:

أ- وضع الأدوية والمواد السامة (مثل المنظفات والمواد البترولية والمبيدات الحشرية...إلخ) بعيداً عن متناول الأطفال.

ب- عدم تخزين المواد السامة في نفس المكان الذي تحفظ فيه مواد الطعام.

ج- عدم إعطاء المواد السامة في الأكواب المخصصة للشرب أو في زجاجات المشروبات الغازية أو في أواني الطعام حتى لا يتناولها شخص ما عن طريق الخطأ على أنها طعام أو شراب.

د. مراعاة لصق ورقة مبين عليها اسم المادة الموجودة داخل كل إناء أو زجاجة.

هـ عدم إعطاء الطفل الدواء على أنه نوع من الحلوى، حتى لا يقبل الطفل على تناول الدواء اذا تصادف وجوده في متناول يده.

و. تجنب استنشاق المبيدات الحشرية أو مواد الطلاء.

ز. تحذير الأطفال في المراحل الأولى من أعمارهم بخطورة لمس أو تناول الأدوية أو المواد الكيميائية.

ح. توعية جميع أفراد الأسرة بخطورة الأدوية والمواد الكيميائية الموجودة بالمنزل.

من أهم مصادر المخلفات الخطرة المحلية هي زيوت المحركات المستعملة والتي تشكل اعظم مشكلة بيئية عند سكبها داخل انابيب تصريف المجاري. وحيث ان محطات معالجة المياه العادمة غير مصممة للتعامل مع مثل هذه المواد السامة. فإن الزيوت عادة تذهب مباشرة إلى الينابيع والانهار والمحيطات. هناك تقوم هذه الزيوت بتلويث المياه وتهدد حياة النباتات والحيوانات سنوياً. يمكنك ان تحسب ذلك بنفسك- اذا كنت تملك سيارة فإن الاشخاص الذين يقومون بتغيير زيوت سياراتهم

يتخلصون وبطريقة غير سليمة من حوالي 700 مليون لتر من الزيوت. هل تعلم أن ربع لتر من الزيوت يمكنها ان تلوث مليون لتر من مياه الشرب.

ما هو دورك؟

-كلما كان بالإمكان وفي الاستعمالات المنزلية ، حاول ان تستعمل مواد غير خطرة أو قليلة الضرر كبدائل عن المواد الكيميائية الضارة .

-إذا كنت مضطراً لشراء منتجات تعتبر خطرة على الصحة، اقرأ التعليمات الموجودة على العبوة وتأكد من انها ستعطيك التأثير والمفعول الذي تريده منها، اشتر فقط الكمية التي تحتاجها للاستعمال واتبع التعليمات بدقة. وتذكر ان مضاعفة الجرعة والكمية من هذه المادة أو تلك لا تعني بالضرورة مضاعفة فعالية هذا المنتج أو ذاك.

-قم بخزن المواد الكيميائية الخطرة في أماكن امنة وبعيداً عن متناول الاطفال.

-قبل التخلص من العبوات الفارغة. استعمل جميع المادة الموجودة في العبوة أو قم باعطائها إلى أي شخص يريد استعمالها.

-لا تقم بسكب زيوت السيارات المختلفة في فتحات المجاري أو الزيوت المذيبات (ضد التجمد) البطاريات حيث ان العديد منها يمكن اعادة استعماله في صناعة بعض المواد، وكذلك زيوت ناقل الحركة (الكلتش) وزيوت (الكوابح) يجب ان توليها رعاية خاصة عند قيامك بالتخلص منها.

-إذا كانت المواد الكيميائية الضارة لا يمكن اعادة استعمالها أو إعادة تصنيعها فقم بالقائها إلى أماكن القاء المخلفات الكيميائية الخطرة. اتصل بإدارة الدفاع المدني والمطافئ المحلية في منطقتك لمعرفة فيما إذا كانت توجد محطات او أماكن لالقاء هذه المخلفات متوفرة محلياً.

-تجنب المواد الكيميائية الخطرة والتي يتم التخلص منها من قبل الآخرين مهما كان ذلك ممكنا، المواد البلاستيكية، مواد البوليسترين يتم تصنيعها باستخدام المواد الكيميائية الشديدة الخطورة وإذا قمنا باحراق هذه المواد وتحويلها إلى رماد فهي ستقوم بنفث المواد السامة إلى الهواء وتلويثه.

معظم الاحتياجات المنزلية من مواد التنظيف يمكن الحصول عليها باستعمال الطريقة والمواد التالية، حيث يمكن استبدالها بالخل، بيكربونات الصودا، حامض البوريك، الامونيا السائلة، الصابون، للحصول على مادة منظفة وفعالة لجميع الاستعمالات حيث يمكن صنعها وتحضيرها باستعمال المواد غير السامة بالمقادير التالية:

-جالون واحد من الماء الساخن (الجالون الواحد= 3.785 لتر).

-ثلثا فنجان بيكربونات الصودا.

-ربع فنجان من الخل.

للحصول على محلول أقوى ضاعف من جميع الكميات للمواد المذكورة اعلاه ما عدا الماء الساخن فتبقى الكمية كما هي.

ومع المناخ العالمي السائد اليوم لرفع الاهتمام والعناية والوعي والتصرف البيئي السليم، وتشجيع وتحفيز العمل والتغيير على المستويات الفردية قد بدأت تؤتي مردود أو فعالية كبيرة وأكبر من أي وقت مضى. فمن خلال تصرفاتنا وافعالنا ، ووسائلنا ،و نفوذنا،و اقتراحاتنا، وباقتراعنا على مختلف الأمور، يمكننا أن نغير ونفرض السلوك المشترك والمتعاون وبالتالي نغير سلوك مجتمعنا بأكمله. الأدوار التي يمكن أن نختارها ويضطلع بها كل واحد منا يمكنها أن تكون فعالة وتضيف قوة إلى مستقبل افضل لعائلاتنا ومجتمعاتنا، وكوكبنا الذي نعيش عليه.

التنمية Development:

تعريف التنمية

عرفت هيئة الأمم التنمية بأنها العمليات التي يمكن بها توحيد مجهود المواطنين والحكومة لتحسين الأحوال الاقتصادية والاجتماعية والثقافية في المجتمعات المحلية ولمساعدتها على الاندماج في حياة الامة والمساهمة في تقدمها بأقصى قدر مستطاع.

وهناك العديد من التعاريف للتنمية من أهمها:

أ. انها حدوث تقدم سريع في المجالات الادبية، والاخلاقية، والسلوك البشري،... الخ.

ب. بأنها تتمثل في عملية تراكم رأس المال في النشاط الصناعي، والمصرفي، والتقدم في الإنتاج، والزراعة،... الخ.

ج. التنمية هي النشاطات التي يقوم بها الإنسان في المحيط والتعديل الذي يحدثه في البيئة مثل شق الطرق وإقامة البنايات والمصانع وممارسة الزراعة والتخلص من كافة أشكال المخلفات ولتأخذ بالحسبان حماية موارد الطبيعة وصيانتها والمحافظة عليها فأثرت في كثير من مشاريع التنمية سلباً على بيئة الإنسان ومحيطه فلوثت ماءه وهواءه وتربته وأدى إلى إصابة الإنسان والنبات بالأمراض المختلفة.

التنمية المستدامة: هي النشاطات التي ينفذها الإنسان في بيئته والتعديل الذي يحدثه في محيطه بحيث يراعي عند إحداث التعديل أو النشاطات عدم الإضرار بالموارد الطبيعية أو تلويث عناصر البيئة، أي بمعنى آخر التعامل مع الموارد الطبيعية بما يضمن بقاءها من حيث الكمية والنوعية لأجيال الحاضر والمستقبل.

التحديات التي تواجه التنمية باعتبارها غاية التخطيط السكاني :

المشكلة السكانية، لأن التزايد السكاني يشكل عبئاً ثقيلاً على الموارد الاقتصادية. فالحد من الزياده السكانية يدعم التنمية في رفع المستوى الاقتصادي والاجتماعي. معدل المواليد في البلاد النامية 4-4.5% بينما هي في البلاد المتقدمة 1-2% وهذه الزيادة السريعة في السكان يترتب عليها انخفاض في مستوى دخل الفرد، وارتفاع نسبة الاعالة، وتحول النشاط الاقتصادي إلى نشاط استهلاكي، وانخفاض متوسط نصيب الفرد من الدخل، وانتشار البطالة.

ولعل أهم اسباب الزيادة في السكان هو ارتفاع نسبة المواليد وانخفاض نسبة الوفيات وما يترتب على ذلك من فتح مدارس، ومستشفيات،... الخ.

ويظهر تفاعل العناصر السكانية مع عملية التنمية والتغير بالأمور الآتية:

1- إمكانية احداث تغير في تركيب السكان وتوعيته وتحويله من مجرد مورد بشري إلى طاقة بشرية منتجه وفعالة، بما يتلائم وخطط التنمية وحاجات المجتمع وأهدافه.

2- ان النمو السكاني السريع في الدول النامية. يؤدي إلى عرقلة مشاريع التدريب والتأهيل،... الخ . مما يقلل من الإنتاج من حيث النوع والكمية.

3- يتميز الهرم السكاني في الوطن العربي عامة والاردن خاصة، بغلبة نسبة الفئات المستهلكة كالأطفال، وكبار السن وما يترتب على ذلك من النمط الإستهلاكي، وارتفاع نسبة الاعالة،... الخ وهذا يعني الحاجة إلى توفير الغذاء والكساء والتعليم،... الخ مما يعني بطء النمو والتنمية والتطور.

فالتنمية الاقتصادية تشمل التغيرات الاقتصادية كالنمو في دخل الفرد الحقيقي، والتحسين في وسائل الانتاج،... الخ والتي ترافق النمو الاقتصادي.

فالنمو السكاني السريع هو عامل خطير على الجهود التي تبذل لتوليد زيادة في الانتاج بالنسبة للفرد الواحد، وبشكل عام فإن الزيادة في السكان والتي تتجاوز 2% سنوياً يعتبر نمو سريع، ويعمل ككابح للتنمية.

التخطيط البيئي Environmental Planning:

جزء من التخطيط الشامل وإن اختلف عنه في مفهومه ومنهجه فهو يركز على دراسة المشروعات المقترحة وتأثيراتها البيئية. ويهدف بالدرجة الأولى إلى تحقيق استغلال متوازن للعناصر البيئية دون إحداث خلل في البيئة. والتخطيط البيئي بالمفهوم العلمي يهتم بالقدرات والحمولات البيولوجية لكل عنصر من عناصر البيئة، بحيث لا تتجاوز المشروعات المقترحة الحدود البيولوجية لكل عنصر من عناصر البيئة، بحيث لا تتجاوز المشروعات المقترحة

الحدود البيولوجية القصوى لعناصر النظام البيئي. وإن تجاوزت هذه الحدود فإن النتائج سوف تكون عكسية على المشروع وتؤثر سلباً على الجوانب الاقتصادية بالإضافة إلى البيئة. وتأتي أهمية هذا النوع من التخطيط من ضرورة إيجاد نوع من التوازن بين العناصر البيئية الطبيعية والزيادة السكانية الهائلة، حتى لا تتعرض أي من عناصر النظام البيئي إلى ضغوط تؤدي إلى استنزافه وتدهور قدرته البيولوجية.

لذلك يجب أن تكون عمليات التخطيط البيئي متكاملة مع عمليات التخطيط للتنمية الشاملة. كما أن السياسات الخاصة بالتنمية البيئية تعتبر جزءاً من السياسة العامة للتنمية الشاملة.

التنمية المستديمة (المستدامة) Sustainable Development:

التنمية التي تحقق بشكل منصف الاحتياجات الاقتصادية والبيئية للأجيال الحالية والمقبلة، والتي تلبي حاجيات الحاضر دون التضحية بالمستقبل. وبعبارة أخرى هي التنمية التي تلبي متطلبات الأجيال الحالية دون أن يكون ذلك على حساب الأجيال القديمة، ومن هذا المنظور فإن التنمية المستديمة هي التي تمكن من المحافظة على المخزون من رأس المال الاصطناعي والطبيعي من جيل لآخر من أجل تحقيق الرفاهية الاجتماعية. وبالرغم من اختلاف التيارات الفكرية فإنه يمكن الاتفاق على أن مفهوم التنمية المستديمة يشترط حماية وصيانة الموارد البيئية بما فيها العناصر الحرجة ذات الوظائف الحياتية الأساسية والموارد المتجددة وغير المتجددة.

صيانة الموارد Resource Conservation:

إطار بيئي يتركز على دراسة وتحليل وتركيب ووظيفة عناصر البيئة الطبيعية من أجل الاستخدام الأمثل لمواردها وفق ضوابط ومعايير معينة، بما يحقق بقاء الموارد كمصدر عطاء دائم، وبالتالي يقلل من عملية استنزافها. وتأتي أهمية صيانة الموارد من ندرة الموارد واستنزاف الكثير منها في الوقت الحاضر نظراً لزيادة الطلب العالمي عليها، لهذا فإنه من الضروري تبني إستراتيجية واضحة المعالم لصيانة الموارد وحمايتها من الاستنزاف. ويمكن تحقيق الإستراتيجية المقترحة لصيانة الموارد اعتماداً على خطوتين أساسيتين:

أولاهما: إيجاد توازن بين النمو السكاني من جهة والنمو الاقتصادي وما يتطلبه من زيادة الطلب على العناصر البيئية المختلفة من جهة أخرى.

وثانيهما: توفير مستلزمات السكان المتزايدة دون إحداث ضرر على العناصر البيئية والنظام البيئي، ويتم ذلك عن طريق تحديد حجم الموارد الطبيعية المطلوبة لعملية التنمية المستديمة مع

دراسة تأثيراتها على النظام البيئي، ويسبق ذلك تحديد دقيق وشامل لحجم وطبيعة الموارد وحجم المورد الطبيعي مما يساعد في تحديد عدد السنوات التي يمكن استغلال أي عنصر بيئي دون إحداث خلل في النظام البيئي، وهذا ممكن تبعاً لطبيعة المورد متجدداً أو غير متجدد.

أهمية التوعية البيئية:

التوعية البيئية ليست حديثة العهد، فلها أصول متجذرة في ثقافتنا، وأكدت الحضارة والثقافة العربية والإسلامية على أهمية حماية البيئة بكافة عناصرها، وقد تميزت عن باقي الثقافات في الخصوصيات البيئية التي عالجتها.

حماية البيئة والمحافظة عليها أكدتها القيم الدينية والاجتماعية والأخلاقية للمجتمع الأردني بكافة شرائحه.

القضايا البيئية في الأردن تتصف كغيره من الدول بالتعقيد نظرا لتعدد مسبباتها، وشمولية آثارها، واختلاف مواقع حدوثها، وتعدد الجهات التي تتعامل معها، وهذا يتطلب الحاجة إلى تطوير معرفة بيئية لدى المواطن الأردني، لتجعله قادرا على الانسجام مع البيئة، ولتستمر مدى حياته.

الإعلان العالمي لحقوق الإنسان أكد على حق المواطن أينما كان في العيش في بيئة نظيفة، توفر له الحياة الكريمة والأمان من كافة جوانبه.

القانون الأردني والتشريعات الملازمة له، أكدت على أهمية إيلاء البيئة عناية أكثر، ووضع إجراءات عملية لضمان ذلك.

الاتجاهات الحديثة، تؤكد على وجود منظومة من الأفكار الواجب أخذها بعين الاعتبار عند إعداد استراتيجيات للبيئة تشمل التنمية المستدامة، تقييم الأثر البيئي، المحافظة على مصادرالطبيعة المختلفة، التفاهم الدولي، والنوع الاجتماعي.

الأردن يضم تراثا تاريخيا وأثريا هاما، منه ما هو مكتشف أو دفين. لذلك فالحاجة ماسة للتعامل مع مواقعه بحكمه وتعقل ويتطلب وعيا بيئيا قادرا.

موارد البيئة في الأردن محدودة وهي حق لكل مواطن، وهو مسؤول عن حمايتها وسلامتها، ومن اجل ذلك فلا بد من تطوير الوعي البيئي لديه للتعامل معها بحكمة وعقلانية.

واقع التوعية البيئية في الأردن

لقد اسهم التدهور البيئي ومحدودية الموارد، ونمو السكاني المتزايد في المملكة خلال العقود الماضية، في إبراز قضايا البيئة بشكل واضح، كما شهد العقد الأخير في الألفية الثانية ظهور منظمات غير حكومية تعمل في القطاع البيئي والتوعية.

كذلك فقد ساهم الدعم الدولي في إبراز قضايا بيئية متعددة وترجم هذا الاهتمام والدعم بإبراز قانون البيئة رقم 12/95 وإنشاء مؤسسة تُعنى بشؤون البيئة العامة وحماية البيئة. كذلك لوحظ الاهتمام المتزايد من القطاعين العام والخاص بقضايا البيئة، بحيث انشئت دائرة البيئة في غرفة صناعة عمان، وفي بدايات عام 2003 اعيدت وزارة البيئة الى الوجود وبشكل قوي وفعال بحيث اسهمت ولا تزال تسهم من خلال جهد منظم في حماية البيئة الاردنية وترشيد استخدام الموارد وفي تقديم الدعم المعنوي والمادي والتسهيلات والانشطة لمختلف القطاعات العامة في حماية بيئة هذا الوطن العزيز وقد اتخذت التوعية البيئية في الأردن مسارات قطاعية متعددة حيث يوجد في الأردن العديد من المؤسسات العاملة في مجال التوعية البيئية وهي كما يأتي[1].

أولاً: المؤسسات الحكومية

1- المؤسسات العامة لحماية البيئة: وقد نفذت العديد من المشاريع في مجال الإدارة البيئية، والتغير المناخي، وتفعيل قانون البيئة الأردني، واستراتيجية الاتصال للتوعية والتعليم الوطني، وشبكة الإعلاميين البيئيين لحوض البحر المتوسط.

2- وزارة الزراعة: من خلال مديرية الإرشاد والتنمية الريفية والبيئية.

3- المركز الوطني للبحوث الزراعية ونقل التكنولوجيا.

4- وزارة التربية والتعليم: الاشتراك في أعداد المسابقات للمحافظة على البيئة.

5- وزارة المياه والري: من خلال مديرية الإعلام والتوعية .

6- قطاع الإعلام: الإذاعة والتلفزيون والصحف ،... الخ.

7- مديرية الدفاع المدني والامن العام والقوات المسلحة الاردنية.

8- وزارة السياحة والآثار.

9- منطقة العقبة الاقتصادية وأمانة عمان الكبرى والبلديات.

10- وزارة البيئة: والتي تعنى بكافة المجالات البيئية في الأردن.

---

1. المهندس الزراعي عدد (72) حزيران 2002 - السنة الثلاثون، عمان - الاردن.

ثانياً: الجمعيات غير الحكومية والمؤسسات الأهلية

1- الجمعية الملكية لحماية الطبيعة: تهدف إلى حماية البيئة الطبيعية والمحافظة عليها والتوعية البيئية، وقد اسست العديد من المحميات الطبيعية وتشرف عليها.

2- جمعية البيئة الأردنية: وهي تقوم بالعديد من الحملات للتوعية البيئية. وتشمل برامجها برنامج وطني للتوعية والإعلام البيئي، ومشروع التوعية المائي، ومكافحة الافات الزراعية، إدارة النفايات الطبيه، اعادة التدوير، المعرض البيئي المتنقل، إدارة النفايات الصلبة، والمحافظة على التنوع الحيوي.

3- الجمعية الأردنية لمكافحة التصحر وتنمية البادية: ولها مشاريع لتأهيل المنطقة المحيطة بقصر عمرة، والعديد من المطبوعات والنشرات والأيام العلمية.

4- جمعية أصدقاء البيئة الأردنية: تهدف لرفع الوعي البيئي لدى الطلبة.

5- جمعيات أصدقاء الآثار: لرفع الوعي العام حول المواقع الأثرية والبيئية.

6- جمعية النساء العربيات: لها مشاريع للتوعية البيئية والسكانية وإعادة التدوير، وإنشاء الغابات.

7- الجمعية الملكية الأردنية للغوص البيئي: تساهم بحملات نظافة للشواطئ وحماية البيئة البحرية.

8- الجمعية الوطنية للمحافظة على البتراء.

9- الجمعية الأردنية لحماية الحيوان.

10- الجمعية الوطنية للبيئة والحياة البرية.

11- الجمعية الثقافية للشباب والطفولة.

12- الجمعية الأردنية للوقاية من حوادث الطرق.

13- النادي العلمي التكنولوجي.

14- جمعية النباتات البرية الأردنية.

15- الهيئات النسائية.

16- مؤسسة نهر الأردن.

17- مؤسسة نور الحسين.

18- الصندوق الأردني الهاشمي للتنمية البشرية.

ثالثاً: الجامعات الحكومية والخاصة والمعاهد.

رابعاً: المجلس الأعلى للعلوم والتكنولوجيا.

خامساً: النقابات المهنية.

سادساً: القطاع الخاص مثل غرفة الصناعة والتجارة ومؤسسة المدن الصناعية.

وزارة البيئة Ministry of Environment:

تتولى وزارة البيئة الصلاحيات والمهام التالية:

1- وضع الأسس التي سيتم على ضوءها تنظيم الشؤون البيئية وتحديدعناصرها وأبعادها وأهدافها لضمان التنسيق مع الهيئات المحلية.

2- تنظيم كافة المدن والقرى ليكون متمشياً مع سياسة الحكومة الاجتماعية والتطور في المجتمع والنهوض به.

3- اعداد الخطط والسياسات التفصيلية لحماية البيئة حاضراً ومستقبلاً في المدن والقرى.

4- القيام بالدراسات والابحاث الخاصة بالحد من التلوث.

5- دراسة المشاريع التحسينية الزراعية والصناعية والانشائية بالتعاون مع الجهات المختصة للأخذ بعين الاعتبار الشروط المطلوبة للحفاظ على البيئة.

6- المساهمة في وضع المواصفات والخصائص البيئية.

7- الاشراف المباشر والسيطرة على التلوث البيئي بأشكاله المختلفة.

8- تنسيق استعمال تنظيم جميع الأراضي في المملكة ليكون منسجماً مع مخطط التنظيم الاقتصادي والحكومي.

9- المشاركة في اعداد مشاريع القوانين والانظمة المتعلقة بالبيئة.

10- الاهتمام بالمواد الكيماوية والخطرة.

وبالرغم من وجود العديد من الجهات التي تهتم بالتوعية البيئة في الأردن إلا أنها لازالت دون المستوى المطلوب وتواجه عقبات فنية إدارية مالية بشرية، تشريعية وكذلك تنسيقية لذلك لا بد من سرد الاقتراحات الآتية لرفع مستوى التوعية البيئية في الوطن الاردني الحبيب.

1- ادراج التوعية البيئية ضمن قانون حماية البيئة الأردني وقوانين المؤسسات الحكومية والتشريعات الحكومية الأخرى لضمان تنفيذ برامج التوعية.

2- تأمين التمويل وبشكل مستمر، ووضع خطط واستراتيجيات للمؤسسات الحكومية وغير الحكومية.

3- ادخال مفاهيم التوعية البيئية على مناهج طلبة المدارس وإعدادهم لمواجهة تحديات المستقبل.

4- زيادة التعاون العربي البيئي وإقامة شبكة عربية للمؤسسات البيئية لضمان الاستخدام الامثل المستدام للموارد وللتوعية.

5- ادخال المناهج البيئية في الجامعات وتنشيط البحوث البيئية.

بعض المؤسسات التي تهتم بالبيئة :

الاتحاد الدولي لصون الطبيعة The World Conservation Union (IUCN)

تأسس عام 1948 ويُعد من أقدم وأكبر المنظمات التي تعنى بالبيئة ويضم بعضويتة (78) دولة (122) وكالة لحكومات وما يقارب (10000) عالم وخبير.

أما أهداف الاتحاد الدولي لصون الطبيعة وبرامجه هي:

1- استخدام الموارد الطبيعية لحماية البيئة.

2- ندوات ومحاضرات تثقيفية.

3- حفلات واجتماعات ومؤتمرات بيئية.

4- نشرات ومجلات للتوعية البيئية.

5- تطبيق بعض البرامج ورسمها للمستقبل القريب.

واللجنة الوطنية تضم في عضويتها من الاردن الجمعيات والمؤسسات الاتية:

1- الجمعية الملكية لحماية الطبيعة.

2- جمعية البيئة الاردنية لحماية التصحر وتنمية البادية.

3- الجامعة الاردنية.

4- جمعية أصدقاء الآثار.

5- تطوير البادية الاردنية.

6- جمعية النساء العربيات.

وأخيراً يهدف الاتحاد إلى:

1- إدارة النظم البيئية.

2- رفع الكفاءة.

3- تحسين القدرات والتعليم.

4- الحفاظ على الارث الطبيعي والتراثي والقوانين البيئية.

5- رفع مستويات التوعية والثقافة البيئية.

6- مساعدة الدول التي بحاجة إلى تمويل مشروع بيئي في دولتهم.

توفير الدعم الفني والمالي للأردن لإصدار الاستراتيجية الوطنية لحماية البيئة التي تبنتها الحكومة في عام 1991 وأعلنتها وثيقة حكومية رسمية.

برنامج الصحة البيئية:

للبيئة أثر كبير وواضح على صحة الناس والمجتمع، فإن توفرت الشروط الصحية والجو المناسب فيها غدا الافراد خاصة والمجتمع عامة في مأمن من الأضرار المرضية والأوبئة، ومخاطر الحوادث والكوارث.

ويعزى سبب زوال الأمراض السارية كالتيفوئيد مثلاً في معظم الدول المتقدمة إلى الإجراءات الصحية المتخذة لديها لتوفير ماء شرب صحي، و التخلص من القاذورات وفضلات الإنسان والحيوانات وجمع النفايات ومخلفات المعامل بالطرق الصحية وإبعاد مصادر التلوث عن الطعام والشراب وهواء الإنسان الفرد والمجتمع، لذلك فإن برنامج صحةالبيئة يركز وبشكل رئيسي على الأمور الآتية:

أولاً: التخلص من الآفات والمعوقات الاجتماعية أو العمل على تقليلها بقدر المستطاع من خلال الإجراءات الآتية:

أ- القيام بتعداد السكان والمساكن واجراء الدراسات لبيان مدى تناسب معدلات النمو السكاني مع معدلات انخفاض نسبة الوفيات عامةووفيات الأطفال دون عمر سنة واحدة بشكل خاص.

ب- اكتشاف الأمراض السارية في المجتمع والعمل على مكافحتها والسيطرة على الأمراض الوبائية السارية، من خلال البحث والدراسة الميدانية المتخصصة من قبل الجهات المسؤولة، ومن ثم القيام بحملات القضاء على هذه الأوبئة وإجراء حملات التطعيم المبرمجة في جميع المناطق ولمختلف فئات المجتمع وبالتعاون مع المنظمات العالمية مثل منظمة الصحة العالمية والتعاون مع الدول المجاورة والمنظمات الأقليمية المتخصصة مع تطبيق الحجر الصحي للمرضى وللمسافرين المشتبه بأحوالهم الصحية، لأن درهم وقاية خير من قنطار علاج.

ثانياً: العمل على تحسين الأوضاع الاجتماعية من خلال :

أ- العمل على توفير مصادر مياه نظيفة صالحة للاستهلاك البشري، وكافية للاحتياجات المختلفة والإشراف الصحي وبشكل دائم على هذه المصادر.

ب- الإشراف على جمع النفايات والفضلات بمختلف أنواعها، والاهتمام على تصريفها وبشكل صحي يمنع تلوث البيئة.

ج- الاهتمام بنظافة الطرق والمباني والمرافق العامة مثل المصانع، والفنادق والمدارس والملاعب ودور الإيواء والمستشفيات، وبرك السباحة، والشواطئ..الخ.

د- الاهتمام بتوفير المسكن الصحي لكافة الفئات السكانية.

هـ- الاهتمام بمراقبة أماكن تحضير الأطعمة، وحفظها، وتوزيعها والاشراف على الفنادق والمطاعم.

و- العمل على توفير مدارس صحية من حيث توفير ماء نظيف صحي، ومرافق صحية، وصرف صحي، وتهوية وإنارة، وملاعب وحدائق.

ز- إنشاء مناطق صناعية خاصة تضمن منع التلوث الهوائي وابعاد مصادر الضجيج عن المساكن.

ح- التثقيف الصحي في مختلف المجالات الخاصة بصحة البيئة.

وفي المجتمع الانساني الحديث تظهر بوضوح علاقة صحة البيئة بالخدمة الاجتماعية، لذلك تطورت مراكز تقديم الخدمات الصحية، والمستشفيات، وظهرت تخصصات طبية حديثة مثل طب المجتمع وطب الأسرة، واعتنت هذه المراكز بالاختصاصيين المختلفين، ليقوموا كفريق عمل واحد لخدمة الفرد المحتاج. ولعل أهم أعضاء هذا الفريق هم الممرضين، والباحثة الاجتماعية، والقابلة القانونية، ومساعدو الممرضين، والمرشدين الاجتماعيين.

وهناك مراكز رعاية الأم والطفل تقدم بواسطة فريق متخصص من الأطباء، خدمات ونصائح للأم الحامل والمرضع لرعاية الأم والطفل من حيث الصحة والتغذية والبيئة الصحية.

ولقد انشأت أيضاً مراكز لتقديم الخدمات الصحية للمسنّين وأخرى للمعوقين (ذوي الاحتياجات الخاصة) ومراكز صحة أطفال المدارس (الصحة المدرسية) وغير ذلك.

الأسرة والبيئة

إن صحة البيئة ونظافتها احد العوامل الرئيسية للمحافظة على صحة المجتمع بشكل عام، وصحة المجتمع تبدأ بصحة الأسرة والبيت مكان عيش الاسرة يجب ان يعطى الكثير من الاهتمام لأن النظافة جزء رئيسي من الوقاية، والوقاية خير من العلاج.

إن نظافة المنزل الاسري له الكثير من الفوائد اهمها: وقاية الاسرة من الامراض المعدية، وتسمح للأطفال باللعب في بيئة نظيفة معقمة، وتظفي عليهم الراحة النفسية والطمأنينة.

وللمحافظة على نظافة المسكن ينبغى كنس المسكن أو غسله يوميا والاستعانة بالمطهرات لتطهير وتعقيم الأرض، كما يمكن استخدام المبيدات الحشرية، كما يجب تنظيف المسكن نظافة شاملة مرة واحدة كل اسبوع، شاملا السجاد والفرش وتعريضها للهواء والشمس.

إن نظافة الطرق العامة مسؤولية كل فرد في المجتمع، لذلك يجب على كل اسرة ان تنظف امام مسكنها بعد رشة بالماء لتجنب خروج الغبار ويجب عدم القاء القمامة امام المسكن، وعدم البصق في الطريق بل في منديل. إن كل شخص إذا ما قام بدوره في نظافة الطرق أصبحت مُدن بلادنا (بيئه) نظيفة جميلة ونضمن سلامة المجتمع.

ولا يفوتنا في هذا المقام دور الاسرة التربوي التثقيفي، لزرع قيم النظافة وحب المجتمع، ورعاية البيئة في صدور الابناء.

للشباب دور رئيسي ومهم في الحافظ على نظافة البيئة والمساهمة في مكافحة تلويثها لانهم يمثلون قطاعا واسعا في هذا المجتمع بما يعادل 70% من المجتمع الاردني والشباب هم القيادة الواعدة والمستقبل الذي ينظر له بعين التقدم والازدهار ونعلق امالنا عليه، أما البيئة فهي المحيط الذي نعيش فيه نتأثر ونؤثر به، وكون الشباب هم الركائز الاساسية لأي مجتمع وهم القادرون على العطاء دون كلل... فانه يقع على عاتقهم مهمة الحفاظ والمشاركة في الأعمال التطوعية من اجل بيئة نظيفة ومن اجل وطن خال من الاوبئة والامراض. ومن اجل مجتمع صحي قوي.... وهواء خال من الملوثات والحد من ظاهرة التلوث البيئي ومكافحة التدخين... فانه لابد من اعطائهم الفرصة للمشاركة في المؤتمرات وورش العمل والندوات التي تقيمها الجمعية الاردنية لمكافحة تلوث البيئة سواء كانت ذلك داخل الاردن أو خارجه، وان لا تبقى حكراً على الهيئات الادارية في مختلف فروع الجمعيات وذلك يهدف الرقي بعمل هذه الجمعيات التطوعية إلى المستوى المنشود والمستوى الذي نطمح اليه ويجب ان تكون عليه حيث ان الجمعيات هي عبارة عن مؤسسات تطوعية ومدرسة لصنع وتخريج القيادات الواعدة واجيال المستقبل وتثقيفهم بمدى اهمية البيئة السليمة وانعكاساتها على المجتمع ومدى خطورة البيئة الملوثة على تقدم ورقي المجتمع،

ويتم هذا التفعيل من خلال فتح قنوات بحوار بين اعضاء الهيئية الادارية والعامة وتطعيم الهيئات بهؤلاء الشباب وايجاد الحوافز التشجيعية لذلك وازالة كل المعوقات التي تعترض مشاركتهم ومساهمتهم في الانشطة، فالطاقات التي يتملكونها ينبغي ان لا تذهب سدى ويجب استغلالها خير استغلال لما فيه خير المصلحة العامة ومصلحة اردننا الغالي والوطن الذي نحب ان يكون. ايها الشباب لنتحمل مسؤولياتنا تجاه بيئتنا المحلية، الوطن بحاجة لكم ولجهودكم فهو لكم وانتم له الوطن النظيف من نظافة مجتمعه.

الشباب والبيئة

الشباب هم الفئة العمرية ما بين 15-29 سنة، والشباب شريحة هامة من المجتمع هم صنّاع قرار الغد وانخراطهم في الأنشطة التي تحمي البيئة يساعد على بناء نظرة متوازنة لديهم عن العلاقة بين الحياة الجيدة والحفاظ على البيئة مما يعزز أنماط التفكير والسلوك لديهم تجاه البيئة وفيما يلي بعض الإرشادات التي تساعد الشباب على الحفاظ على بيئة سليمة ومتوازنة:

1. عدم إلقاء النفايات كيفما أنفق وبشكل عشوائي.
2. ممارسة رياضة المشي والرياضات البدنية.
3. ازرع الشجر وزين نوافذ البيت الذي تسكن فيه
4. ساهم في إعادة تدوير النفايات وتجنب الإفراط في استخدام المبيدات وساهم في الجهود التطوعية وخاصة لصيانة الحدائق العامة.
5. زيّن منزلك بالورود والأشجار وساعد في حماية مصادر المياه.
6. انتخب المرشح الذي يقدم برنامجاً بيئياً.
7. أجر صيانة دورية لسياراتك وتحقق من ضغط الهواء في إطارات السيارة.
8. اشتري السلع الصديقة للبيئة.

يوم الوفاء إلى الوطن

بمباركة ورعاية قائد الوطن وراعي المسيرة جلالة الملك عبدالله الثاني بن الحسين اعز اللـه ملكه.

وزارة الشؤون البلدية والقروية والبيئة والمؤسسة العامة لحماية البيئة وتعبيرا عن الوفاء لوطن الحضارة والمجد والجمال نظمت حملة نظافة عامة على الصعيد الوطني يوم الخمس 4/5/2000 والذي اختارته ليكون يوم "الوفاء للوطن" تحت شعار "لنشارك جميعا في إدامة جمال الوطن".

وحيث شارك جميع أبناء الأردن في تحقيق أعلى مستويات النظافة في المنزل والمكتب والمتجر ودور العبادة ومقرات النقابات والاحزاب والبنوك والاندية والجمعيات والروابط والصحف والثكنة العسكرية وغرف الصف وقاعات التدريس وعيادة الطبيب ومنامات المرضى وفي الزقاق والشارع الفرعي والرئيسي والطرق النافذة ومقامات واضرحة الصحابة والمواقع الأثرية والسياحية والمتنزهات والحدائق العامة والجمعيات والأندية الرياضية ترفع عن الوطن في البادية والريف والمدينة والمخيم كل ما يمكن ان يكون قد علق به من تشويه وذلك لادامة جماله الأخاذ وبيئة نقية خالية من جميع أشكال الملوثات مهما صغرت ليبقى كما نريده دوما الوطن النموذج والأكثر بهاء.

ولذا فأننا نرى ان الانتماء للوطن والاعتراف بفضله والوفاء له إضافة للحرص الاكيد على إدامة موجوداته الحضارية ومعالمه الطبيعية جميلة لافته وبما يؤهلها للبقاء للأجيال القادمة يتطلب مشاركة الجميع وبحماس نابع من القلب وبصوره إرادية ومن دافع ذاتي تعبر عن الحب الذي تكتنزه القلوب لأرضه الطهور لانجاح هذه الحملات لتكون مناسبة قابلة للتكرار عام اثر عام كشكل من اشكال التعبير عن الوفاء لوطننا العظيم ولغايات التنظيم وتوزيع الجهد المستمر لأعلى درجات النجاح.

وفي تحقيق الهدف السامي المنشود تم تحديد الغايات التالية للحملة والجهات القائمة على تنفيذها.

أولا: النظافة داخل المدن والقرى والمخيمات.

وتهدف إلى تحقيق أعلى مستوى من النظافة في:

-1 المنزل وحديقته والساحات المحيطة به.

-2 الازقة والشوارع الرئيسة والفرعية والحدائق العامة ودور العبادة الموجودة في الحي والمخيم.

-3 الشوارع الرئيسية والاسواق والمتاجر والمكاتب العامة والخاصة والساحات الملازمة لها والقريبة منها.

-4المدارس ودور الحضانة ورياض الاطفال والمناطق المحيطة بها.

-5الجامعات وكليات المجتمع والمناطق المحيطة بها. وبحيث تطال الحملة نوافذ المنازل والمكاتب والعمارات واسوارها وجدرانها الخارجية واطاريف الشوارع وجزرها الوسطية وتشارك الجهات التالية في تحقيق ذلك:

-1 جميع أفراد الأسرة والعائلة صغاراً وكباراً.

2- امانة عمان وسلطة إقليم العقبة ومجلس تنظيم البتراء والبلديات ومجالس الخدمات ولجان تحسين المخيمات.

3- وزارة التربية والتعليم من خلال مدارس كل منطقة.

4- الجامعات وكليات المجتمع ومراكز التدريب في مناطق تواجدها.

5- وزارة الشباب من خلال اعضاء الاندية والمراكز الشبابية والكشافة.

6- اعضاء النقابات والاحزاب والهيئات والروابط الثقافية والجمعيات الخيرية والتعاونية والجمعيات البيئية.

7- وعاظ المساجد ولجان الزكاة وجموع المصلين.

8- التجار والصناعيون واصحاب الحرف والباعة.

9- سائقو السيارات والحافلات.

10- موظفو القطاع العام والخاص كل حسب موقعه.

ثانيا: النطافة في مواقع المقامات واضرحة الصحابة والمواقع الدينية وتهدف إلى تحقيق أعلى مستويات النظافة في المواقع التالية والمناطق المحيطة بها:

أ- مقامات الرسل والأنبياء.

ب- اضرحة الصحابة والشهداء.

جـ- المواقع الدينية ودور العبادة الإسلامية والمسيحية خارج المدن وتشارك الجهات التالية في تحقيق ذلك:

1- وزارة الأوقاف.

2- وزارة التربية والتعليم.

3- وزارة الشؤون البلدية والقروية والبيئة.

4- المراكز الشبابية والجمعيات ودور تحفيظ القرآن.

5- الجامعات وكليات المجتمع.

6- المتطوعون من المواطنين.

ثالثا: نظافة المناطق الأثرية والسياحية والمتنزهات العامة والغابات وتهدف إلى تحقيق أعلى مستويات النظافة في هذه المواقع ورفع الملوثات عن جماليتها وتشارك الجهات التالية في تحقيق ذلك:

1- وزارة السياحية والآثار.

2-وزارة التربية والتعليم.

3-وزارة الشباب.

4-جمعيات الإدلاء السياحيين ووكالات السياحة والسفر والفنادق الأردنية وحماية الطبيعة وأصدقاء الآثار.

5-مجلس تنظيم البتراء.

6-الجامعات وكليات المجتمع.

7-المتطوعون من المواطنين.

8-وزارة البيئة.

رابعا: نظافة المواقع العسكرية وما يخضع لأشرافها من مواقع والمناطق الممنوع الوصول إليها على المواطنين وتهدف إلى تحقيق أعلى مستويات النظافة في الثكنة العسكرية والساحة المحيطة بها ومواقع تواجد القوات المسلحة والأمن العام والمخابرات العامة والدفاع المدني.

وتتولى القوات المسلحة والأجهزة الأمنية الأخرى مهمة تنفيذ ذلك.

خامسا: نظافة شاطئ البحر في العقبة والبحر الميت وتهدف إلى تحقيق أعلى مستويات النظافة على شاطئ البحر وفي المياه القريبة منه والطرق المؤدية إليها وتشارك الجهات التالية في تنفيذ ذلك:

1-وزارة السياحة.

2-وزارة الشباب.

3-سلطة إقليم العقبة.

4-مؤسسة الموانئ.

5-قوات البحرية الملكية.

6-وزارة التربية والتعليم.

7-سلطة وادي الأردن.

8-البلدية ومجالس الخدمات.

9-الشركات العامة الموجودة في العقبة والبحر الميت والاغوار.

10-الجامعات وكليات المجتمع.

11-وزارة البيئة.

سادسا: نظافة الموانئ الجوية والبحرية والبرية وتهدف إلى تحقيق أعلى مستوى من النظافة في مطار عمان الدولي ومطار الملكة علياء ومطار العقبة وميناء العقبة وارصفة التحميل التابعة له ومجمع الشاحنات في القويره ومجمعات الشاحنات الخاصة بنقل النفط في الزرقاء .

وتشارك الجهات التالية في تنفيذ ذلك:

-1القوات المسلحة الأردنية.

-2وزارة النقل.

-3وزارة التربية والتعليم.

-4وزارة الشباب.

-5الجامعات وكليات المجتمع.

-6شركات الشحن الجوي.

-7 شركات النقل المختلفة.

-8 وزارة البيئة.

سابعا: نظافة الطرق الرئيسية في المملكة وتهدف إلى تحقيق أعلى مستوى من النظافة على الطرق الرئيسية في المملكة من خلال رفع إطارات الكاوتشوك والبلاستيك والمواد الملقاة على جانبيها وفي الجزر الوسطية وازالة الانقاض ومخلفات السيارات من على امتدادها.

وتشارك الجهات التالية في تنفيذ ذلك:

-1وزارة الاشغال العامة والاسكان.

-2القوت المسحلة الاردنية.

-3مجالس الخدمات المشتركة.

-4وزارة النقل.

-5شركات النقل الكبرى.

-6الشركات والمتعهدين والمقاولين المختصين بالطرق.

-7وزارة البيئة.

-8أمانة عمان الكبرى.

ثامنا: النظافة في المشاريع الزراعية بشقيها النباتي والحيواني وتهدف إلى تحقيق أعلى مستويات النظافة في مواقع الانتاج الزراعي بحيث يتم جمع >الملش< الزراعي والبولسترين ومخلفات الدواجن والمواشي وبقايا الانتاج النباتي.

وتشارك الجهات التالية في تنفيذ ذلك:

1- وزارة الزراعة.

2- وزارة الشباب.

3- الاتحاد العام للمزارعين.

4- الاتحاد التعاوني.

5- مجالس الخدمات المشتركة.

6- الكليات والمدارس الزراعية.

7- شركات الانتاج الزراعي والمزارعين.

8- نقابة المهندسين الزراعيين.

تاسعا: نظافة مواقع الانتاج الصناعي داخل المدن الصناعية وخارجها وتهدف إلى تحقيق أعلى مستوى من النظافة في المصانع والورش الصناعية والحرفية والمناطق المحيطة بها وتشارك الجهات التالية في تنفيذ ذلك:

1- مؤسسة المدن الصناعية.

2- غرفة الصناعة.

3- مراكز التدريب الحرفي.

4- الشركات الصناعية العامة والخاصة.

5- البلديات.

6- أمانة عمان الكبرى.

عاشرا: رفع بقايا الانقاض ومخلفات المشاريع الانشائية ويهدف ذلك إلى إزالة جميع الانقاض والمخلفات المتبقية من المشاريع الانشائية وازالة مخلفات مناشير الحجر ومعامل الطوب في جميع المناطق.

الجهات المشاركة:

-1 وزارة الاشغال العامة.

-2 البلديات.

-3 أمانة عمان الكبرى.

-4 نقابة المقاولين من خلال الشركات المختصة بالمقاولات الانشائية.

-5 اصحاب مناشير الحجر ومعامل الطوب.

-7وزارة البيئة.

حادي عشر: نطافة المناطق الحرة وتهدف إلى تحقيق أعلى مستوى من النظافة في مكاتب المناطق الحرة ومكاتب الشركات الموجودة فيها والساحات وتشارك الجهات التالية في تنفيذ ذلك:

-1 مؤسسة المناطق الحرة.

-2 شركات التخليص.

-3 الشركات المستأجرة أو المستفيدة من ساحات المناطق الحرة ومستودعاتها.

ثاني عشر: إعادة تأهيل الأراضي المستخدمة كمقالع ومحاجر أو تلك المستخدمة من قبل شركات التعدين والكسارات.

ويهدف من ذلك إلى اعادة طمر المقالع والمحاجر ومواقع الانتاج الخاصة بشركات التعدين والكسارات والتي توقف الانتاج فيها تمهيدا لزراعتها وبما يمنع استمرار مخاطرها على حياة المواطنين وينهي تشويهها لوجه الوطن وتشارك في ذلك:

-1 شركات التعدين المختلفة.

-2 سلطة المصادر الطبيعية.

-3 دائرة الأراضي والمساحة.

-4 أصحاب المقالع والمحاجر أو الذين قاموا باستغلال اراضي الدولة لهذه الغاية.

-5 اصحاب الكسارات.

وإذا كان وكما يشير الواقع من غير الممكن اعادت تأهيل جميع الأراضي الواقعة تحت هذا البند خلال يوم و احد فاننا نرغب ان يكون هذا اليوم نقطة البداية نحو تحقيق الهدف الرامي إلى ازالة مشوهات حقيقية لجمال الوطن.

ثالث عشر: نظافة المراكز الحدودية المختلفة وتهدف إلى تحقيق أعلى مستوى من النظافة في مراكز الحدود والمناطق المحيطة بها وتوزيع الورود على القادمين للأردن وتشارك الجهات التالية في تحقيق ذلك:

1- القوات المسلحة والأمن العام والمخابرات العامة.

2- موظفو الدوائر الحكومية الموجودين في الحدود.

3- الشركات البنوك والمؤسسات المصرفية والمحال التجارية الموجودة في مواقع الحدود.

ومن هذا المنطلق تحتاج الادارة البيئية المتكاملة بناءً مؤسسياً يساعد على تطبيق وصياغة السياسات الموضوعة، مما يجعل هدف التنمية البيئية متناسباً مع التنمية الاقتصادية والاجتماعية وهو ما يحقق إستدامة التنمية. ولقد تكرر في السنوات الأخيرة مفهوم "الشراكة" ليعني شركاء التنمية وهم الحكومات والمنظمات غير الحكومية والقطاع الخاص والمؤسسات الأكاديمية ومؤسسات التمويل.

ويؤكد البنك الدولي على أن هذا المفهوم (الشراكة) يعني تكامل الأدوار بين شركاء التنمية، الأمرالذي يستدعي تنمية تحالفات بين الحكومة والقطاع الخاص وكافة أنواع المنظمات غير الحكومية. ولقد أكد المبدأ العاشر من إعلان ريو للبيئة والتنمية الصادر عن مؤتمر قمة الأرض والذي عقد في - يودي جانيرو في عام 1992، أكد على دور المشاركة من كافة المواطنين: >يكون التناول الأفضل لقضايا البيئة بمشاركة كل المواطنين المعنيين طبقاً للمستوى، فعلى المستوى القومي يحصل كل مواطن على المعلومات البيئية من خلال السلطات العامة شاملة معلومات عن الموارد الخطرة والأنشطة في مجتمعاتهم وفرص المشاركة في عمليات اتخاذ القرارات".

إن المشاركة التي يتم الحديث عنها اليوم هي مفهوم شامل للمشاركة يعني "اشتراك الناس عن كثب في العمليات الاقتصادية والاجتماعية والثقافية التي تؤثر في حياتهم". ومع أن مفهوم المشاركة تم تناوله في أدبيات التنمية لسنوات طويلة إلا أنه كان حتى سنوات قليلة يدلل على مشاركة الناس في مشروع معين أو نشاط تنموي محدّد ولم استراتيجية شاملة لحياة الإنسان صانع التنمية والمستفيد منها، مضمون المشاركة هذا يعني إمكانية الوصول إلى فرص أكبر والمساهمة في صنع القرارات التي تمس حياة الناس مباشرة والمشاركة في تنفيذها وهذا يعني إشراك جميع الفئات المحرومة في المجتمع أو تلك التي تمّ استثناؤها من المساهمة في التنمية.

لقد أصبح من أهم المتطلبات اللازمة لضمان نجاح أي برنامج لإدارة البيئة وحمايتها على نحو متكامل هو تدعيم قدرة الجماهير - إلى جانب التنظيمات الحكومية - على المشاركة والتفاعل بايجابية مع البيئة وحمايتها.

وتنسجم الاستراتيجية الوطنية للسكان في الأردن في أهدافها ومضمونها مع غايات التنمية بأبعادها الاقتصادية والاجتماعية والبيئية والإنسانية، وتأخذ في الاعتبار العوامل الديموغرافية ذات الأثر في تحقيق أهداف التنمية وديناميكية التطور الاقتصادي المصاحب لها، مع ضرورة ترشيد السلوك الانجابي لتحقيق عملية المواءمة بين السكان والموارد ومتطلبات التنمية المستدامة . وتتمثل التحديات في تدعيم وتوسيع أدوار ومسؤوليات اللجنة الوطنية للسكان وأمانتها العامة وتعزيز ارتباطاتها الوظيفية والفنية مع المؤسسات الحكومية وغير الحكومية على المستويات المركزية والقطاعية والمحلية، وادماج القضايا والأهداف السكانية في خطط التنمية الاجتماعية والاقتصادية.

وينظر الأردن بعين من التفاؤل إلى تحسين الأداء الاقتصادي القائم على تعزيز مشاركة القطاع الخاص والتوسع في الصادرات واستخدام أحدث الأساليب في العملية الانتاجية والحد من الآثار السلبية للعملية الإنتاجية، وخاصة في مجال تلوث البيئة واستنزاف الموارد الطبيعية، بالإضافة إلى مشاركة كافة فئات المجتمع في المداولات التي تسبق عملية اتخاذ القرار لتأكيد الشعور بالملكية بما يكفل بناء الأسس الوطيدة للتنمية المستدامة.

المراجع

العربية:

1- غرايبة، سامح، فرحان، يحيى، 2002. المدخل إلى العلوم البيئية، الطبعة الثانية، دار الشروق، عمان الأردن.

2- H. M., DIX، ترجمة كوركيس عبدال آدم. 1988. التلوث البيئي، جامعة البصرة. دار الحكمة، العراق.

3- كامل، ممتاز محمد، 1988. التلوث البيئي، مشكلة التلوث البيئي الكيميائي والبيولوجي علاج التلوث البيئي وحماية البيئة. الأسكندرية.

4- ماضي، محمد إبراهيم، 1996. التلوث البيئي، أضرارة وطرق معالجتة، الرياض.

5- عبد الواحد، أنور محمود، 1981. تأثيرات ملوثات الهواء من كتاب مكافحة تلوث البيئة تأليف الجمعية الكيماوية الأمريكية. مؤسسة فرانكلين للطباعة والنشر، القاهرة، نيويورك. مكتبة النهضة المصرية / القاهرة.

6- مسلم، إبراهيم أحمد، 1985. التلوث، مطابع الجمعية العلمية الملكية، عمان - الأردن.

7- الجمعية الأردنية لمكافحة التلوث، 1990. ندوة حماية مصادر المياه في الأردن من التلوث، عمان - الأردن.

8- سعد، جلال ورفاقة، 1988. علوم الأرض والبيئية، وزراة التربية والتعليم، عمان - الأردن.

9- لافون، روبرت، ترجمة القباني، نادية، 1990 قضايا الساعة.

10- كولاس، رنية، ترجمة يعقوب، محمد، 1981. تلوث المياه، منشورات عويدات، بيروت وباريس.

11- عبد المقصود، زين الدين، 1976. أبحاث في مشاكل التنمية، دار المعارف - الاسكندرية.

12- عبد العزيز، مصطفى، 1978. الإنسان والبيئة مرجع العلوم البيئة للتعليم العالي والجامعي، بغداد.

13- التل، سفيان عارف، سارة، ياسر محمد، 1988. حاله البيئة في الأردن.المستشارون الأردنيون، عمان -الأردن.

14- غرايبة، سامح مفلح، 1994. مسرد المصطلحات البيئية، اتحاد مجالس البحث العلمي العربية / بغداد.

15- الاستراتيجية الوطنية لحماية البيئة في الأردن، 1991. وزارة الشؤون البلدية والقروية والبيئية، دائرة البيئة، عمان - الأردن.

16- الشلاح، عبد الله، عارف، محمد كامل، 1995. التلوث البيئي والأمن الصناعي، مكافحة تلوث البيئة، اللجنة العالمية للبيئة والتنمية. المكتبة العالمية، بغداد.

17- روبرت لافون جرامون ترجمة القباني، نادية، 1975. التلوث. مركز غنيم للطباعة.

18- جرار، عادل أحمد، 1990. البيئة والمواد الطبيعية، عمان - الأردن.

19- مجلة البيئة والتنمية، 1997. المجلد الثاني، العدد 5، نيسان.

20- مجلة البيئة والتنمية، 1999. المجلد الثالث، العدد 12، حزيران.

21- حكيم، كمال الدين ورفاقة، 1972. صحة البيئة في الدول النامية. مؤسسة فرانكلين للطباعة والنشر، نيويورك.

22- القضاة، علي منعم، 1966. مكافحة البيئة في الإعلام. عجلون - الأردن.

23- شرف، عبد العزيز طريح، 1986. البيئة وصحة الإنسان، دار الجامعات المصرية، الاسكندرية، مصر.

24- أمانة عمان الكبرى، تقرير مقدم لوزارة الشؤون البلدية والقروية والبيئة، 1986. عمان - الأردن. إعداد المهندس محمد بني هاني.

25- الكوفحي، أحمد جميل، 1988. القطرة الأخيرة الوضع المائي في الأردن والعالم، جمعية البيئة الأردنية، مشروع التوعية المائي، عمان - الأردن.

26- ربيع، عطا الله ورفاقة، 1994. برنامج التنمية الاجتماعية والأسرية الصحة العامة وحماية البيئة، جامعة القدس المفتوحة.

27- الخوري، سمير خليل، 1983. صحة البيئة علم ناشئ، مؤسسة نوفل، لبنان.

28- عميرة، بلال سعد، ورفاقة، 1998. علوم الأرض والبيئة وزراة التربية والتعليم، عمان - الأردن.

29- الجندي، إبراهيم، 1994. التلوث يخنق العالم، العربي للنشر والتوزيع، لبنان.

30- الناطور، رشاد، ورفاقة، 1989. ندوة حماية مصادر المياه في الأردن من التلوث. عمان - الأردن.

31- يعقوب، محمد، 1994. تلوث المياه، الطبعة الثانية، عمان - الأردن.

32- طلمية، مصطفى كمال، 1995. التحديات والآمال حالة البيئة في عام 1992 - 1972. برنامج الأمم المتحدة للبيئة، مركز دراسات الوحدة العربية القاهرة.

33- العمر، مثنى عبد الرزاق، 2000. التلوث البيئي، دار وائل للنشر، عمان - الأردن.

34- مجموعة باحثين، 1990. طبقة الأوزون ... المشكلة - الإجراءات، مجلس حماية البيئة، مطبعة السلام، الكويت.

35- اميل، توماس، ترجمة البرارعي، زكريا أحمد، 1973. البيئة وأثرها على الحياة السكانية، مكتبة الوعي العربي، لبنان.

36- دلاشة، أحمد ورفاقة، 1985. التربية البيئة ودورها في مواجهة مشكلات البيئة في الوطن العربي والعالم. مطبعة الزهراء - عمان - الأردن.

37- مجلة أفاق علمية، 1989. العدد التاسع عشر، مؤسسة عبد الحميد شومان و1991 العدد (33).

38- الشرنوبي، محمد عبد الرحمن، 1976. الإنسان والبيئة، مكتبة الأنجلو المصرية، مصر.

39- اميلو توماس، ترجمة، زكريا أحمد البرارعي، 1972. البيئة وأثرها على الحياة السكانية، مكتبة الوعي العربي، لبنان.

40- رشيد، أحمد ورفيقتة، 1976. علم البيئة، معهد الأنماء العربي ، لبنان.

41- ميرود، جون، ترجمة اسلام، أحمد مدحت، 1992. الغلاف الجوي التحدي بين الطبيعة والبشر، مركز الأهرام للترجمة والنشر، القاهرة - مصر.

42- موسى، علي حسن، 1990. الأوزون الجوي، دمشق - سوريا.

43- رسالة البيئة، 1994. عدد (11)، كانون الأول، 1996، عدد (16) أذار، 1995. عدد (13) حزيران، 1997. عدد (19) أذار. مجلة فصلية تصدر عن جمعية البيئة الأردنية، عمان - الأردن.

44- برهم، نسيم ورفاقة، 1990. مدخل إلى الجغرافية البشرية، عمان - الأردن.

45- عثامنة، صلاح محد الياسين، 1997. تعريف التنمية، التنمية الشاملة، مفاهيم ونماذج، مؤسسة دار العلماء للنشر والتوزيع، لبنان.

46- محمد، سميرة كامل، 1996.التخطيط مراحل التنمية، المعهد العالي للخدمة الاجتماعية الاسكندرية، الطبعة الثانية، مصر.

47- حجمية، محمد عبد العزيز، ورفيقة، 1980. التنمية الاقتصادية، دار الجامعات الاسكندرية، مصر.

48- شواورة، علي حميدان، ورفيقة 1992. جغرافية السكان، القاهرة، وعمان.

49- هاجن، افيرين، ترجمة جورج خوري، 1988. اقتصاديات التنمية، مركز الكتاب الأردني،عمان- الأردن .

50- المومين، محمد أحمد عقلة ورفاقة، 1997. السكان والتربية والبيئة في الوطن العربي، دار الكندي،عمان - الأردن.

51- مجلة التنمية والبيئة، أيار حزيران، 1998 ،عمان - الأردن .

52- مجلة عالم الذرة - العدد - الثالث، كانون الثاني 1987.

53- منظمة الصحة العالمية، 1987م. عامل صحة المجتمع The Community Health Worker، دليل عملي، دلائل للتدريب، دلائل للمواءمة، جنيف سويسرا، الطبعة العربية الاسكندرية مصر 1989م. المكتب الاقليمي لشرق البحر المتوسط.

54- منظمة الصحة العالمية، 1993. تنفيذ الاستراتيجية العالمية لتوفير الصحة للجميع بحلول عام 2000م. التقييم الثاني، التقرير الثامن عن الحالة الصحة في العالم. المجد الأول. جنيف.

55- السلطان، عبد الغني جميل، 1987. الجو عناصره، وتقلباته وزارة الثقافة والعلام، بغداد - العراق.

56- بوران، علياء حاتوغ، محمد أبو دية، 2000. علم البيئة، دار الشروق، عمان - الأردن.

57- حناوي عصام الدين، 1978 التشريعات الخاصة بحماية البيئة في كتاب الإنسان والبيئة، اصدار المنظمة العربية للتربية والثقافة والعلوم، المطبعة العربية الحديثة، القاهرة - مصر.

58- هندي زيدان، عبد المجيد محمد ، 1996. الملوثات الكيميائية والبيئة، الدار العربية للنشر والتوزيع، مدينة نصر - مصر.

59- محمد سعيد صباريني وآخرون، 1979. الإنسان والبيئة - للمرحلة الثانوية، الطبعة الأولى، وزراة التربية - الكويت.

60-سليم، محمد صابر وآخرون، 1985. الدراسات البيئية، القاهرة وزارة العربية والتعليم بالاشتراك مع كلية التربية جامعة عين شمس - مصر.

61- عابد،عبد القادر ، سفاريني غازي،2002. اساسيات علم البيئة، دار وائل للطباعة والنشر، عمان - الأردن.

62- فرحان، يحيى وآخرون، 1995. البيئة والموارد في الوطن العربي، الطبعة الأولى، منشورات جامعة القدس المفتوحة، عمان - الأردن.

63- دمرداشن صبري، 1994. التربية البيئة - النموذج والتحقيق والتقويم - الطبعة الثانية، مكتبة الفلاح للنشر والتوزيع. الكويت.

64- شارلسن. هـ ساوثويك (مترجم)، 1984. علم البيئة ونوعية بيئتنا، وزارة التعليم العالي والبحث العلمي، جامعة الموصل - العراق.

65- كليفورد نايت، 1983. المفاهيم الاساسية لعلم البيئة، ترجمة قيصر نجيب، طارق محمد وسهيلة الدباغ، وزارة التعليم العالي، جامعة الموصل-العراق.

66- حالة البيئة في الأردن، 1989. وزارة الشؤون البلدية والقروية والبيئة، عمان - الأردن.

67- الحاجم، غازي محمد،1999. المدخل إلى علم البيئة، قسم العلوم البيئية، جامعة الملك عبد العزيز، جدة - السعودية.

68- الجمعية الكيميائة الأمريكية - تقرير، 1972. ترجمة أنور محمود عبد الواحد (مكافحة التلوث البيئى)، مكتبة النهضة المصرية، القاهرة - مصر.

69- وهبي صالح، 2001. الإنسان والبيئة والتلوث البيئي، الطبعة الأولى، دار الفكر، دمشق - سوريا.

70- عبد الجواد أحمد، 1995. التربية البيئية، الطبعة الأولى، الدار العربية للنشر والتوزيع، القاهرة - مصر.

71- علاونة، جبر زياد، 2001، دور الشباب في حماية البيئة والمحافظة عليها، وزارة الشباب والرياضة، عمان - الأردن.

72- رئاسة الوزراء، 2005، الأجندة الوطنية 2006-2015، المجلد الثاني، محور التعليم العام والبحث العلمي، عمان- الاردن.

73- الكايد، زهير ،2006، الأمانة العامة للمجلس الأعلى للسكان، التخطيط بين النظرية والتطبيق، التخطيط الاستراتيجي والسكان والتنمية، مجلة السكان والتنمية، عمان - الاردن.

74- وزارة الطاقة والثروة المعدنية، 2007، الاستراتيجية الوطنية لقطاع الطاقة، واقع ومستقبل قطاع الطاقة في الاردن.

75- اللجنة الاقتصادية والاجتماعية لغربي آسيا (الإسكو)، 2008، إدماج قضايا النوع الاجتماعي في السياسات والبرامج الانمائية، مصادر المياه وحماية البيئة، الأمم المتحدة، نيويورك.

المراجع الأجنبية:

1- Arms, K., Environmental Science, Saunders College Publishing, N. Y. 1994.

2- Borkin, D., and Keller, E., Environmental Science, John Wiley & Sons. 2000.

3- Cunnigham, W. P. and Saigo, B. W. Environmental Science, Wm. C. Brown Publishers, Dubuque, USA. 1992.

4-   Hill, M. K. Understanding Environmental Pollution, Cambridge University Press. 1997.

5-   Murck, B. Skinner, B. and Porter, S. Environmental Geology. John Wiley & Sons. 1999

6-   Nebel, B. and Wright, R. Environmental Science, the Way the World Works, 6th ed. , Prentice Hall , New Jersey, 2000.

7-   John, G. Environmental Impact Analysis Handbook, Mc Grow - Hill Book. N. Y. San Francisco. 1980.

8-   Charles, J. Krebs, Ecology, Harper and Row Publishers. New York, 1978.

9-   Mille, G. Tyler, Resource Conservation and Management, Wadsworth Publishing Company, Belmont, California. 1990.

10-   Keller, Edward A., Environmental Gealogy, Charles E, Merrill Publishing Company. London. 1979.

11-   Morgen et al, Introduction to Environmental Science, W. H. Freeman and company, San Fraucisco. 1980.

12-   Cloud, P. and A. Gibor, The Oxygen Cycle, Scientific American, 233: 110 - 123. 1970.

13-   Darling, F. F. and R. F. Dasmann, The Ecosystem view of human soeiety. Impact of Seience on Soc. XIX(2): 109 - 121. 1969.

14-   Davis, D. E., Behavior as an Ecological Factor. Stroudsburg, Pa: Dowden, Hutchinson and Ross. 1974.

15-   Deevey, E. S., Jr. Mineral Cycles, Scientific American, 223: 148 - 159, 1970.

16-   Delwiche, C.C., The nitrogen cycle, Scientific American, 223: 136 - 147 , 1970.

17-   Miller, G. T. Living in the Environment: Concepts, Problems, and Alternatives, Belmont, Calif. Wadsworth. 1975.

18-   Odum, E. P. Fundamentals of Ecology. (3rd ed.) , Philadelphia, Saunders, 1971.

19-   Odum, E. P. Basic Ecology, Saunders College Pulelishing, Philadelphia, 1988.

20-   Moore, Jw. et. al, Environmental Chemistry, Academic Press. NY. London. 1976.

21-   Megraw - Hill Encyclopedia of Seience and Technology, Vol. 2, New York, Mcgraw - Hill Book Co. Inc. 1960.

22-   Michigan's Environmental Future, A Master Plan for Environmental Education for the State of Michigan. 1973.

23-   Sadar, M. H., Environmental Impact Assessment, 2nd edition, Carleton University Publisher, Canada. 1996.

24-   Tarbuck, E. and Lutgens, F. The Earth: An Introduction to Physical Geology, Merrill Publishing Company. 1987.

25-   Morris. P. and Therivel, R. Methods of Environmental Impact Assessment, The Natural and Built Env. Series 2. UCL. Press. 1995.

26-   York University, Introduction to Atmospheric Chemistry. Arepornt Via internet. 1999.

27- World Bank, World development indicators, Washing tore 1998.

28- Raven, P. Berg, L. and Johnson, G. Environment, Saunders College Publishing, N. Y. 1995.

29- Hamblim .The earth dynamic systems. thed. Macmillan Co. N. Y. 1985.

30- Partridge, T. Moon. P., and Petit - Maire, N. Climates of the Past, UNISCO and IUGS Report. 1994 .

31- 1989. Report on the World Social Situation. New York, United Nations, 1989.

32- Global Pollution and Health. London, United Nations Environment Programme/ World Health Organization, 1987.

33- National Capacities and Needs in Aspects of Environmental Health in Rural and Urban Development and Housing. Geneva, World Health Organization. 1988. (document WHO/EHE/RUD/88.1.(

34- Environmental Data Report. London, United Nations Environment Programme, 1989.

35- Global outlook 2000. New York, United Nations, Global outlook 2000. New York, United Nations, 1990.

36- Heilbroner, R. Reflections (after communism) The New Yorker, September. 1990.

37- Development Cooperation Paris, Organization for Economic Co- operation and Development, 1990.

38- Potential Health Effects of Climatic change. Geneva, World Health Organization, 1990 (Report of a WHO task group. document WHO / PEP / 90.10.(

39- Air pollution, Geneva, world Health Organization, 2000, (WHO Fact sheet No. 187.(

40- Saghir, J., 2005, Energy and Poverty: Myths, Links and Policy Issues, in: Energy working Notes, No. 4, The World Bank, Availble at: www. World bank. org.

Printed in the United States
By Bookmasters